VINCENT KLINK

TAGEBUCH 2018 – 2024

MIT VIELEN REZEPTEN

Mit Herz + Hirn

EDITION VINCENT KLINK

„Hier geht es nur um meine Meinung,
die niemand teilen muss.
Am liebsten ist mir aber,
wenn alle meiner Meinung sind.“

V.K.

INHALTSVEZEICHNIS

KEIN VORWORT

Ein Vorwort muss her. Ich hocke beim Morgenkaffee und brüte: Vorwort? Wieso eigentlich? Muss vor dem Wort, ich bin nicht so vermessen vom *Wort Gottes* zu sprechen, doch selbst da: Muss da unbedingt vorher noch gewörtelt werden?

Egal, die Tradition will es, dass man für besondere Festivitäten, für freudigen Auftrieb einen Grüßaugust bestellt, der in verbindlichster Art das Publikum einstimmt. Doch warum nicht mal mit der Tradition brechen?

Also:

Kein bleischweres Gedicht.

Kein Präsident, der von einem Redenschreiber texten lässt.

Kein schlauer Satz von Aristoteles oder Beckett.

DAS VORWORT. Germanisten empfehle ich dieses Thema als Promotionsarbeit.

Keine Polemik, bitte. Ich bin ein Mann des Friedens und werde unter anderem „Leonardo der Subjektivität" genannt. Man könnte auch sagen, ich sei das fleischgewordene geozentrische System mit Tendenz zum Drehschwindel. Alle fünf Minuten ein Richtungswechsel, doch das Ziel stets vor Augen.

Und da gibt nur eines, das ist die *Wielandshöhe*. Sie ist ein schöner Hohlkörper, der seinen Erfolg seit Jahrzehnten nicht nur den dort Arbeitenden verdankt – sondern noch unendlich mehr der treuen Gefolgschaft unserer Gäste.

Weiter zu lobpreisen oder zu danken wäre pompös und damit: komplett unschwäbisch. Darauf gebe ich mein Vorwort.

Vincent Klink

2018

1. JANUAR 2018

IM ANFANG IST MELANCHOLIE

Silvesterknallerei verursacht bei mir einen veritablen Blues. Immerhin war ich dank meiner Ohrenstöpsel nach zehn Minuten in einer anderen Welt.

Neujahrsmorgen. So kriegslärmend die Stadt in der Nacht, herrscht nun, in der Frühe, lähmende Ruhe. Stuttgart führt nicht das steigende Pferd auf gelbem Grund im Wappen, sondern einen Don Quijote, einen wie mich, der oft glaubt, er reite eine tote Rosinante. Ich fühle mich melancholisch. Ein Jahr ist um, und man ist nicht bemerkbar weitergekommen.

Ich fahre auf die andere Seite des Kessels, und wie jedes Jahr muss ich an die wackeren Malocher der Stadtreinigung denken. Die Straßen sind übersät von Pizzakartons, Flaschen und zerfetzten Knallkörpern, alles wirkt, wie ich mir das Finale der Schlacht von Waterloo zusammendunkle. Mein ausgeglichenes Wesen hält mich jedoch stabil in der Mentalkurve, das hat viel mit Verdrängung zu tun.

Dann erreiche ich beim Hasenberg den „Blauen Weg", auch das hat Tradition. Mir kommt der Gedanke, dass es an der Zeit wäre, mir gute Vorsätze ins Hirn zu befehlen. Doch der Humus, auf dem bei mir gute Vorsätze gedeihen könnten, ist längst verweht. Sind es die Segnungen des Alters und der senilen Bettflucht, die mich vor dem Morgengrauen aus dem Bett schleudern? Es sind jedenfalls auch die Erinnerungen, die beim Jahreswechsel an die Oberfläche wollen.

Unzählige Male wurden guten Vorsätze beim wackeligen Gang auf dem „Blauen Weg" gefasst, der alte Trott jedoch nie geändert. Warum auch, so gut wie möglich habe ich mich doch immer durch den Alltag gemogelt. Als meine Devise könnte ich Ihnen, liebe Leserschaft (und Leserschäftinnen), die von Stefan Zweig anbieten, der einmal sagte: „Jeder rette seine kleine Welt, nur dies wird die große Welt retten." Das funktioniert seit langen Jahren, und es ist gut so.

4. JANUAR 2018

PANTOFFEL GEGEN ARROGANZ

Es gibt Leute, die sagen, ich sei nicht arrogant. Das hört man gerne, doch es stimmt nicht. Köche neigen häufig zu Größenwahn. Wer wie ich eine Frau hat, die mich täglich vom hohen Ross reißt, ist gut dran. Im Moment lese ich eine dicke Biografie über Ludwig van Beethoven. Meine Frau besteht aber darauf, dass ich dieses Abenteuer unterbreche und mich einem anderen Buch widme. Ich stehe ja unterm Pantoffel und habe mich umgehend diesem Werk hingegeben. Ari Turunen also, ein sehr gescheiter Finne. Schon beim Reinlesen bekam ich Glupschaugen und musste mich heftig an die eigene Nase packen ... Wer meine Erleuchtung teilen möchte: Ari Turunen. Kann mir jemand das Wasser reichen? Eine kurze Geschichte der Arroganz (Piper-Verlag).

P.S. Unterm Pantoffel stehen? Das ist nur schlimm, wenn die Frau blöd ist. Meine ist unbequem intelligent und unter ihrem Pantoffel ist man sicher wie in Fort Knox.

5. JANUAR 2018

NEUER SCHWUNG ZUM JAHRESANFANG

Wir sind mit frischen Ideen da: Gänsesalat mit grünem Koriander. Dann kommt die Steinpilz-Consommé unter die Haube. Ein Ravioli liest sich korrekt als Raviolo: Heute ein Kalbsraviolo mit Eigelb. Paella Valenciana mit Jakobsmuschel. Mittlerweile kommen Jakobsmuscheln aus einem Eimer mit Haltbarkeitslösung. Wer bei uns Jakobsmuscheln isst, darf sicher sein, dass diese von Tauchern eingesammelt wurden. Entweder aus norwegischen Gewässern oder es kommen Sondergrößen in Schale und lebend aus Schottland.

9. JANUAR 2018

ÜBRIGENS, je schlechter in einem Land gegessen wird, um so mehr Psychiater, Psychologen, Therapeuten, Coaches und Selbsthilfeangebote gibt es. Der Franzose fokussiert sich auf seinen Aperitif und die Welt ist in Ordnung.

12. JANUAR 2018

KEIN WITZ!

Liebe Mitmenschinnen und Mitmenschen,
die Verwendung des generischen Femininums muss dringend abgeschafft werden. Zuviel Verwirrung und Humorpotenzial.
Beste Grüße von Eurer Köchin Vincenzia

19. JANUAR 2018

EIN GEDICHT STATT EINES GERICHTS

Lama soll ganz gut schmecken, leider habe ich das Rezept verlegt. Kommt später!

An argentine gaucho named Bruno /
Once said, „There is one thing I do know: /
A Lady is fine / And a Sheep is divine /
But a Lama is Numero uno."

20. JANUAR 2018

FRISCHE STATT FRITTES

Pommes haben wir wieder abgeschafft. Trotz frischem Öl für jeden Service hing mir der Fettgeruch zu unliebsam in meiner Kochjacke. Ich bin zwar Koch, möchte aber nicht müffeln wie einer.

24. JANUAR 2018

WIE GEHT DENN DIESES JAHR LOS? ADIEU, PAUL BOCUSE!

Als junger Koch mit gewaltigen Ambitionen hörte ich immer wieder den hänselnden Ruf: „Hey Bocuse!" Das war nicht böse gemeint, sondern man befand sich damit bereits in einer anderen Liga als ein liebloser Schnitzelklopfer.

In den 1960er-Jahren war das Berufsbild des Kochs in Deutschland noch ziemlich diffus. Klar war jedoch unter Eingeweihten: Ein Koch ist ein ganzer Kerl, sieht nicht verhungert aus und beherrscht drei Dinge richtig gut, wobei das Kochen erst an vierter Stelle rangierte: Trinkfestigkeit war unabdingbar, Fußballkenntnisse waren vonnöten, der Rest war ständiges Schwadronieren über Weiber. Köche mussten nicht unbedingt superb kochen, aber infernalisch brüllen zu können war für eine gute Karriere unabdingbar.

All das änderte sich, als Paul Bocuse die Bühne der Gourmandise betrat. Niemand ahnte, in welche Höhen er die Grande Cuisine schrauben würde. Entscheidend waren seine sechs Jahre bei dem weltbesten Meister, beim legendären Fernand Point, 150 Kilo schwer. Dieser Egomane, der einen Schatten warf wie ein Sattelschlepper, prägte Monsieur Paul bis zum Lebensende.

Hinzu kam die wachsende Bedeutung der Medien, die der junge Franzose früh für sich in Stellung brachte. Alsbald sammelte er Auszeichnungen: 1961 wurde er bereits

PAUL BOCUSE

zum Meilleur Ouvrier du France geadelt. 1975 inthronisierte man ihn zum Ritter der Ehrenlegion, was in Frankreich einer Art Heiligsprechung gleichkommt. Nach Napoleon endlich mal wieder ein Signal, das auf „Grande Nation" deutete. Ein Koch im nationalen Olymp, das hatte es noch nie gegeben, und seit diesem Tag war Paul Bocuse endgültig ein Nationalheld.

Er hantierte stets am Rande der Übertreibung und hätte allen Grund gehabt, durchzudrehen und sich mit der Hautevolee gemeinzumachen. Bocuse war jedoch Pragmatiker und tiefgreifend bodenständig, ein richtiger Arbeiter und nichts war ihm in den Schoß gefallen. Die ehemalige Schenke der Schiffer- und Fährleute seines Großvaters erhob er zu einem Wallfahrtsort. Dafür hat er getrommelt, was das Zeug hielt. Immer hat er laut getönt, sich ab und an kräftig selbst gelobt, wenn gerade sonst niemand dafür zur Stelle war.

Die Nouvelle Cuisine – die in Deutschland so sehr missverstandene Bewegung hin zur Natur, hin zur Leichtigkeit und weg von der Mehlschwitze – hat er nicht erfunden, doch er verhalf ihr zur Anerkennung wie kein anderer. Obwohl er seit jeher als wichtigster Exponent dieser modernen Küche galt, wurde sie von ihm nur soweit betrieben, wie es sein Lustempfinden und das seiner Gäste erlaubten. Er übertrieb andauernd, hat aber nie auf Kosten seiner Gäste experimentiert oder sich mit billigen Tricks das Lob der Kritiker erheuchelt. Im Grunde beschränkte er sich auf klassische Küche, die er von überflüssigen Kalorien befreite. Eine Rezeptur für orale Erregung, die bis heute Gültigkeit hat und für alle Zeiten haben wird.

Für die Grande Cuisine machte er sich zu einer Werbemaschine. Indem er unablässig an seiner eigenen Lichtgestalt modellierte, hob er seinen ganzen Berufsstand aus dem Bodennebel des Frittendunstes empor. Auguste Escoffier, Kaiser der Köche, Chefkoch des Fin de Siècle, könnte man als seinen unmittelbaren Vorgänger nennen. Immerhin zitierte dieser kochende Faun den hochwohlgeborenen Wilhelm II. in die Adlon-Küche hinab, als der deutsche Kaiser ihn bat, an seinen Tisch zu kommen: „Hier unten bin ich der Kaiser und ich gehe nicht hinauf, sondern er möge herunterkommen!" Escoffier schickte mit dieser Botschaft nach dem Kaiser und der stiefelte auch brav in das Souterrain des Hotels. Zwischen Escoffier und Bocuse passt allenfalls noch Eckart Witzigmann. Diese drei Leute, vielleicht noch Alfred Walterspiel und der eben genannte Fernand Point, waren die entscheidenden gastronomischen Treiber der vergangenen hundert Jahre.

Richtig berühmt wurde Bocuse mit einer Suppe, die er Giscard d'Estaing servierte. Eine Löwenkopf-Suppenterrine wird mit Trüffelconsommé gefüllt und mit Blätterteig abgedeckt. Kein Hexenwerk, aber wenn am Tisch die Teigkruste durchstochen wird, entweicht unvergleichliches Aroma. Das Öffnen übernimmt der Kellner am Tisch und diese Aktivität ist genau die Sorte Spektakel, auf die es dem Meister ankam. Eindeutig Suppen-Showbiz, aber ein verteufelt gut schmeckendes Wunder, das heute noch die Karte seines Restaurants ziert.

1974 besuchte ich Paul, den König der Köche, zum ersten Mal in Collonges Mont d'Or. Schon beim Eintritt ins Restaurant schwindelte mir vor der Pracht des Dreisterne-Palazzos. Ähnlich mag sich ein Amazonas-Indianer fühlen, wenn er im Lendenschurz unvermittelt über Manhattan abgeworfen wird. Als 24-jähriges Köchlein hantierte ich dann – zwischen beherzt und verzweifelt – doch immerhin so routiniert mit Messer und Gabel, dass der „Gott in Weiß" auf mich aufmerksam wurde. Bocuse kam nicht einfach auf mich zu, sondern schwebte heran – sein Ego brachte mich und den Rest des Lokals fast zum Erstarren. Selbstzweifel, so etwas kannte er nicht, das sah man ihm von Weitem an. Wegen meiner virtuosen Mampferei war er animiert, sich nach meinem Woher, Wohin und nach der Profession zu erkundigen. Ja, ich sei Koch stammelte ich, und der Zeus der Töpfe stieg zu mir herab, setzte sich kurz an den Tisch, nahm mich in den Arm und spendierte mir ein Kirschwasser, obwohl ich sowieso schon alles doppelt sah. Bocuse war klassenloser Kollege, Handwerker und – wie bei vielen Zünften – gleich per Du.

Im Zweiten Weltkrieg hatte sich der junge Bocuse irgendwo in den Vogesen eine deutsche Gewehrkugel eingefangen. Die Amis waren schon so weit vorgerückt, dass er von ihnen eine Bluttransfusion bekam. Fortan sagte er, er sei auch ein bisschen Amerikaner, denn deren Blut poche nun in seinem Herz. Man könnte meinen, sein monströser Optimismus, die Tatkraft und Unbekümmertheit bis an den Overkill, all diese amerikanischen Zutaten rührten daher.

Es gibt viele feige Köche, die um die Gunst der Gäste oder der Kritiker buhlen. Bocuse war geradeheraus und tapfer. „Mörder", rief er den Testern des gefürchteten Restaurantführers Gault Millau zu, als sich ein Kollege wegen einer Herabstufung erschoss. Er war ein Virtuose der Leidenschaft, ein Kind der Lust, und selbstverständlich konnte er auch außerhalb der Küche nichts anbrennen lassen. Mit zwei Frauen hatte er jeweils ein Kind und eine dritte Frau machte er auch noch glücklich. Für so etwas braucht's die Konstitution eines Stiers. Die hatte er und die hielt ihn bis zuletzt frech und frisch.

Adieu Grand Chef! À toi pour toujours, Vincent.

27. JANUAR 2018

KLUGE KRÄHEN

Bei uns duftete es ums Restaurant herum dermaßen, dass sich mal eine Hunger-Künstler-Nachbarin beschwerte, sie habe deswegen immer Appetit, weshalb ihre Diät nicht funktioniere. Unsere beiden Haus-Krähen, das Männchen hört auf den Namen Hubsi, beide warten geduldig, bis wir Brotwürfel rausstellen. Neben dem Futterplatz steht eine Vogeltränke, dort weichen die gefiederten Gourmets ihr Brot ein, um es dann zu sich zu nehmen.

10. FEBRUAR 2018

MEINE UNIVERSITÄT WAR SCHON IMMER DAS RESTAURANT

Vor 30 Jahren besuchte Martin Walser bereits unseren *Postillion* in Schwäbisch Gmünd und ich fühlte mich verpflichtet, sein Zeugs zu lesen. Das war nicht einfach, denn als Koch, noch dazu als junger, ist es schwer, die Geduld aufzubringen, manche Sätze zweimal zu lesen. Ich tat es und so lernte ich dazu. Das ging so weit, dass ich mich wegen des Verlegers Gerd Haffmans und Jan Philipp Reemtsma mit Arno Schmidt abquälte, mich mit rauchendem Hirn solange hineinbiss, bis mein verwirrter Schädel Anker warf.

Dann flaute das Interesse an Schwerstliteratur zeitweilig ab und ich wandte mich einer jungen, wilden Literatur zu. Zehn Jahre nach der kulinarischen Literaturzeitschrift „Die Rübe“ gab es einen Neubeginn mit „Cotta's Kulinarischer Almanach“ (Verleger Michael Klett bestand auf dem falschen Apostroph) mit reichlich guten und seriösen Texten. Nach weiteren zehn Jahren machte ich meinen eigenen Literaturladen auf, gründete die Zeitschrift „Häuptling Eigener Herd“ und holte nach der ersten Ausgabe Wiglaf Droste als Starschreiber ins unseriöse Boot.

Währenddessen beschäftigte sich meine Frau Elisabeth mit Thomas Bernhard, der lückenlos gelesen und gesammelt wurde. Mir fehlte damals für seine Schreibkunst die Geduld. Das habe ich nun in den vergangenen Monaten nachgeholt. Jetzt, kurz vor dem siebzigsten Lebensjahr, habe ich die Konzentration, vielleicht auch den Starrsinn, mich mit Genuss in Thomas Bernhard zu vertiefen. Momentan wühle ich mich zu Peter Handke vor, dem ich nicht nur wegen seiner Besuche in der *Wielandshöhe*, sondern auch als Leser und Freund mit Freuden folge.

11. FEBRUAR 2018

LEICHTSINN MACHT DAS LEBEN SCHÖN

Sicherlich gibt es bei uns genauso gute Köche wie in Frankreich, aber längst nicht so viele. Ganz entscheidend aber: Der französische Esser ist dem deutschen haushoch überlegen, der österreichische übrigens auch. Man kann mich nun getrost mit faulen Eiern bewerfen, aber in katholischen Ländern wie Italien, Spanien, Frankreich und Österreich verstehen die Menschen besser zu leben.

Es wird wohl niemand behaupten wollen, Deutschland sei ein Feinschmeckerland. Ich vermute, dass sich von rund 80 Millionen Bürgern höchstens zwei Millionen mit sorgsam zubereitetem Essen beschäftigen. Keineswegs handelt es sich dabei um Leute, die vorwiegend Sternerestaurants aufsuchen. Deren Bedeutungshoheit findet nur in den Medien statt. Häufig ist es so: Wer einmal Sterne gegessen hat, kann jahrelang damit renommieren.

Nein, es geht um das gute Gasthaus, meinetwegen mit korrektem Rostbraten oder Knödel, zubereitet von Köchen/Wirten, die nicht den billigsten Krempel einkaufen und zudem Gäste gewonnen haben, die bereit sind, dafür mehr zu zahlen. Viele Esser sind dazu nicht bereit und deshalb sind die guten Gasthäuser so selten wie ein Meteoriteneinschlag.

Und übrigens: Der hierzulande konsequent unterschätzte, seit langem in Paris lebende Schweizer Schriftsteller Paul Nizon schreibt in seinem Tagebuch: „Die Luft ist in Deutschland immer etwas dünner, nicht entseelt, aber entfettet. Entzogen ist das Lebensschmieröl, verarmt, eine Art Magerluft, kein Begehren in der Luft, kein Glücksversprechen, kein Erotikum, das sich in die Zirkulation nähme." Ich meine, Nizon wittert in der deutschen Luft das eiserne Bemühen einer verklemmt-verdrängten Moraldiktatur. Er vermisst Leichtsinn und das Aroma der Illusion.

Momentan macht ja der Wiener Opernball Furore. Im Grunde ein Schwachsinn, aber trotzdem herrlich menschlich, überflüssig, unvernünftig, hedonistisch und letztlich der reine wunderbare Humanismus. Schön wird das Leben erst durch Unvernunft.

14. FEBRUAR 2018

FRIEDLICHES SCHACHSPIEL

Meine bevorzugte Art Schach zu spielen, ich nenne es finnisches Schach, ist äußerst genießerisch und für Hartleibige gerade als Lockerungsübung in der Fastenzeit sehr zu empfehlen.

Man besorgt sich acht Mini-Fläschchen Jägermeister und acht Mini-Fläschchen Berentzen Apfelkorn. Wahlweise kann man auch, was ich bevorzuge, Mini-Fläschchen Single Malt zum Einsatz bringen.

Die Bauern des Schachspiels werden weggesperrt und durch eine Reihe Apfelkorn, Jägermeister oder Single Malt ersetzt. Außerdem benötigt man zusätzlich zur Schachuhr einen Abfalleimer.

Wird ein Bauer, also ein Apfelkorn oder ein Jägermeister, zur Strecke gebracht, darf sich der Sieger an diesem Fläschchen laben. Also hopp und ex, damit man nicht die Schachuhr anhalten muss. Schachspiel ist im Grunde seines Wesens ein obszön brutaler Zweikampf, nein Krieg, der die Vernichtung des Gegners zum Ziel hat. Dieses rohe Spiel wird durch die finnische Variante äußerst friedfertig abgefedert und endet meist, je nach Kondition, mit Schachmatt für beide.

16. FEBRUAR 2018

CUCINA POVERA

Mit einer Journalistin vom MDR hatte ich ein kleines Radiogespräch. Die Dame sagte, dass ich zwar einen Michelin-Stern habe, aber gar keine Sterneküche auf den Teller bringe. Ich antwortete: Sterneküche ist heute ein Spitzensport für junge, ehrgeizige Leute. Der dänische Koch René Redzepi führt große Klasse deutlich vor. Warum er sein tolles Restaurant *Noma*, mehrfach zum Besten der Welt ausgerufen, geschlossen hat, kann ich ahnen. Wer mit seinem Geschäft gutes Geld verdient, der gibt es nicht auf. Redzepi kochte ja mit Ware, die nicht unbedingt sehr teuer ist, mit all dem, was die dänische Landschaft bot. Sein Personaleinsatz, um diese einfachen Dinge auf Weltniveau zu heben, war jedoch erheblich.

Egal welch tolle Gerichte ein Koch in die Welt setzt, sie müssen auch gegessen werden, also Kundschaft finden, die bezahlt. Das ist alles nicht einfach, denn Neues wird anfangs gerne gefeiert. Ob es dann zum Klassiker wird, das zeigt der Lauf der Zeit.

Wir auf der *Wielandshöhe* kochen eigentlich ganz einfache Sachen, diese aber mit enormem Aufwand. Jeden Tag erfreuen sich ungefähr 80 bis 90 Gäste daran. Damit alles klappt, sind insgesamt 25 Mitarbeiter am Werkeln. Am Material wird überhaupt nicht gespart. Noch nie haben wir mit einem Lieferanten gefeilscht oder den Preis gedrückt. Man bekommt nur beste Ware, wenn man von Lieferanten geliebt wird.

Man muss zum Lieferanten großzügig sein, zum Personal, und der Gast wird es merken und ebenfalls großzügig sein.

Wir kaufen zum Beispiel mehr Blumen als manches Blumengeschäft. Das hat seinen Preis. Der Gast denkt meist nur an die Ware, die er auf dem Teller hat. Unsere hohen Preise rühren nicht davon, sondern daher, dass wir uns viel Personal leisten und dieses ordentlich bezahlen.

Viele bürgerliche Gasthäuser sind verschwunden, weil die Gäste keine angemessenen Preise akzeptieren. Mit

Hilfe von Maggisaucen und Halbfabrikaten wird Personal gespart und so ums Überleben gekämpft.

Die sogenannte einfache Küche, genauso wie die Cucina Povera in Italien, also die Armenküche, ist heutzutage teurer als die sogenannte Edelküche mit Hummer, Kaviar ..., denn handwerklich perfekt gekochte Hausmannskost ist sehr arbeitsintensiv – und man kann sie nicht in China von Arbeitssklaven produzieren lassen. Die Rindsroulade als Beispiel: Sie müsste wesentlich teurer sein als ein Filetsteak, welches man portioniert kaufen kann und nur noch in die Pfanne werfen muss. Bei der Rindsroulade braucht es einiges an Gefrickel, Zeit, Übung, Wissen und die Garung ist auch diffiziler. Will man „Großmutters Küche" anbieten, funktioniert das nicht mit den Oma-Preisen von anno dazumal.

Tja, für gefälschte Trüffel hingegen wird gerne gezahlt.

19. FEBRUAR 2018

ACH, WIEN: SCHNITZEL MIT MILCH

Luxusgerichte sind für mich diejenigen, die man nicht so einfach kaufen kann. Kurzum, so gut habe ich schon lange nicht mehr gegessen: Ein Fläschchen tagesfrische Heumilch mit einem Wiener Schnitzel. Das Schnitzel zeigte sich als absolutes Kunstwerk und die Milch stand dem in nichts nach. Beides kam aus einer der besten Küchen Europas, dem *Steirereck* im Wiener Stadtpark. Im Untergeschoss findet man *Die Meierei*, ein modernes, lichtdurchflutetes Lokal mit Terrasse zum Fluss. Absolut wunderbar.

26. FEBRUAR 2018

SHITSTORM IST SHIT

Was ist passiert, dass wir eine Gesellschaft von Puritanern, Abmahnern und Korrekturfetischisten geworden sind?

Es wird verbreitet, was allen Menschlein genehm ist, weil die Schreiber Angst vor einem Shitstorm haben. Für mich ist Shitstorm einfach Shit – und basta. Wichtig ist zu wissen, dass der Verstand nicht bei der Mehrheit zu suchen ist. Wenn man von allen geliebt wird, bleibt nur noch der Ausweg, den Roy Black einschlug.

9. MÄRZ 2018

FRÜHER WAR NICHT ALLES BESSER

Hier schon mal das erste Kapitel aus meinem Schwabenkochbuch. Ich hoffe, dass es in vier Monaten in den Buchhandlungen sein wird:

Alles war eine Zumutung, die Zeiten sowieso und das Essen erst recht. Letzteres empfand ich als dumpf, ärmlich, ja geradezu steinzeitlich. Mein Vater, Tierarzt, brachte jeden Tag melkwarme Milch von den Bauern mit, frisch geschlagene Butter, die ein bisschen nach Kuhstall roch, dann das dunkle Holzofenbrot, Wurst, immer dieses Hausmacherzeugs. Mutter kochte nahe am Delirium handgeschabte Spätzle. Schmalz mit Grieben wurde ausgelassen und dann halfen noch die Erzeugnisse aus dem eigenen Garten für gefüllte Schüsseln. Unvergesslich sind mir die grauenvollen Rote Bete und die riesigen Gelben Rüben, die dermaßen heftig nach Karotten schmeckten, dass es mich würgte.

Meine Freunde und Kameraden lebten derweil bereits weltläufig mit Fernseher und Miracoli-Spaghetti. Alle waren schon mal am Meer gewesen, in Benidorm oder am Teutonengrill unweit von Rimini. Aus den Fenstern schallten hochmoderne Schlager wie „Sole, Sole, Sole heißt die liebe Sonne“ und meine verschnarchten Eltern erfreuten sich an Louis Armstrong, Glenn Miller und Bill Haley. Ich schämte mich gehörig und beneidete meine Kameraden, mit denen ich zum Fußballplatz zog, um gerne auch mal in ihr „Konsumbrot“ zu beißen. Mit Margarine bestrichen und mit dünner Industriewurst belegt empfand ich das als totale Delikatesse.

Bei den Nachbarn gab es nicht unseren sauren Linsenmampf mit Spätzle, sondern Ravioli aus der Dose. Und von wegen Saitenwürstle? Nein, Papa brachte von seinen Raubzügen bei den Bauern Bratwürste mit und die rochen penetrant nach artgerechter Haltung. Von artgerechter Haltung wusste man damals noch nichts, die war ganz normal, allenfalls die Bäuerinnen wurden nicht artgerecht gehalten. Ja, Dosenravioli und Dosenobstsalat, das war der kulinarische Himmel. Wenn dazu noch ein Glas Frigo-Brause mit dem Geschmack von tausend Orangen gereicht wurde, schmeckte solcherlei Gaumenlust geradezu futuristisch. Kein Wunder, dass das alles mit der ersten Mondlandung einherging.

Später, in meiner Lehrzeit als Koch, dem Mief meiner Heimatstadt Schwäbisch Gmünd entronnen, hörte ich zum ersten Mal die Beatles und hatte Anfang der Siebzigerjahre auch mitbekommen, dass es so etwas wie den California-Lifestyle gab. Schlaghosen mussten her und eine davon in überschallrot. Diese Buxe hatte ich mir mühsam zusammengespart. Sie entzündete meine altmodische „Familienvorsteherdrüse“ zu Tobsuchtsanfällen. Die Haare des aufmüpfigen Jüngelchens Vincent gerieten zum Wildwuchs. Sie klebten sardellenartig auf den Schultern und Vater maulte, ich sähe bald aus wie Tante Martha, die sich nur alle vierzehn Tage einen Badetag gönnte. Mein knallgelber Existentialistenpullover wurde von den Eltern als Baader-Meinhof-Mode abgekanzelt. Unter Möchtegernhippies galt die Parole „Mut zur Farbe“ und meine Eltern, völlig mutlos, verstanden mich und die Welt nicht mehr.

Opa, Oma, Mama, Papa, die Haushälterin, alle ordneten mich völlig ironiefrei als schwächliche Missgeburt ein. In meinem Ohr klingelt noch der unerhörte Satz des Tierarztes wie aus dem Oberkommando der Wehrmacht, „mit mir könne man kein leeres Scheißhaus stürmen“. Gegenwehr kam nicht infrage, denn Papa, der wackere Ex-Wehrmachtssoldat, hatte entgegen aller gängigen Beweise den Krieg gewonnen.

Wenige Jahre später hatte ich die Meisterprüfung hinter mir und versöhnte mich leidlich mit meinen Eltern, die mit jahrelanger Verzögerung mittlerweile einen modernen Haushalt führten. Mami fühlte sich sogar sehr fortschrittlich, stöckelte im Minirock herum und Nescafé war der letzte Schrei. Nix mehr Schmalzbrot, sondern Wienerwaldhähnchen. Das Fernsehen weckte Träume von Weltläufigkeit. Die erste Asienkochwelle überschwemmte unseren Haushalt. Papas Leibgericht war Nasi Goreng, das er beharrlich „Nazi Göring“ nannte. Der Schwarz-Weiß-Fernseher lieferte via Clemens Wilmenrod, dem ersten Fernsehkoch, Rezepte wie Hawaiitoast oder Schweine-Hack-Igel, eine Mettkugel, igelähnlich mit Salzstangen gespickt. Arabisches Reiterfleisch eroberte die Küchenhitparade und ganz intensiv arbeitete sich Wilmenrod an seiner berühmten gefüllten Erdbeere ab.

Das waren TV-Zeiten wie inmitten einer Klapsmühle. Wilmenrod entfernte hochkonzentriert die grünen Blattansätze bei ungefähr zehn Erdbeeren und drückte in die Delle jeweils einen Mandelkern. Mit diesem Zaubertrick beschäftigte er sich geschlagene fünfzehn Minuten. Das Publikum geriet in Euphorie.

Für mich als Koch begann die Rückkehr zu frischen und qualitätvollen Produkten, also zu all dem Zeugs, das ich in meiner Kindheit so gehasst hatte. Es war schwer, die inzwischen dosen- und wienerwaldverdorbenen Teutonen wieder auf den Geschmack eines natürlich aufgewachsenen Geflügels oder frischen Gemüses umzustimmen. Und so blieb es: Diejenigen, die in der Kindheit den Junk der frühen Tage mampften, konnten sich später von solchen Kindheitstraumata nie mehr ganz befreien. Ausnahmen bestätigen die Regel.

17. MÄRZ 2018

KARTOFFELSUPPE WÄRMT WIE LIEBE

Verflixt, jetzt ist es wieder kalt geworden. Dagegen hilft wärmende Nest- und Nächstenliebe. Noch wirksamer ist eine Suppe, die schnell zubereitet werden kann und deren Zutaten uns keine Shoppingtour aufzwingt. Also diese Zehn-Minuten-Lauch-Kartoffelsuppe für zwei Personen.

Wir benötigen einen Hobel (Japanhobel) und ...

1	Kartoffel, möglichst mehlig kochend
1 TL	Butter
1/2 l	Milch
2 TL	feinst geschnittenen Lauch
1 TL	Bio-Instantgemüsebrühe
	etwas Muskat, Salz

Die Hälfte des Lauchs in Butter anschwitzen, die hauchfein gehobelten Kartoffeln und die Milch dazu. Zum Kochen bringen und zehn Minuten sanft köcheln. Mit dem Mixstab aufschlagen. Abschmecken mit Salz, Muskat, Pulver der Gemüsebrühe. Nochmal mixen, den restlichen Lauch in den Teller und die schaumige Suppe obenauf. Merke: Die Suppe sollte recht dünnflüssig und damit elegant daherkommen. Wird die Suppe zu dick serviert, nähern wir uns unweigerlich der sättigenden, altdeutschen Plumpsküche.

26. MÄRZ 2018

ES DARF AUCH MAL VON GOURMETS EINE DOSE GEÖFFNET WERDEN

Baked Beans waren das Lieblingsgericht von Louis Armstrong, dem berühmten Jazztrompeter aus New Orleans. Da die Bohnen aus der Dose sind, ist das Gericht einfach zu machen.

Zutaten für 4 Personen:
1 Literdose rote Kidneybohnen
3 EL Tomatenmark
1 grob gewürfelte Zwiebel
1 Stange Lauch, auch grob geschnitten
2 EL Olivenöl
1 TL grob gestoßener schwarzer Pfeffer
1/4 l Gemüsebrühe
1 kleingehackte Peperoni
2 Zehen feinzerdrückter Knoblauch
eventuell Thymian, Ketchup

Die Zwiebeln im Olivenöl anrösten, sind sie hellbraun, wird der Knoblauch hinzugefügt. Nun geben wir das Tomatenmark hinein und gleich darauf die Bohnen und die restlichen Zutaten. Kurz ordentlich aufkochen, aber darauf achten, dass nichts anbrennt.

Abschmecken, fertig.

So richtig amerikanisch wird‘s, wenn man noch Zucker und Essig dazugibt, dem Gericht also einen Hauch von Ketchup-Parfüm angedeihen lässt. Ganz Eilige können gleich Ketchup nehmen.

Etwas Junk darf‘s auch für den Gourmet mal sein. Letztlich gibt es nichts Schrecklicheres als den Versuch, ohne Kompromisse durch‘s Leben zu kommen. Jetzt in der Karwoche könnte man deshalb über das Fastenbrechen philosophieren. Oft ist das Abkommen vom „rechten Weg“ nur Humanismus am eigenen Dasein. Man bedenke den Satz der Benediktiner: „Zuerst muss man zu sich selbst barmherzig sein, dann kann man auch gegenüber seinen Mitmenschen barmherzig sein.”

Zugeben muss ich, dass ich es mit mir zu oft gut meine und darüber meine Mitmenschen vergesse. Solange ich aber zu solcher Reflektion noch fähig bin, ist vielleicht nicht alles verloren.

Campbells
BAKED BEANS

30. MÄRZ 2018

DIENEN IST VÖLLIG OKAY

Alle Welt labert über Sterne-Restaurants. Für eine solide Volksgesundheit ist allerdings die Eckkneipe mit Soleiern und womöglich guten Frikadellen weitaus wichtiger. Man glaube aber ja nicht, dass das Betreiben einer Kneipe ein einfacher Job wäre. Ein guter Kneipenwirt hat ein psychologisches Einfühlungsvermögen, das ich mir für die gehobene Gastronomie häufiger wünschen würde. In der Spitzengastronomie arbeiten unzählige sehr gute Köche, im Gastraum aber tut's dann der säuselnde Lautsprecher mit „Easy Listening", das für die Sedierung sorgen soll.

Dabei ist der Umgang mit den Gästen für mich mindestens so schön wie das Kochen. Es gehört auch dazu, dass das Servicepersonal den Mut hat, den Stall sauber zu halten, und nicht jedem Unsympathen alles recht machen will. Der Deutsche will ja bekanntlich nicht gerne dienen, aber was macht der Zahnarzt, Polizist, Handwerker, Schullehrer, Pilot, Taxichauffeur? Nichts anderes als: dienen.

13. APRIL 2018

FRÜHLING HÄLT MICH AUF TRAB

Manometer, geht die Zeit schnell rum. Plötzlich bricht der Frühling aus, und mir hängt schon die Zunge raus. Im Garten muss gedüngt werden, restliches Laub zusammenkehren, Blumenwiese aussäen, der Winterschnitt, das ganze Geäst ist noch zu schreddern. Dann auf der Basstrompete verschärftes Üben, denn in vier Wochen bin ich für ein schwieriges Konzert im Rahmen der Ludwigsburger Schlossfestspiele gebucht. Verflixt, der halbe Monat ist schon rum und ich hatte mein Tagebuch vergessen.

In der Küche haben wir den Frühling nicht verschlafen, nun sind mehr leichte Gerichte auf der Karte und viele Kräuter in Gebrauch. Italienischen wilden Grünspargel haben wir auf der Karte und nächste Woche beginnen wir mit weißem Spargel. Ein nachdenklicher Hobbykoch meldete sich und fragte, was man Tunnel- und Zentralheizungs-Spargel entgegensetzen könnte. Die Antwort ist ganz einfach: Man muss warten, bis das Zeug unter der Folie verschmort ist und der natürlich gewachsene Spargel an den Start kommt. Das dürfte bei diesem Wetter nächste Woche der Fall sein. Mit europäischen Früchten sieht es schlecht aus, aber es gibt eine Ausnahme, beim Italienhändler gibt es Nespoli (Mispeln). Die Dinger sehen aus wie Aprikosen, schmecken frisch-säuerlich, werden geschält und für Kompott in Zuckerwasser kurz pochiert.

14. APRIL 2018

SCHATZSUCHE VOR DER EIGENEN HAUSTÜR

In den Wiesen von Beuren, zwischen Kirchheim Teck und Neuffen gelegen, findet man ein Freilichtmuseum, eine Rettungsinsel für fast Vergessenes. Nicht nur dass jahrhundertealte Häuser wieder aufgebaut wurden, man findet alte Kücheneinrichtungen, Ställe, die ganzen Lebensweisen unserer Altvorderen kann man erleben. Der Museumsgärtner kultiviert unbekanntes Obst, fast ausgestorbene Gemüse, Kartoffeln und Früchte.

In meinem momentanen Lieblingsbuch ist vieles zu finden, das mich als Naturfreund zum Vibrieren bringt. In Baden-Württemberg werden mit gutem Grund technologische Errungenschaften und die Welt der Erfinder und Tüftler besungen. Solche Leute gibt es immer noch, dass da aber auch Pflanzenzüchter, verantwortungsvolle Bauern und Forscher Enormes leisten, ist wenig bekannt. Dagegen hilft nun Felicitas Wehnert, eine der wichtigsten Frauen in meinem Leben: Als SWR-Redakteurin entdeckte sie mich fürs Fernsehen.

In ihrem Buch „Unsere Gartenschätze, Geschichten um alte Obst-und Gemüsesorten“ (Belser Verlag Stuttgart) stellt sie etwa einen Professor der Hochschule für Wirtschaft und Umwelt vor, der sich dem Erhalt alter Gemüsesorten widmet. Auf die Alblinsen und ihre abenteuerliche Wiederentdeckung kommt die Autorin zu sprechen und wer weiß schon, was Schwäbischer Dickkopf-Landweizen ist? So manche Allergie gäbe es nicht, wenn man sich an die alte Sortenvielfalt gehalten und nicht jede Pflanze auf Ertragsoptimierung getrimmt hätte.

Der Wolfegger Samengarten wird auch mir demnächst eine kleine Reise wert ein. Irgendwann hatte meine Frau mal angemerkt, dass wir uns in der Schweiz, in Italien und Frankreich besser auskennen als in unserer Heimat. Seitdem sind wir Sonntagsfahrer, also genau das, was ich als junger Mann so verachtete.

24. APRIL 2018

KLEINE HYMNE AUF ÖSTERREICH

Mit den Recherchen zu meinem Buch über die Stadt Wien und die ganze, schwer menschelnde Melange von Rest-Habsburg habe ich noch etwa ein Jahr Zeit. Ich bin mit Freude dran, denn es berührt mich schwer, dass viele deutsche Tugendmenschen das jetzige Österreich für eine Vorhölle halten.

DDD, der dumme Deutsche, lächelt gerne über Österreich. Ich stelle jedoch fest, dass in Österreich vieles gut funktioniert, über das in Deutschland noch jahrelang zu diskutieren sein wird. Wien ist eine Metropole mit 1,9 Millionen Einwohnern, die zweitgrößte deutschsprachige Stadt. Die Mieten sind trotzdem deutlich günstiger als bei uns. Die Stadt Wien sorgt dafür, dass 220.000 Mietwohnungen im Stadtbesitz sind und ertragsoptimierende Investoren kurzgehalten werden.

Insgesamt fahren die Verkehrsmittel der „Wiener Linien" täglich ungefähr fünfmal um die Erde, zusammengenommen 210.000 Kilometer. Und das Erstaunlichste: Fast immer klappt das reibungslos. Das Jahresticket für das gesamte Netz kostet 365 Euro, also einen Euro am Tag, egal wie oft und wie weit man sich herumkurven lässt. Die Renten sind fast doppelt so hoch wie bei uns und die Lebensmittel im Schnitt weitaus besser als im Geiz-ist-geil-Land.

Das Musikleben in Wien ist sowieso seit Jahrhunderten sensationell und die Wiener Küche echt und unverkrampft, ebenso wie die Wiener selbst auch. Wer einen Wiener allerdings mit allzu hartem Hannover-Hochdeutsch anredet, wird ein bisserl diskriminiert. Als Schwabe werde ich grundsätzlich wie ein König behandelt, vielleicht auch weil ich aussehe, als könnte ich einen Fiakergulasch von einem Hüferscherzel (Hüfte) unterscheiden.

25. APRIL 2018

KURZE REFLEKTION ÜBER MEINEN BERUF

Regel Nummer eins: Koche so, dass es dir gut schmeckt und du Gleichgesinnte findest. Drumherum herrscht sowieso der Wahnsinn. Regel zwei: Der Kopf des Kochs muss freibleiben für vernünftiges Neues und von Eigenständigkeit und Logik unterfüttert.

Man kann auch Erfolg haben, wenn man nicht nach seinem Gusto kocht, sondern den Trends und dem Massengeschmack folgt. Man verleugnet sich allerdings selbst, verdient womöglich viel Geld und muss seine innere Leere mit dem Konsum teurer Accessoires kompensieren.

In diesem Jahr bin ich bereits 50 Jahre lang Koch, habe vieles kommen und gehen sehen, das Schönste ist, dass es mir heute mehr Spaß macht als früher und ich einen individuellen Weg wählen kann. Ein junger Dreisternekoch sagte kürzlich im Fernsehen, wenn ihm ein Stern genommen würde, gäbe er seinen Beruf auf. Viel Glück, but not my party!

28. APRIL 2018

WILDES WEINLAND BADEN

Gestern habe ich zum ersten Mal nach mehr als 35 Jahren wieder eine Zigarre geraucht. Die letzte war eine Havanna Davidoff Nr. 1, die ich als junger Wahnsinniger auf Lunge gezogen hatte. Ich wachte auf der Restaurantbank wieder auf und wusste nicht mehr, wo ich war. Danach war ein für alle Mal Schluss mit „big smoke".

Das mit gestern kam so: Ich setzte mich in den Zug und rumpelte über Karlsruhe und Freiburg nach Müllheim im Markgräfler Land. Ziel war die *Alte Post*, ein wunderschönes Hotel. Die Chefin, Frau Mack, und der Herr des Hauses, ein stattlicher Mann und umtriebiger Gastgeber, boten einer besonderen Veranstaltung den würdigen Rahmen. Es fand statt: Der 2. Badische Landweinmarkt. Die ausrichtende Organisation nennt sich „100Prozent LandWein".

Bisher gab es in Deutschland für mich zwei Hände voll Winzer, die mich ernsthaft interessierten. Nach der gestrigen Weinprobe sind es doppelt so viele. Landweinwinzer sind sperrig-luzide Weinbauern, die sich vom Staat nichts vorschreiben lassen und auf all die Blödsinnsprädikate und Preismünzen-Aufkleber verzichten. Nicht zu verwechseln sind diese Weine mit Discounterzeugs, das sich auch Landwein nennt. Es geht um Granaten, nicht an Alkohol, sondern an Substanz und Geschmack. Es gab mehr als 30 Gutedel zu probieren und jeder zeugte von eigenem Charakter. Danach kostete ich Spätburgunder. Mamma mia, mindestens zwanzig davon gingen mir als große Gewächse über die Zunge, derart gut, dass viele französische Burgunderwinzer mit den Ohren schlackern würden. Es war meine erste Weinprobe seit mindestens zehn Jahren. Ich hasse Weinproben genauso wie das Begrüßungsumarmen und -küssen, das wir aus Frankreich importiert haben.

Leider musste ich den Ort der Erleuchtung am Nachmittag verlassen, um rechtzeitig zum Abendgeschäft wieder auf der *Wielandshöhe* zu sein. Meine Lieblingswinzer Edeltraut und Hanspeter Ziereisen versorgten mich mit einem denkwürdig-qualitätvollen Fresskorb. Darin befand sich unter anderem eine Zigarre aus der letzten Manufaktur der ehemals über 200 Tabak-Betriebe in Baden. Die musste weg.

1. MAI 2018

DAS WORT ZUM FEIERTAG

Bleiben Sie interessiert, beweglich, insistierend, unterhaltsam, den Musen verbunden, aufgeschlossen dem Leiblichen – dann werden Sie noch sehr viel Vergnügen mit sich selbst haben.

5. MAI 2018

DIALEKTIK DES DIALEKTS

Einige junge Leute fragte ich: „Sagt euch der Name Willy Reichert etwas?" Die Antworten gerieten ungefähr so zufriedenstellend, als hätte ich nach Hatschepsut der Dreiviertelvorzwölften gefragt. Willy Reichert beglückte mit schwäbischem Humor die Anfangstage des Fernsehens. Er servierte jede Menge gescheiten Witz und Hintergründiges. Trotzdem wird dieser Mann von mir schuldig gesprochen. Er hat mit anderen Komplizen das sogenannte Honoratiorenschwäbisch verbreitet. Er nuschelte in fatal selbstgerechtem Singsang der gemütlichsten Art, der auch kreuzpietistisch ins Falsett hinüberschnappen konnte. Dieses Honoratiorenschwäbisch, die Frucht saturierter Gottesfürchtigkeit, dieses Stuttgarter Argot, damit konnte man wegen des ständigen Diminutivs (Pferdle, Äffle ...) nichts Ernstes formulieren.

Das hat uns im restlichen Deutschland den Ruf eingebracht, Doofies zu sein. Das ganze riesige Schwaben hatte bisher darunter zu leiden, vor allem die herben Älbler, wie ich von der Ostalb, oder die Oberschwaben, oder die holzgeraden Schwarzwälder. Das Trottelschwäbisch hat letztlich nur ein räumlich begrenztes Herrschaftsgebiet, eben rund um Stuttgart.

Die Herren Häberle & Pfleiderer, alte SWR-Schlachtrösser, all diese Helden der Heimatsoße, ich mag sie sehr; andererseits bin ich froh, dass sich die Zeiten angenehm modernisiert haben. Ich sage übrigens nie Ländle, wie die Schweizer zu ihrem Geld niemals Fränkli sagen.

PS: In meiner Jugend habe ich mich für mein Schwäbisch geschämt, inzwischen schäme ich mich, dass ich mich damals geschämt habe.

17. MAI 2018

VOLLTREFFER

„Herr, schmeiß Hirn ra!" Dieser wunderbare Ausspruch des Historikers Gerhard Raff aus Degerloch wärmt stets mein Herz.

19. MAI 2018

WO ES MIR RICHTIG GUTGING: ISNY

Am vergangenen Sonntag weilte ich zu einer Lesung in Isny im Allgäu. Da war ich vorher nie gewesen und müsste mir wegen dieses Versäumnisses selbst eine reinhauen. Welch schöne, liebliche Landschaft, dermaßen unspektakulär, dass es schon wieder spektakulär ist. Unter den Allgäuern fühlte ich mich pudelwohl, was sich nach der Veranstaltung zu einem Elysium steigerte. Die Chefin des Kulturforums lud mich zu einem kulinarischen Großerlebnis ein. Mit ihr hätte es mir allerdings auch bei *McDonald's* gefallen. So kam also alles zusammen, was Freude macht, und mir wurde wieder bewusst, dass mich nichts so in Hochstimmung kommen lässt wie ein gutes Gasthaus, was allerdings so selten ist wie ein Eisberg auf dem Bodensee.

Mein Wohlbefinden holte ich mir in der *Hofwirtschaft zum Löwen*. Der Wirt pflegt noch eine Herde von 70 Pinzgauer Rindern und dementsprechend könnte man die Küche von Josef und Astrid Ellgass auch ein Pantheon der Rindfleischküche nennen. Ich bestellte mir eine Rindsroulade, davor wurden Zungenravioli gereicht, dann probierte ich noch einheimischen Käse und die verschiedenen Allgäuer Biersorten. Als seelisches Fortissimo erhellten mich schlussendlich diverse Enzianschnäpse, was meinem Befinden äußerst zuträglich war. Nach all der Atzung musste ich nur ins integrierte, moderne Hotel, um nochmal auf den Dorfplatz zu gucken und dann selig einzuschlafen. Das Haus ist architektonisch ein stilsicheres Kleinod.

Müsste ich nochmal bauen, egal was, ich würde mich zum dafür verantwortlichen Architekten durchfragen. Es gibt wenig Hotels, an denen ich nichts zu meckern entdecke. Eine kleine Warnung muss ich jedoch aussprechen, denn die Geschmäcker sind ja vielfältig und noch mehr die Verirrungen: Wer sich einsam und beklemmt fühlt, wenn nicht alles vollgestellt ist und die Wände vernagelt sind, der ist in Ruhpolding besser aufgehoben.

30. MAI 2018

EIN LOB DER HEIMAT (TROTZ FRASCATI)

Arthur Schopenhauer war seiner Zeit voraus: „Mit Italien lebt man wie mit einer Geliebten, heute im heftigen Zank, morgen in Anbetung“, schrieb der Philosoph, „mit Deutschland wie mit einer Hausfrau, ohne großen Zorn und ohne große Liebe.“

Beim Überschreiten der Grenze bleiben die Malaisen und der kleinteilige Ärger in der Heimat zurück und man taucht ein in eine Landschaft und andere Lebensform, deren Oberfläche spiegelglatt ist wie ein See; man weiß jedoch nicht, wie trüb das Wasser ist. Man muss es auch nicht wissen, sondern wie ein Kind die Gegebenheiten genießen. Zuhause ist wirkliche Entspannung ja nicht möglich, da es immer irgendetwas zu tun gibt. Alle Gartenfreunde, die einen Liegestuhl besitzen, können ein Lied davon singen. Kaum lässt man sich nieder, legen die Blattläuse erst richtig los.

Also gibt man sich einer anderen Kultur hin, freut sich an den schönen Steinhäusern und dem ehrlichen Essen, beispielsweise in der französischen Provinz, oder nuckelt am Frascati, der in der Nähe der römischen Brunnen den Kopf erfrischt. Dieser Wein ist eigentlich ein Zeugs, das als Reisepräsent alle Freunde vertreiben würde. Es ist doch richtig schön, wie man sich selbst betrügen kann und wie das Glück uns in hohem Maße als wunderbare Illusion umnebelt. Nichts schmeckt besser als Frascati in Rom.

Auch ist es ein großer Unterschied, ob man in einem Land sein Geld verdienen muss oder ob man es freudig um sich werfen darf. Will sagen: Deutschland ist nicht so übel, wie immer gejammert wird. Wie sagte mir kürzlich ein Gast aus dem Libanon, der einige Tage in Stuttgart verbrachte: „Es ist wunderbar hier, ich darf in einem Straßencafé bei einem Cappuccino vor mich hindösen und werde von niemandem beschossen."

5. JUNI 2018

DAS PANTHEON ALS INSPIRATION

Vorletzten Sonntag erlebte ich den Höhepunkt meines Musikerdaseins. Bei den berühmten Ludwigsburger Festspielen mitwirken zu können ist etwas Besonderes und mein Lampenfieber war beträchtlich. Wir brachten „Pantheon", eine umfangreiche Komposition von Patrick Bebelaar, unter die begeisterten Zuhörer.

Mit von der Partie waren Weltklasseleute: Carlo Rizzo am Tamburin, Herbert Joos Trompete und Flügelhorn, einer der besten Tubisten der Welt, Michel Godard und der phänomenale Frank Kroll brachten den Ordenssaal des Ludwigsburger Schlosses zum Kochen. Patrick Bebelaar bediente den Flügel, dirigierte und verausgabte sich gehörig, damit Vincent nicht aus der Spur kam.

Ein kleines Interview aus dem Programmheft:

FRAGE: *Sie sind für einen Koch literarisch sehr erfahren, nicht zuletzt durch Ihre zahlreichen eigenen Publikationen. Was genau sind das für Texte, die der Sternekoch Vincent Klink für „Pantheon" schreibt?*

KLINK: Die Vorlage lieferte der Komponist Patrick Bebelaar. Sein Hintergrund für das Schreiben der Musik umkreist Freiheit in Religion, besonders im Hinblick auf Ökumene, auf tolerante Weltanschauung und Lebensart. Im Grunde serviere ich nur Wissenswertes über den gedanklichen Hintergrund der Komposition. Weiterführend aber auch Erläuterndes zum Pantheon-Tempel in Rom, einem magischen Ort, den ich immer wieder mal besuche. Meine Inspiration und auch die des Komponisten gründen auf diesem Bauwerk.

Wovon lassen Sie sich inspirieren? Spielen die Götter der Welt eine Rolle? Was sind Ihre persönlichen Götter?

Für den Monotheismus bin ich nur begrenzt zugänglich. Es ist doch herrlich, wenn man wie die Römer beispielsweise einen eigenen Gott und Aufpasser für das Saufen hat. Für jedes Problem gab es in der Antike einen übergeordneten hilfreichen Geist. Für die Gefolgschaft des Vatikans ist aus solcher Sicht die Rekrutierung einer Armee von Heiligen geradezu zwingend. Darüber hinweg führen solcherlei Gedanken bei mir zu der Gewissheit, dass letztlich in jedem ein Gott hockt und niemand behaupten solle, er bete den alleinigen richtigen Gott an.

Wie wirkt die Musik aus „Pantheon" auf Sie? Was für Gefühle wecken die Klänge in Ihnen?

Ich bevorzuge ein zurückgezogenes Leben. Diese Musik verschafft mir Weltoffenheit, um der Selbstgerechtigkeit, der Selbstzufriedenheit, dem Egoismus, dem Verschmockten und Verhockten bestmöglich zu entgehen. Da ich Musik mit Improvisationsinhalten liebe, kommt auch immer etwas Unerwartetes auf mich zu, mit dem ich mich auseinandersetzen kann, das meinen Kopf durchlüftet.

Das Motto der Schlossfestspiele lautet dieses Jahr „Ins Ungewisse ..." Hat für Sie die Ungewissheit des Lebens auch ein Genusspotenzial?

Zumindest hält dieser Umstand mein Leben in genüsslicher Spannung. Gegen allzu große Zukunfts-Überraschungen kann man sich schützen, wenn man sich etwas mit Historie beschäftigt. Man wird erkennen, dass längst nicht alles so ungewiss ist und dass vieles bereits einmal da war, wenn auch oft in anderem Gewande.

9. JUNI 2018

RIP

Fragt ein Frühstücksgast in einem Wiener Kaffeehaus den ausgeleierten Kellner, ob er schon Zeitung gelesen habe und wer gestorben sei. Antwortet der Kellner: „Mir ist jeder recht!" – Anthony Bourdain war ein sehr gescheiter Mann. Nun ist der grandiose Koch und Fabulierer freiwillig aus dem Leben geschieden.

17. JUNI 2018

BESSER NACH ALS VOR

Wenn ich morgens die Zeitung lese, melden sich jede Menge Vordenker zu Wort. Auch im Fernsehen und im Radio – überall Vordenker. Ich warte auf den Tag, an dem mal einer nachdenkt.

VK23
23. Juni 2018

23. JUNI 2018

WIR LASSEN DIE KIRSCHE IM DORF

Jetzt ist Kirschenalarm, Kirche und Kirsche, nur ein einziger Buchstabe Unterschied, was wichtiger ist, entscheide man selbst. In meiner Jugend hieß es immer: „Peter und Paul / schlagen sich die Kirschen ums Maul."

Der 29. Juni ist in der katholischen Kirche ein Hochfest. Hochfest bedeutete im Haushalt meiner Großeltern eine Art von Hochstimmungsterror. Oma und die Haushälterin Agathe schmissen sich schon morgens um sieben Uhr in die Küche. Gemischter Braten wurde geschoben und Kirschenmichel gebacken.

Das alles war kein freudiges Kochen, sondern eher von Zorn gerüttelt, weil später die buckelige Verwandtschaft in die Idylle krachte und man dieser Spezies keinen Grund zum Meckern liefern wollte.

Die Hedelfinger Riesenkirsche ist mir zum Rohessen die liebste. Da hat man ordentlich was im Maul. Für das Restaurant besorgen wir uns kleinere, auch gehaltvollere Kirschen aus dem Neidlinger Tal. Meine Mutter packte die entkernten Kirschen immer in ein Weckglas, gab einen Esslöffel Zucker drauf und füllte mit Wasser auf. Es ist nicht schlau, Wasser einzukochen.

Ich mache es folgendermaßen:

Halbliter-Twistoffgläser werden besorgt. Vier Hände voll Kirschen kommen mit zwei Esslöffeln Zucker in die Pfanne. Auf normalem Feuer wird gerührt, bis die Kirschen Saft ziehen. Nun wird Vollgas gegeben und solange gerührt, bis alles zu einem leichten Sirup eingekocht ist.

Um solche Prozeduren schnell zu erledigen, wäre ein kilowattstarker Induktionsherd von Vorteil. Bei dieser enormen Feuerkraft kann man getrost drei bis vier Kilo Kirschen auf einmal im Topf reduzieren. Wichtig wäre ein möglichst breiter Topf, hoch muss er nicht sein, die breite Auflagefläche lässt den Saft schneller einkochen. Es geht also um Tempo und kurze Garzeit, damit die Kirschen nicht völlig zermatschen.

Das Resultat ist ein äußerst konzentriertes Kirschendessert, das man etwa auch für Kuchenbeläge verwenden kann.

Also los: Kauft Kirschen!

26. JUNI 2018

VON TYLER BRÛLÉ LERNEN

Meine Frau führt einen stetigen Kampf gegen Zigarettenkippen vor dem Haus. Unsere Mitarbeiter wundern sich mittlerweile nicht mehr, dass sie nicht nur den Gehsteig sauberhalten müssen, sondern auch noch die Zahnradbahnstation vor dem Restaurant täglich zu reinigen haben. Das hört sich alles ein bisschen verrückt an. Meine Frau bekam nun unerwartet Schützenhilfe von Tyler Brûlé. Dieser Mann lebt in London, ist weitgereister Journalist und Chef der Zeitschrift *Monocle*. Über die Hälfte des Jahres wohnt er in Hotels und schreibt darüber im „Monocle Guide to Hotels, Inns and Hideaways". Der Mann kennt sich aus.

Einem Interview des Berliner *Tagesspiegel* entnehme ich die Frage an Tyler Brûlé: „Worauf achten Sie, wenn Sie ein Hotel betreten?" Er antwortet: „Ich gucke mir den Bürgersteig an, noch bevor ich ins Haus hineingehe. Fühlt sich das Hotel verantwortlich für den öffentlichen Raum, in dem es sich befindet, oder nur für das Geschehen hinter der Drehtur?"

Was für Hotels gilt, muss für jede Gastronomie gelten. Kürzlich betrat ich eine Gaststätte und musste vor dem Eingang an einem seit Monaten vertrockneten Buchsbaum vorbei. Dieser Stumpfsinn setzte sich bei der Speisenkarte und der Qualität des Essens fort.

30. JUNI 2018

WER BRAUCHT SCHON DEN DOKTOR?

Arzt: „Haben Sie häufig Durst?"
Patient: „Soweit lasse ich es nicht kommen."

3. JULI 2018

LÄRMFREIES WUNDER

Es ist heiß, doch sich in Freibädern in der Chlorlauge marinieren ist nicht mein Ding. Hingegen im Park unter exotischen Bäumen sich das Gemüt abschatten, all diese Wunderwelt an seltenen Pflanzen zu erfahren, das war am Montag ein Hochgenuss. Wer allerdings auf den Lärm der Welt nicht verzichten kann, der ist dort nur mäßig bedient.

6. JULI 2018

WITZ DES JAHRES

Man stelle sich vor, das Preisgeld des Büchner-Preises würde von einem Atomkonzern finanziert oder zur Unterstützung des Bundesverdienstkreuzes würde die Mafia herangezogen. Ganz so schlimm ist es bei den Köchen nicht, aber es gibt Parallelen. Gestern kam ein auffordernder Brief ins Haus: Einer meiner Köche könne sich für den Wettbewerb „Koch des Jahres“ bewerben. In der Jury richten über das Preisgeld von 10.000 Euro gestandene Meister wie die Sterneköche Dieter Müller, Christian Lohse, Thomas Bühner und andere. Mit im Boot auch die Allgemeine-Hotel-und-Gaststättenzeitung.

Das hört sich prima an, ist aber letzten Endes Prostitution. Den Preis organisiert eine Veranstaltungsagentur unter Mithilfe von Nestlé, Unilever, Langnese, Metro und anderen. Warum der renommierte Schokoladenhersteller Valrhona seinen Fuß in diese zweifelhafte Werbekiste setzt, ist mir ein Rätsel.

10. JULI 2018

JAMES TURRELL

Frauen sind geschickt darin, ihren Mann aus dem Hamsterrad zu holen. So geschehen diesen Sonntag. Die Ausstellung des Lichtkünstlers James Turrell im Museum Frieder Burda in Baden-Baden müsse unbedingt besucht werden. Also los am frühen Vormittag und rein in den wunderschönen Bau des amerikanischen Stararchitekten Richard Meier. Andererseits auch ein eitler Seckel, denn er untersagte viele Jahre lang, dass das Museum die Turrell-Installation in Angriff nehmen konnte. Der kleinliche große Architekt hatte Sorge, dass die luzide Wucht von Turrell sein architektonisches Kunstwerk in den Schatten stellen könnte. Die Sorge ist begründet.

Das Zentrum der Ausstellung ist ein Raum, in dem man nebelig, somnambul im Licht versinkt, höchstens zehn Personen dürfen schubweise für zehn Minuten in diese Illumination. Eine Einladung zur Meditation, intensiver als in einer Kirche. Allerdings, mir gelang es nicht, mich in dem Lichtwürfel der totalen Versunkenheit hinzugeben. Das liegt an mir. Ich wollte früher mal autogenes Training erlernen, musste aber auf dem Therapeutensofa ständig an meinen Braten im Ofen denken. Kurzum, für Mediation bin ich viel zu zappelig, ausschließlich mit Musik gelingt es mir, den Alltag zu vergessen.

James Turrell lebt und arbeitet in Flagstaff (Arizona) auf einem Grundstück, das sich auf die Weite eines Landkreises dehnt. Mittendrin entdeckte der begeistere Sportflieger 1973 einen erloschenen Krater. Damals hatte er schon die Idee, innerhalb des Kraters Lichtkunstwerke unterzubringen. Er kaufte die ganze Gegend. Turrell ist Quäker, ein etwas komischer Name für eine Religionsgemeinschaft, die sich eigentlich „Religious Society of Friends" nennt und 1650 in England gegründet wurde.

Ich bin gegen jede religiöse Äußerung und Missionierung in der Öffentlichkeit, nur die extrem pazifistischen Quäker gewinnen mir Respekt ab. Religionsgrundlage ist: „Das Licht Gottes wohnt in jedem!" Es gibt streng bibeltreue Gemeinschaften, aber auch liberale. James Turrell, der sympathisch wirkt, wurde mal von seiner Mutter zurechtgewiesen, als er jung und militant gegen Vietnam protestierte. Die Mutter sagte: „Bub, du führst Krieg gegen den Krieg!" So etwas prägt und auf die Frage zur Hybris des Kunstbetriebs erklärte Turrell, dass Kunst leider sehr den Gesetzen des Kapitalismus folge. Er nimmt sich quasi selbst auf die Schippe, wenn er konservative Quäker, die gegen Kunst sind, zu Wort kommen lässt, die sagen, dass Kunst reine Eitelkeit sei.

Mancher wird sich fragen, warum das einen Koch interessiert. Die Antwort ist ziemlich einfach. Dieses Jahr bin ich insgesamt fünfzig Jahre lang am Herd. Ich reflektiere mein Tun ständig mittels berufsfremder Eindrücke. Nur das hält frisch. Jahrzehntelang ausschließlich Pfannkuchenkarussell, das schlägt auf die Birne.

12. JULI 2018

KÜCHENWEISHEIT

Immer wieder sage ich mir: Sei nicht klüger als dein Gast, sonst sucht er sich einen dümmeren Wirt. Und wenn, er darf's nicht merken.

21. JULI 2018

LA VIE WIRD ZUM *LA MORT*

Jetzt ist er also dicht, der Laden in Osnabrück, einer Stadt, die ein Rad im Wappen führt, aber kulinarisch nie und nimmer das Rad des Genusses drehte. Einer hat es jahrelang versucht. Warum mein Kollege Thomas Bühner vom

Restaurant *La Vie* nun unters Rad geriet, kann ich nicht detailliert darlegen, gewisse Ahnungen habe ich schon. Neulich grätschte ich gegen ihn, da er sich für die Nahrungsmittelindustrie werblich prostituiert hat. Die Not muss groß gewesen sein. Eines ist jedoch gewiss, ein guter Koch macht so etwas nicht aus Geldgier, sonst würde er nicht mit Essen handeln, sondern schmorte hinter Rauchglas in einem Bankgebäude. Das Restaurant *La Vie* kann man jetzt umbenennen in *La Mort*.

Es hat bei 40 Sitzplätzen und 28 Mitarbeitern so kommen müssen. Dass ein Sponsor, eine Stahlfirma, in ein Drei-Sterne-Restaurant investiert, ist nicht besonders schlau und von der Hausbank auf Jahre hinaus nervlich nicht durchzuhalten. Man soll auch nicht glauben, dass Deutschland die Sternegastronomie braucht. Ganze Landstriche sind stolz auf ihre Sternegastronomie, aber wer geht dort zum Essen? Gewiss, es gibt eine kleine Zahl von Liebhabern des royalen Dinierens, ein anderer Teil besucht solche Stätten um des sozialen Status Willen. Die Mehrheit speist daheim. Denn der Bürger hierzulande gibt für ein Menü kaum 300 Euro aus und die braucht es, um ohne Hotel oder Sponsor im Rücken mit der Zwei- und Drei-Sterneküche nicht zu verhungern.

Wer in der gehobenen Gastronomie an gute Rendite denkt, ist nicht ganz dicht. Dass es die *Wielandshöhe* schon so lange gibt, liegt daran, dass wir uns keinen Geschäftsführer und keine Sekretärin leisten, auch zum Porsche wird es nie reichen. Meine Frau schrie mich mal an, als ich arbeitslustmäßig aus dem Ruder lief: „We are not a lovecouple, we are a Firma!" In der Tat ist die Gastwirtsehe eine geschäftliche Überlebensstrategie, die vorwiegend durch Selbstausbeutung funktioniert. Aber gemach, kein Gejammer, die meisten Menschen auf der Welt werden ausgebeutet, und ich beute mich lieber selbst aus, als dass ich es einem Konzern oder unerreichbarem Chef überlasse.

Dann lese ich in der *Süddeutschen Zeitung* von heute: „Tatsächlich gelten Preis-Leistungs-Denken und Neidkultur als Hemmschuh der Spitzenküche. 200 Euro für eine Opernkarte oder ein Champions-League-Spiel? Kein Problem." Soviel zum Armenhaus Deutschland.

27. JULI 2018

BRUTALE ZAHLENSPIELE

Der Geiz der Deutschen ist mir ein Dauerlutscher. Wenn es um den Genuss geht, ist hierzulande alles zu teuer. Es geht mir nicht nur ums Essen, so ziemlich der gesamte Kulturbetrieb ist unterbezahlt. So sind Theaterschauspieler, wenn sie nicht gerade die Stars sind, in der Regel noch prekärer dran als die Mitarbeiter der Gastronomie.

Machen wir mal eine Rechnung auf und greifen uns einen Automechaniker, der 45 Euro in der Stunde nimmt (wenn nicht mehr). Bei einem Achtstundentag sind das 360 Euro. Auf mein Restaurant übertragen, also auf 25 Mitarbeiter, macht das einen Gesamttageslohn von 9.000 Euro täglich. Geteilt durch 70 Gäste ergeben sich – ohne Lebensmittel – pro Gast 128 Euro. 128 Euro müsste also jeder Gast nur dafür zahlen, damit die Köche und Bedienungen den gleichen Lohn erhalten wie ein Automechaniker. Und dann liegt noch kein Essen auf dem Teller.

Nun gibt es auf dem Land das ganze Jahr über kleine Vereinsfestle. Im Grunde handelt es sich dabei um offiziell geduldeten Steuerbetrug. Normale Gastwirte sind dagegen geprügelte Hunde und kämpfen ums Überleben, für diese möchte ich mich hiermit einsetzen.

17. AUGUST 2018

DIE WAHRHEIT KOMMT AUF DEN TISCH

Am Sonntag wollte ich mal ausprobieren, was mein Moto-Guzzi-Motorrad noch aushält und bin nach Regensburg getuckert.

In der Nähe der Donaubrücke, die im Jahr des Herrn 1135 erbaut wurde, einen Steinwurf stromab, ragt ein hoher Giebel in den Himmel. Daneben duckt sich ein kleines, uraltes Gemäuer. Trotz gnadenloser Hitze rauchte der Kamin, als würde das gesamte Regensburger Bürgertum seine Steuerunterlagen verbrennen. Auf dem Dach ein Schild: *Historische Wurstküche*. Seit ungefähr 1850 werden dort Würste gegrillt und man darf vermuten, dass es sich dabei um die erste Fast-Food-Station der Welt handelt.

Draußen auf Bierbänken und unter werbefreien Sonnenschirmen werden alle Sprachen dieser Welt gesprochen. Auf solches Gemenschel hatte ich nie Lust, musste aber auf die Toilette und bin in das hochgiebelige

Haus daneben eingetreten. Ich tauchte in eine ganz andere Welt. Absolute Ruhe. Das helle Gewölbe wachte über sehr schöne Blumensträuße, auf den Tischen leuchtete obendrein weißes Leinen. Eine Art Stammtisch in der Mitte, ohne Tuch, lockte mich zur Rast.

Unter meinem schwarzen Motorradhelm, den die Sonne als Eierkocher missbraucht hatte, war mir das Hirn schon reichlich dehydriert. Ich bestellte eine Radlerhalbe und um meine extreme Trockenzeit zu beenden, drei Minuten später noch eine. Sechs Würstel auf Kraut gab ich in Auftrag. Mehr wollte ich nicht bunkern, denn für anderthalb Stunden später war ein Tisch in Beilngries, im *Hotel Millip*, im Altmühltal bestellt.

Man könnte meinen Bauch auch getrost einen Wurstsarkophag nennen. Auch Wurstologe wäre eine zutreffende Bezeichnung für mich. Leute, ich sage euch, diese Würstel waren echte Weltklasse. Gegrillte Würste gibt es ja an jeder Ecke, aber ein Gas- oder Elektrogrill liefert kein gutes Aroma, allenfalls ein gewisses Brandschatzungs-Brenzel. Aber mich umwehte eine Mischung aus Majoran- und Holzkohlenduft.

Die Würstel waren das Beste, an das ich mich erinnern kann. Auch das Sauerkraut dampfte weinig in die Nase und war keineswegs der häufig so liederlich aufgewärmte, mich malträtierende Sauerkraut-Dreitage-Blues.

Und erst die Tischkultur: Der Brotkorb mit Leinentuch abgedeckt, meine Serviette hatte ich auf dem Schoß. Was für ein gepflegter Gastraum.

Die gesamte Atzung belief sich auf 18 Euro und in meiner Begeisterung gab ich noch fünf Euro Trinkgeld. An diesem Ort kann man den Unterschied zwischen gastronomischen Scherzartikeln, den potemkinschen Menükarten und das Gegenteil, die gastronomische Wahrheit, ja: die reine Lehre erleben. (wurstkuchl.de)

19. AUGUST 2018

KÜCHENWEISHEIT

Das gilt nicht nur für den Koch: Wir dürfen nicht der Bequemlichkeit erliegen und der Minderheit das vorenthalten, was die Masse nicht will.

Howgh!

25. AUGUST 2018

ÜBER SCHWERTMUSCHELN (UND ANDERE)

Wikiklink: Razor Clams: Englisch; Cuteaux: Französisch; Navajas: Spanisch; Cannolicchi: Italienisch. Auf Deutsch nennen sich die Muscheln Schwert- oder Scheidemuscheln. Es gibt eine europäische und eine amerikanische Spezies, beide kommen an der Atlantikküste vor, von Norwegen bis hinunter nach Marokko. Die Schwertmuschel lebt senkrecht eingegraben im lockeren Sand. Das Tier verankert sich dort mit seinem muskulösen Fuß und kann sich bei Störung rasch zurückziehen. Die Art lebt in Wassertiefen der Gezeitenzone bis in etwa 80 Meter Tiefe. Sie hat einen delikat nussigen und etwas süßlichen Geschmack und lässt sich unkompliziert zubereiten. Das größte Problem ist der Magen, der mit Sand gefüllt ist. Den Sand kann man herausdrücken oder die Muscheln anritzen und unter kräftiger Brause ausspülen. Alles ist erlaubt, aber der Sand muss raus, sonst knirscht es beim Kauen gottserbärmlich.

Olivenöl in den Topf, gehackte Schalotten und eine Knoblauchzehe dran, auf großem Feuer die Schalotten hell dünsten, ein Schluck Weißwein dran, die Muscheln in den Topf und einen dicht schließenden Deckel darauf. Eine Minute kochen lassen und herausnehmen. Werden die Muscheln zu lange gekocht, wird Hartgummi daraus. Es ist das Gleiche wie bei den Jakobsmuscheln: Das Eiweiß gart und der Effekt ist dem harten Ei ähnlich.

Die Schwertmuscheln leben im freien, sauberen Wasser, die Pfahlmuscheln dagegen gerne in reichlich gedüngtem Wasser, also bevorzugt an den Mündungen von Flüssen, deren Wasser auch Kolibakterien transportiert. Es ist bekannt, dass man von Pfahl- oder Miesmuscheln manchmal Durchfall bekommt. Das kann passieren, wenn die Pfahlmuscheln zu kurz gekocht wurden. Von Hause aus sind sie sehr weich, aber durch langes Kochen (mindestens zehn Minuten) werden Pfahlmuscheln angenehm fest und nicht steinhart wie Venusmuscheln oder Schwertmuscheln. Die etwas riskanten Pfahlmuscheln werden durch längeres Kochen logischerweise bakterienfrei und bekommen obendrein noch einen angenehmen Biss. Also: Schwertmuscheln ganz kurz, eine Minute, und Pfahl- bzw. Miesmuscheln mindestens acht Minuten kochen.

28. AUGUST 2018

KUTTELN MACHEN SCHLAU

Es gibt Listen von Büchern, die man unbedingt gelesen haben sollte. Man kennt das aus der Wochenzeitung *Die Zeit*. Kanon! Da beginnt es bei Platon und Sokrates. Friedrich Torbergs „Tante Jolesch“ ist nicht dabei. Es stammt wie Oskar Maria Grafs Werke aus einer anderen Genießerhemisphäre. Na ja, die Hitliste wird wohl von einseitig interessierten norddeutschen Juroren zusammengestellt, denn: „Tante Jolesch“ muss sein.

Gestern kam zu meiner eigenen Liste, die auch alle Wiener Kaffeehausliteraten beheimatet, ein weiteres Buch dazu: André Heller: „Wie ich lernte, bei mir selbst Kind zu sein“. Erschienen im S. Fischer Verlag. Es geht um die Kindheit eines gewissen Paul, hinter dem sich der kleine André verbirgt. Da wird der ungeliebte Vater, ein Tycoon reinster Sorte, ohne große Trauer zu Grabe getragen. Ein Leichenschmaus ist nicht geplant, doch der Onkel aus Montevideo entführt den Kleinen ins Gasthaus *Zu den drei Hacken*, ein Wiener Beisl, welches es heute noch gibt.

Kuttelfleck mit Semmelknödel werden bestellt. Und, was ich schon immer ahnte, Kuttelessen befeuert offensichtlich den Hirnkasten. Der Onkel erklärt schmausend dem Kleinen die Welt und dass man sich auf dem Wege zum glücklichen Mann darin üben sollte, den Orgasmus einer Frau zu bewältigen, ohne zu ejakulieren. Samen zu verschleudern, diese Energieverluste ließen Männer früh vergreisen und verblöden, meinte der Onkel. Er habe sich damit in ein stattliches Alter gerettet. Nachdem er diesen Achtungserfolg für sich verbucht hatte, fuhr er fort: „Wie alt bist du?“ Das Bübchen sagt: „Kommenden Februar werde ich dreizehn!“ Der Onkel neigte sich konspirativ über seinen Kuttelfleck und murmelte: „Also, dann darfst du ruhig noch drei Jahre onanieren, das ist in deinem Alter auch gut gegen Wimmerln (Pickel)! Aber bitte, mach mir die Freude und denke dabei nur an die schönsten Frauen der Welt.(… Überhaupt, wenn du dich im Leben schon der Mühe unterziehst, etwas zu denken, kannst du gleich etwas Wunderbares denken.“

Ich hoffe, dass sich Kuttelesser bestätigt finden. Auf der *Wielandshöhe* gibt es seit dreißig Jahren keinen Tag, ohne dass Kutteln die Speisenkarte geziert hätten. Als ich noch in Schwäbisch Gmünd, vor 35 Jahren, das Herdfeuer am Glühen hielt, hatte ich ein bis zwei Tage keine Kutteln auf der Karte. Und genau ihretwegen besuchte mich da prompt der Feinspitz und Chronist der Gourmandise, Wolfram Siebeck. Er geriet wegen der Kuttel-Absenz fast ins Randalieren. Nie wieder habe ich es gewagt, einen kuttelfreien Tag zu riskieren.

Wir haben gerade Sommerkutteln in heller Tomatensauce auf der Karte, eine Varietät, die ich einst in der Toskana kennenlernte. Damals, als in Italien grundsätzlich die Mamas in der Küche standen.

Also Kutteln kochen, italienisch Trippa:

Nehmt 200 g Rinderkutteln, in der Regel sind sie vorgekocht. Sie werden in Vierecke geschnitten, die ungefähr die Größe haben, die man von englischen Briefmarken kennt, von denen die Queen die Welt grüßt. Sie kommen in einen Topf, werden eine Handbreit mit Brühe bedeckt und brodeln so lange, bis sie zwischen hart und weich den Mund tapezieren. Vier Schalotten werden in Würfelchen geschnitten und eine Knoblauchzehe wird dazugequetscht. Eine Messerspitze Safran färbt dann alles gelb ein und gibt die geschmacklich elegante Richtung vor. Pfeffer und Salz sollten im Grunde schon längst das Gebrodel begleiten und ein Teelöffel frisches, feinst geschnittenes Lorbeerblatt vollendet.

Hat alles brav geköchelt, gibt man den Topfinhalt auf ein Sieb, der aufgefangene Sud kommt wieder auf den Herd und wird mit etwas Mehlbutter abgezogen. Der Handmixer bläst Luft darunter, dann kommt das Abgesiebte wieder in den Sud, den man nun als Soße bezeichnet, und jetzt: Gentlemen, Missis und Mississippis, mit einem Baguette schnell zu Tisch!

PS: Und noch ein Nachsatz von Friedrich Torberg: „Alles was am Mann schöner is als beim Aff', is a Luxus!"

4. SEPTEMBER 2018

EINE SCHANDE

Der Anteil böser Menschen ist bei allen Ethnien weltweit ziemlich gleich und wird auch bei zunehmendem Wohlstand nicht weniger. Deutsche Gefängnisse sind randvoll mit Verbrechern. Es sind vornehmlich Deutsche, die einsitzen. Logischerweise stellt sich die Frage, warum Flüchtlinge allesamt brav und lieb sein sollen. Ich bin mir absolut sicher, dass allenfalls ein bis zwei Prozent der Flüchtlinge hierzulande nicht harmonieren.

Unzählige Ausländer arbeiten seit Jahrzehnten in Deutschland, ohne sie würde der Laden zusammenbrechen. Zwei junge Afghanen arbeiten bei uns im Service und die Gäste sind angetan. Eigentlich gibt es mit solchen Aspiranten gar kein Problem, außer der deutschen Bürokratie. Es ist eine Schande, dass es immer noch kein greifbares Einwanderungsgesetz gibt. Nicht nur die Gastronomie, sondern das ganze Dienstleistungsgewerbe inklusive Handwerk sucht händeringend nach Auszubildenden und Arbeitskräften. Immer noch müssen junge Flüchtlinge jahrelang warten, bis sie arbeiten können. Sie verlieren ihre Selbstachtung und dann kommt die Verachtung der deutschen Rassisten noch dazu.

6. SEPTEMBER 2018

SCHULE BEGINNT MIT ENTTÄUSCHUNG

Heute mag es manchem Jungen oder manchem Mädchen so ergehen wie mir, als ich die erste Klasse Volksschule enterte. Ehrlich gesagt, meine Damen und Herren: „1. Klasse“, das hatte ich mir viel komfortabler vorgestellt.

12. SEPTEMBER 2018

BROT UND NOT

Die Briefmarke „Deutsche Brotkultur“ ist jetzt frisch bei der Post zu haben. Es ist bewunderungswürdig, mit welcher Chuzpe sich das Backhandwerk selbst lobt. Meist gilt der Jubel der unendlichen Vielfalt. Bäckereien bieten tatsächlich die unterschiedlichsten Sorten an, es geht in die Hunderte. Mir wäre schon recht, wenn ich ein gutes dunkles und ein gutes helles Brot zwischen die Zähne bekäme.

Wir backen unser Brot seit Jahren selbst – nicht nur aus reiner Freude, sondern weil wir fast kein anständiges Brot kennen. Da wäre die Bäckerei Arnd Erbel (im Internet), der Hofpfister ist prima, im Stuttgarer gibt es wohlschmeckendes Brot beim Königsbäck und sicherlich noch irgendwo in drei Bäckereien, die ich nicht kenne. Was unsere Gegend anbetrifft, so wäre damit schon Ende.

Die deutsche Brotkultur zu feiern grenzt deshalb schon an Größenwahn. In billigen „Backshops" versprühen sie künstliche Aromen, die die Illusion von knusprigem Sauerteigbrot erwecken sollen.

18. SEPTEMBER 2018

KLEINE KNOBLAUCHKUNDE

Knoblauch – Allium Sativum, Wind-, Alters- oder Magenwurzel, Stinkzwiebel: Es soll von einer problematischen Zuneigung berichtet werden. Von einem Würzgemüse, das den einsamen Genießer noch einsamer macht und ihm nahestehende Menschen, die seine duftende Weltanschauung nicht teilen, den Kontakt übers Haustelefon suchen lässt. An einer großen Tafel hat Knoblauch etwas Verbindendes: Man transpiriert – da Knoblauch in die Blutbahn gelangt – aus Rachen und Rippen gemeinsam, sozusagen orchestral.
Die oberen Bevölkerungsschichten, bis zurück in die Antike, assoziierten den Duft des Knoblauchs mit Armut und Landbevölkerung. Dennoch findet das Liliengewächs in der Literatur seit sechstausend Jahren anerkennende Erwähnung und wurde selbst mit germanischen Runen beschrieben. Dies obwohl Knoblauch aus Asien stammt und über die mediterranen Länder und den Balkan erst spät zu uns gelangte.

Heute befindet sich das größte zusammenhängende Anbaugebiet nicht weit von San Francisco in den USA: Dort, in Gilroy, werden jährlich achtundsechzigtausend Tonnen produziert (der Countrysänger Will Rogers versichert, dass in dieser Gegend zur Erntezeit ein Steak vortrefflich an der Wäscheleine mariniert werden kann).

In Europa befinden sich wichtige Anbaugebiete in Ungarn, in Spanien, Italien und Rumänien. In der Nähe der Stadt Nürnberg liegt das einzige deutsche Anbaugebiet, das „Knoblauchland". Guter Knoblauch ist fest, die Zehen sollten leicht rosa getönt sein. Knollen mit kleinen Zehen sind scharf, die größeren schmecken leicht süß. Um sie zu schälen schneidet man die oberen und unteren Enden ab und löst ringsum die Haut; so lassen sie sich als Ganzes verwenden und entwickeln nur zarte Wirkung. Noch milder (sozusagen knofeliges Standgas) wäre es, die Zehe ungeschält mitzukochen und auf diese Weise trotzdem handfestes mediterranes Brauchtum zu suggerieren.

Die Kunst des Kochens – sie hat ja ursprünglich einiges mit Apothekerei und Medizin gemein – liegt in der Dosierung. Der richtige Umgang mit Knoblauch ist nur eine Frage des Quantums. Jeder Zerkleinerungsmethode wird eine verschiedenartige geruchliche Belästigung zugeordnet. Allerlei Spekulation! Letztlich reagiert jeder Körper anders darauf, der eine mehr, der andere weniger. Und auch dies wiederum ist nicht bewiesen, da nasal abgestumpfte Mitmenschen eine exakte Statistik nicht zulassen. Schneiden Sie den Knoblauch also, hacken Sie ihn oder drücken Sie ihn durch die Presse. Für Minimalisten noch der Hinweis: Mit der geschälten Zehe einfach nur die Schüssel oder den Topf auszureiben hat einen zarten Effekt.

Für den Genuss gibt es kein Reglement, doch möge man beachten, dass das zu bekochende Objekt, sei es eine Lammkeule, ein Huhn oder irgendein Fisch, auch bei geschlossenen Augen noch geschmackssensorisch identifiziert werden kann.

Bei Rezepten zu Fleisch, etwa Kaninchen, das nur mit geringem Eigengeschmack aufwartet, steht einem Knoblauchbombardement nichts im Wege. Aber Vorsicht, das Aufmunitionieren mit Knoblauch geschehe nach eigenem Gutdünken, denn jeder verfügt über eine individuelle Peristaltik und ganz eigene innere Kabalen.

Knoblauch ist freilich nicht nur eine Genuss-, sondern auch eine Heilpflanze mit erstaunlichen pharmazeutischen Eigenschaften. Er enthält 15 Prozent Kohlenhydrate, Zellulose, wenig Fett und Proteine, Spurenelemente (Eisen, Jod, Kobalt, Zink, Molybdän), an Vitaminen vor allem Vitamin B und C. Wichtigste Stoffe sind Alliin, ein geruchloses Öl, und das Enzym Alliinase. Die unverarbeitete Zwiebel zeigt erst beim Zerreiben oder Schneiden die wohlbekannte Wirkung, dann nämlich, wenn das Alliinase-Enzym mit Alliin die chemische Verbindung Allicin eingeht. Letzterer verdankt der Knoblauch seine antibiotische Wirkung (die mit der Entdeckung des Penicillins allerdings etwas in Vergessenheit geriet), aber auch seine thrombose- und krebshemmende Wirkung geht vom Allicin aus.

Was hier referiert wird, ist nicht irgendwelcher Aberglaube, sondern das Resultat von Forschungen über

Phytonzide (die antibiotisch wirkenden Substanzen in höheren Pflanzen); ein Experte auf diesem Gebiet ist Prof. B. P. Tokin vom Institut für Mikrobiologie und Virologie der Universität Kiew. In dehydratisiertem Knoblauchpulver, in Knoblauchpillen, -ölen, -extrakten und ähnlichen Präparaten konnten allerdings kaum noch wertvolle Inhaltsstoffe festgestellt werden.

Wirksam ist nur der dem Odem des Genießers lange nachhängende frische Knoblauch.

19. SEPTEMBER 2018

STEINPILZE

Dass es mit den Steinpilzen dieses Jahr noch etwas würde, hätte ich nie und nimmer gedacht. Mit dem sogenannten Herrenpilz, seit neuestem auch Damenpilz genannt, sollte man nicht allzuviele Verrenkungen veranstalten. Frisch gefunden, wurmfrei und fest in der Substanz hat er von Natur aus schon alles mitbekommen, was den Gourmet beglückt. Allenfalls ein wenig Knoblauch, dann Salz und Pfeffer, in Butter gebraten, mit wenig Brühe abgelöscht und fertig.

In der Mitte des Tellers wird eine frischgekochte Kartoffel zerdrückt und mit etwas Petersilie und brauner Butter zum Funkeln gebracht. Übrigens: Petersilie und Pilze, das passt immer.

6. OKTOBER 2018

FRÜHER WAR MANCHES BESSER

Hat Stuttgart schon bessere Zeiten gehabt? Blättert man durch die Seiten des „Stuttgarter Kochbuchs“, dann wird der heutige Koch zwangsläufig bescheiden. Wir kochen sicher sehr gut, aber gewiss nicht besser als die Haushälterinnen von damals.

Im Kochbuch findet man farcierten Fasan, Welschhahn (Truthahn) mit Kastanien, Tauben en tortue (gewisse Gewürze, die der Schildkrötensuppe entlehnt sind), Austern-Ragout, gebackene Froschschenkel, gefüllte Schnecken, Krebspudding, Felchen gebacken, Stockfisch en Béchamel, Schleien vom Rost, gebrühten Kopfsalat, Maulbeergelee, Lammbries, Jettinger Rübchen (Ob die Jettinger noch wissen, dass es mal so ein Rübchen gab?).

So könnte ich gerade weitermachen, das Buch bietet Kochabenteuer über 250 Seiten. Ehrlich gesagt, dagegen ist die Stuttgarter Küche heutzutage ein Armenhaus. Der Wochenmarkt übrigens auch.

9. OKTOBER 2018

WIEN. KEIN SCHMÄH!

Die Recherchen zu meinem Buch über das habsburgische (aber auch moderne) Wien sind ohne Gewichtszunahme kaum zu bewerkstelligen. Aber ich kann aufatmen, die guten Gasthäuser sind nahezu alle durchgevespert. Insgesamt legen die Wiener wesentlich mehr Wert auf gutes Essen als wir. Man kommt sich vor wie im Schlaraffenland.

Österreich hat den Ruf des Laissez-faire, um nicht zu sagen: der disziplinierten Schlamperei. Leute, ich kann euch sagen, damit lebt es sich hervorragend, und ob wir's glauben wollen oder nicht, so ziemlich alles funktioniert besser als in Deutschland, die Bahn sowieso, doch das ist kein Kunststück, darin sind uns sehr wahrscheinlich sogar die Bulgaren überlegen.

Jetzt aber zum Essen. Wiener Schnitzel ist bei mir ja ein Dauerlutscher, wirklich gut ist es selten. Es braucht dafür nämlich sehr feines Semmelmehl, damit die Kruste dünn bleibt. Das kann man im Restaurant *Vestibül* erleben, das im Burgtheater untergebracht ist. Ein ganz wunderbarer Ort wäre die *Meierei* im Untergeschoss des berühmten Feinspitz-Restaurants *Steirereck*; im Hotel Sacher war der Tafelspitz erstklassig. Wer sich gar nicht auskennt, für den wäre das *Plachutta* eine absolut sichere Bank. Es gibt einige Filialen und man könnte fast von einem kleinen Konzern sprechen, aber dessen ungeachtet: Besseres gekochtes Fleisch habe ich noch nie erlebt, besonders wunderbar übrigens das Beinfleisch.

Restaurantessen in Wien ist unglaublich preisgünstig. Wie die Wirte damit zurandekommen ist mir unerklärlich. Sind die Steuern günstiger? Oder liegt es daran, dass der Wiener gerne ausgeht? Mittags und abends sind die Gasthäuser rappelvoll. Der Wirt muss also keine Leerzeiten finanzieren. Außerdem sind die Wohnungsmieten in Wien ungefähr nur halb so hoch wie in Deutschland, da bleibt viel Geld fürs Wirtshaus.

Warum das so ist? Siebzig Prozent der Wohnungsimmobilien sind in städtischer Hand, der Wohnungsmarkt ist also ziemlich frei von Heuschrecken und Investoren. In Deutschland ist es auf schrecklichste Weise umgekehrt.

Das spitzenmäßige Wiener Schnitzel ist mittlerweile leider auch in Wien eine Seltenheit, vor allem, weil es im schwimmenden Fett – halb Öl, halb Butterschmalz – in der Pfanne geschüttelt werden sollte. Oft kommt es aus der Fritteuse. Gute Backhendln sind noch seltener. Dann bestellte ich mir im Restaurant *Wolf* im 4. Bezirk ein Paprikahendl. Ich glaubte bisher, dass es sich dabei um Paniertes handele, das man mit Paprika bestreut. Weit gefehlt, es ist ein Stück Gockel in Paprikasauce. Übrigens, der Wirt ist der Chef und Widerspruch zwecklos. Vorlaute Piefkes lassen sich dort besser nicht blicken.

10. OKTOBER 2018

TIERQUÄLEREI

Heute habe ich nur einen kurzen Einwurf: Jeden Monat wird bei der Massentierhaltung irgendwo Tierquälerei aufgedeckt. Mal drückt der Veterinär ein Auge zu, mal ist der Bauer einfach blöd, mal der reine Sadist oder gar Verbrecher. Diese Schurken bekommen eine Geldstrafe, die sie locker verkraften, denn die Ausbeutung der Tiere lohnt sich extrem. Ich plädiere für lange Gefängnisstrafe und Berufsverbot auf Lebenszeit. Eine Frage habe ich noch: Warum verhält sich der Deutsche Bauernverband gegen solche Erniedriger des Berufsstandes so obszön still?

12. OKTOBER 2018

FEHLT WAS?

Unser Ehrgeiz ist es, dass man bei einem vegetarischen Essen niemals auf den Gedanken kommt, dass etwas (das Fleisch) fehlt. Deshalb nehme ich das Wort „vegetarisch" nur ungern in den Mund. Ein Spinatknödel in Kräutersauce etwa ist kein vegetarisches Gericht, sondern kurz und bündig eine saugute Speise.

13. OKTOBER 2018

KAUFT DIESES BUCH!

21 junge Hobbyköche mit Down-Syndrom tun sich mit Meisterköchen zusammen. Da kann gar nichts mehr schiefgehen. Herausgekommen ist ein Buch, das von Freude sprüht. Mit von der Partie sind: Alfons Schuhbeck, Ali Güngörmüş, Bernd Siefert, Cornelia Poletto, Frank Buch-

holz, Frank Oehler, Franzi und Andi Schweiger, Léa Linster, Maria Groß, Meta Hiltebrand, Mike Süsser, Nils Egtermeyer, Ole Plogstedt, Roland Trettl, Simon Tress, Ted Reader, Torsten Michel und Vincent Klink. In meinem ganzen Berufsleben habe ich keine solch unbeschwerte Freudigkeit erlebt wie mit Timo beim vereinten Kochen.

Das Buch gibt es in jeder Buchhandlung: #46pluskocht – voll lecker, Neufeld Verlag, 19,90 Euro.

19. OKTOBER 2018

IM ERNST? BIENENSTICH?

Ist so etwas ein ernstzunehmender Auftrag für unsere Küche, wo es die Dinger doch in jeder Konditorei gibt? Die Antwort lautet: Ja, ganz eindeutig. Wir sehen es auch als unsere Aufgabe an, altmodische Gerichte zu retten. Unser Bienenstich ist eine komplizierte Angelegenheit. Die Mandelkrokantschicht wird extra gebacken. Zweitens kenne ich in Deutschland sonst keine Bienenstichcreme, die aus besten natürlichen Zutaten gemacht wird. Sogar das dicke und berühmte Patisseriebuch von Alain Ducasse verwendet Cremepulver. Nahezu keine Creme der internationalen Konditoreikunst kommt ohne das verdammte Cremepulver aus, das Milchpulver, Trockenei und meist auch künstliche Aromastoffe enthält. Überhaupt ist der Beruf des Konditors in großen Teilen zum Chemiefacharbeiter abgerutscht. Es wäre kein Problem, unser Rezept zu veröffentlichen, aber glauben Sie mir, es ist sehr kompliziert, ich krieg's mangels Geduld nicht hin, dafür aber unser Patissier Wanja Hess. Dazu muss man geboren sein!

24. OKTOBER 2018

EINS AUF DIE KOCHMÜTZE

Mit dem Kochen ist es wie mit der Kunst. Man darf sich nicht beirren lassen. Wenn es niemandem schmeckt, nur der Köchin oder dem Koch selbst – macht nix. Alle anderen haben einfach Leder auf der Zunge.

Ich habe es oft genug in Restaurants erlebt, die Ehefrau bedient, der Männe kocht Mist. Die Gäste merken es und werden immer weniger. Die Ehefrau merkt es. Da sie ihren Mann und Traumkoch so liebt, gibt sie die Proteste der Gäste nicht weiter. Gut so! Liebe kommt an erster Stelle, auch wenn man sich irgendwann vereint eine neue Stelle suchen muss. Oder sollte man dem Koch vielleicht doch eins auf die Mütze geben? Meine Frau macht das mit uns Köchen fast täglich und ehrlich: Es fruchtet.

24. OKTOBER 2018

FRISCHE FISCHE SIND UNDEMOKRATISCH

Es gibt Leute, die mögen den Geschmack von Süßwasserfischen nicht. Aus gutem Grund, denn ganz entscheidend ist das Wasser, in dem sie aufgewachsen sind. Ist es frisch, klar und duftend oder mauchelt es abgestanden? Die Altwasser des Rheins sind kalt, frisch, gut durchflutet und durchlüftet. Es ist wie beim Schwein, es schmeckt nach dem Stall, aus dem es kommt.

Auf alle Fälle: Frischer Fisch riecht nicht nach Fisch. Wer je erlebt hat, wie sich ein Fisch am Meer, direkt vom Kutter, auf dem Teller präsentiert, der braucht lange, bis ihm ein Fisch im Binnenland wieder schmeckt. Es gibt allerdings in Deutschland eine Firma, welche Fisch direkt von kleinen Kuttern kauft und mit Expresslastern in die Restaurants bringt.

Momentan widmen wir uns fast ganz den Rheinfischen, zum einen weil wir uns einen tollen Fischer geangelt haben, zum anderen um zu zeigen, dass Süßwasserfische ein herrliches Naturgut mit unendlichen Möglichkeiten der Zubereitung sind.

Unsere Karpfen kommen allerdings nicht aus dem Rhein, sondern aus der Gegend von Dinkelsbühl. Unzählige Gäste haben wir schon überlistet und gebeten, diesen ungeliebten Fisch zu probieren. Alle haben gestaunt und waren überrascht, wie wunderbar artgerecht gewachsener Karpfen schmecken kann. Solcherlei Fische, wie wir sie verarbeiten, sind allerdings in hohem Maße undemokratisch. Ich wüsste nicht, wo man so etwas im Laden kaufen könnte.

31. OKTOBER 2018

LACHENDE JÄGER

Selbstverständlich verzeichnen wir seit der Jungsteinzeit, also seit 40.000 Jahren, Wissensfortschritte. Vergleicht man jedoch die Malerei eines Stiers aus der Höhle von Lascaux mit einer Lithografie von Picasso, kann man sagen, dass die Kunst damals soweit war wie heute. Wie werden die Höhlenbewohner gekocht haben? Ich denke, längst nicht so primitiv, wie wir ihnen unterstellen. Über unsere Essensneurosen inklusive Paleo-Diät hätten sich die Jäger und Sammler des Paläolithikums sicher kaputtgelacht.

3. NOVEMBER 2018

DÜNN, DÜNNER

In die Strudelungen eines Apfelstrudels stürze ich mich hemmungslos rein. Ich weiß, wie es sein muss, und so treibe ich unseren Patissier an wie ein Rennpferd vor dem Ziel: „Noch dünner, noch dünner!"

Aber Obacht, nicht dass es so geht wie dem Herrgottsschnitzer aus Oberammergau, dem ein amerikanischer Tourist anfeuernd zurief: „More Shmerz, more Shmerz!" Der Schnitzer grub sein Messer immer tiefer ins Arvenholz und schmiss nach einigen Schnitten unvermittelt den Gekreuzigten an die Wand. Tja, ein Schnitzer zuviel und alles ist zerstört.

Das kann mit dem Apfelstrudel auch passieren, deshalb zieht der junge Patissier mit seinen sensiblen Händen den Teig aus – und nicht der alte Berserkerchef und Grobmotoriker, der sicherlich so manches Loch verursachen würde.

8. NOVEMBER 2018

SCHWARMDUMMHEIT

Selbermachen macht glücklich, die vollen Baumärkte wissen ein Lied davon zu singen. Auch meine Homepage selber zu frickeln erfreut mich immer wieder. Das Internet ist allerdings oft eine Bastelstube der bösesten Art. Dort haben geltungsbedürftige Neurotiker freies Schussfeld. Kunden von Amazon, kaum dem Analphabetismus entkommen, geben den Literaturkritiker. Ärzte werden mit dubiosen Rankings gepeinigt. Sieht man genau hin, geht es meist, auch bei den Restaurantkritiken, um beleidigte Leberwürste, die vielleicht ein Haar in der Suppe fanden, und wenn es das eigene war.

Früher konnte man sich am Urteil von Fachleuten weiterbilden und informieren, wenn diese auch nicht immer Recht hatten. Heute biegt die Schwarmdummheit die Welt gerade. Das nennt man totale Demokratie: Jeder Depp darf mitreden, die Lautesten sind die Dümmsten.

9. NOVEMBER 2018

ABU DOOF

Immer wieder finde ich Zettel, auf denen ich vermeintliche Geistesblitze notierte. Sind die Gedanken nicht gut, schmeißt man sie tunlichst gleich fort und achtet darauf, dass sie fitzelklein zerrissen sind. Sind sie womöglich über Jahre abgehangen und noch akzeptabel, ist die Freude groß. Manchmal ist so etwas dabei: „Egal und zur Beruhigung, auch an den eigenen Berufsstand: Kochen, Essen und Trinken sind nicht die wichtigsten Dinge, aber beinahe." – Oder: „Frau Wagenknecht wurde kürzlich eine Kaviar-Sozialistin genannt. Meine Güte, wie neidisch, wie doof." – „Luxus definiert sich für viele immer noch in Abu-Dhabi-Kategorien oder jenseits von 400 PS. Der wahre Luxus sind die Geschenke der Natur, die man für alles Geld der Welt nicht an jeder Ecke kaufen kann. Zum Beispiel Kalbsniere im eigenen Fett."

11. NOVEMBER 2018

WAS MICH AUFREGT

Die Mafia von heute macht's nicht mehr mit Geballere wie Al Capone. Sie spekuliert an den Börsen mit Lebensmitteln. Diese Art von Mördern bringt zigtausende Hungernde in aller Welt um. Mit Aktien von Waffen lassen sich höchste Renditen erzielen, gleich danach kommt Spekulieren mit Nahrungsmitteln und seit Neuestem machen sich gewissenlose Spekulanten in der Altenpflege mausig. Dort gibt es bis zu 15 Prozent obszöne Rendite. Das Altenheim meiner Schwiegermutter (97) kostet monatlich fast 4.000 Tacken. Für das tägliche Essen und Trinken sind keine vier Euro bereitgestellt. Das Personal wird schlecht bezahlt, die Immobilie ist Billigbauweise und dann wird es nebulös. Wo bleibt das ganze Geld? Bei den Geldsäcken.

16. NOVEMBER 2018

ROSSINI GEGEN WAGNER

Ein Freund erzählte mir vom Komponisten Gioachino Rossini, der auf Richard Wagner nicht gut zu sprechen war. Umgekehrt ist Wagner ja auch, gelinde gesagt, als Giftzwerg aktenkundig. Mein Freund hatte folgende Begebenheit im Radio gehört: Rossini gab eine Einladung und auf der Menükarte glänzte „Turbot à l'allemand", also Steinbutt nach deutschem Rezept. Der Gang wurde aufgetragen, auf dem Teller befand sich nur Sauce, aber kein Fisch. Die Gäste, etwas verwirrt, wurden von Gioachino Rossini aufgeklärt: „Dieses Gericht ist Richard Wagner gewidmet."

PS: Wer Französisch kann, besorge sich antiquarisch das Buch: La visite de R. Wagner à Rossini (en mars 1860), par Edmond Michotte, éd. Actes Sud, 1906.

23. NOVEMBER 2018

ACHTUNG: GÄNSEWARNUNG!

Gänse sind unglaublich verfressen. So kommt es, dass eine 3-Kilogans bis zu 60 Euro kosten kann, weil sie alleine schon für 45 Euro Futter vertilgt hat. Ist sie deutlich billiger, hat sie wahrscheinlich nicht genügend Futter bekommen. Es kommt zudem darauf an, ob dem Vieh billiges Soja reinstopft wurde oder ob bestes Getreide für guten Geschmack sorgt.

Eine zähe Hungergans erkennt man daran, dass sich die Brust nicht nach außen wölbt, sondern wie ein altes Dach konkav durchhängt. Also bitte darauf achten, dass die Brust konvex ist, schön nach außen gebogen.

Nachtrag: „Die Welt will betrogen sein" sagte bereits im Jahr 1494 der Humanist Sebastian Brandt in seinem Buch „Das Narrenschiff".

24. NOVEMBER 2018

NEID

Eine US-amerikanische Umfrage und eine der BBC London ergaben, dass Deutschland derzeit das beliebteste Land der Welt ist. Ich frage mich: „Warum sind wir dann so pessimistisch?" Warum wird nur gebruddelt? Ich gebe zu, dass auch ich mich diesbezüglich bessern muss. Wer ehrlich ist und das Ausland bereist hat, ist in der Regel froh, wenn er wieder in seinen heimischen Aldi wackeln darf. Kurzum, uns geht es saugut!

Jedenfalls den meisten Leuten und der Sozialstaat ist besser als woanders. Es gibt sicher prekäres Dasein, aber wir sind reich genug, um den etwa zwei Prozent wirklich Armen ein anständiges Leben zu ermöglichen. Darüber wird zuviel gequatscht und zu wenig getan. Bei einer Sache packt mich ein richtiger Ekel: Neid. Amerika ist nicht mein Traumland, aber das bewundere ich: dass ein amerikanischer Nachbar sich über den anderen freut, wenn er viel verdient.

Von den Kanzlereleven der CDU ist mir keiner sympathisch. Friedrich Merz ist allerdings vielen Bundesbürgern schon deshalb unsympathisch, weil er nicht arm ist und keine Currywurst bejubelt wie Gerhard Schröder. Die Medienberater des Herrn Merz empfahlen dem Kandidaten zu äußern, dass er sich zum gehobenen Mittelstand zähle. Es ist offensichtlich in Deutschland nicht möglich zu sagen: „Ja, ich bin reich! Ich verdiene eine Million im Jahr (oder mehr), ich habe zwei Flugzeuge und ich habe mir das alles selbst verdient, bin nicht doof und hatte ständig einen 16-Stundentag." Gerne wird übersehen, dass selbstverdienter Reichtum nicht bequem zu haben ist.

PS: Und dann wird ja schwer auf der Kanzlerin herumgehackt. Ich habe sie nicht gewählt, aber sie ist eine aufrichtige Frau, die, lange an der Macht, niemals der Korruption erlag. Das dürfte im politischen Geschäft weltweit eine Seltenheit sein.

1. DEZEMBER 2018

FAKE NEWS

Mit den sogenannten Sozialen Medien wie auch den digitalen „Breaking News" ist es ein Kreuz. Vorgestern *Spiegel Online*: „Angestellte machten mehr als 2,1 Milliarden Überstunden." Die Linke spricht von skandalösen Zahlen. Dann geht der Bericht weiter und am Schluss bleiben pro Person wöchentlich 0,6 Stunden übrig, das sind 35 Minuten. Teilt man die Zahl durch 5 Arbeitstage, macht das täglich 7 Minuten Überzeit. Na ja, der Angestellte, der daran verkümmert, der tut mir wirklich leid.

Nächstes Beispiel, gestern *Bild.de*: „Dänemark karrt Flüchtlinge auf Tierseucheninsel in der Ostsee." Das riecht nun wirklich nach Skandal. Die Wahrheit ist aber, dass ständig eine Fähre zur Insel fährt und die Flüchtlinge abends auf der Insel sein müssen. Auf dem Festland sind die Unterkünfte eingezäunt, dies aber in erster Linie zum Schutz vor Rechtsradikalen. Liest man weiter, entpuppt sich das Tierseuchenproblem als eine Forschungsanstalt der Universität gegen Tierseuchen. Bis 2021 wird dieses Institut aufs Festland verlegt. Soviel zur Tierseucheninsel.

Leute, lest nicht nur die Überschriften! Journalisten dürfen sich nicht wundern, wenn sie einen schlechten Ruf genießen. Die Überschriften sind deshalb so verlogen und knallig, weil jeder User zum Anklicken verführt werden soll. An den Klicks rechnen sich die Werbegebühren hoch. Ich habe dieses ganze Online-Gedudel abgeschaltet, es lebe die seriöse gedruckte Zeitung.

2. DEZEMBER 2018

BITTE BLEIBT NICHT UNGEHOBELT

Nicht alles ist schlecht an den Weihnachtsmärkten. Sie dienen der Geselligkeit und für romantische Seelen braucht es auch Illusionen, ohne die im menschlichen Leben nix geht. Es gibt sogar einen triftigen Grund, sich ins Gewühl zu stürzen. Ich denke an die Stände, die Kochlöffel und alle Arten von Holzwaren verkaufen. Das Wichtigste wäre aber ein Japanhobel, den ich für die Küche als unerlässlich erachte. Für gutes Sauerkrautkochen braucht es einen Teil Zwiebel. Sehr wichtig ist, diese genauso fein zu hobeln wie das Kraut. Sauerkraut kann ein elegantes Gemüse sein, mit Zwiebelbrocken drin empfinde ich es als ungehobelt.

18. DEZEMBER 2018

BEIM BOCUSE DES BARBECUE

Eigentlich wollte ich nicht mehr so weit verreisen. Kansas City, 14 Stunden Flugzeit. Mit der Querflöte war ich bei „Goethe Pop Up" eingeladen. Kansas City ist die Hauptstadt des Barbecue. Bei *Joe's BBQ* mussten wir uns über eine Stunde anstellen, um Platz zu bekommen. Er dürfte der Paul Bocuse von KC sein. 150 Personen passen rein und es herrscht ein Lärm, dass der Cannstatter Wasen wie ein Besinnungsort anmutet.

21. DEZEMBER 2018

„LESEN GEFÄHRDET IHRE DUMMHEIT!"

... ist einer der vielen Sätze von F.W. Bernstein, dessen Witz meist dermaßen ums Eck schrammte, dass er von vielen nicht verstanden wurde. Ein anderer: „Die schärfsten Kritiker der Elche waren früher selber welche." Heute ist der Professor für Karikatur (der Fritz Weigle hieß) gestorben. Da sage ich nur leise „Servus, Fritz!"

28. DEZEMBER 2018

BOHNENSTARK UND SCHARF

Das wäre doch mal was für Silvester, wenn um Mitternacht die Kräfte nachlassen. Rezept für Chili-Bohnen:

Zutaten:

2 Tassen weiße Bohnen (Saubohnen)
1 Schalotte, fein gewürfelt
1 Knoblauchzehe, fein gewürfelt
2 EL Olivenöl
1 l Gemüsebrühe
1 Staudensellerie, gewürfelt
1 Zweig Rosmarin
1 Peperoni, fein gewürfelt
1 rote Gemüsepaprika
1 Bund Petersilie
grober Pfeffer, Salz

Zubereitung:
Bohnen über Nacht in fünfmal soviel Wasser einweichen. Ich sage das mit Nachdruck. Man nimmt lieber einen Rieseneimer Wasser mit einigen Bohnen auf dem Grund als eine Schüssel, in der am anderen Morgen die Bohnen trockenliegen. Alle Welt meint, mit Hitze und Vollgas kriegt man die Bohnen kurzfristig weich. Das stimmt, aber sie platzen und vermatschen.

Schalotten und Knoblauch in Olivenöl anschwitzen. Die eingeweichten Bohnen dazugeben und mit Gemüsebrühe auffüllen. Eine Stunde mit geschlossenem Deckel langsam kochen oder im Ofen bei 180 Grad garen. Die Bohnen muss man immer wieder mal probieren.

In Deutschland werden Bohnenkerne meist zu hart gekocht, also lieber zu weich und etwas verkocht, als dass die Dinger wie Kieselsteine im Mund herumquietschen.

Sind die Bohnen weich, den Staudensellerie, den Rosmarin und die fein gewürfelte Peperoni (Hartgesottene nehmen kleine Chili) und die gewürfelten Paprika zugeben. Nochmal zehn Minuten durchkochen. Gehackte Petersilie dran. Falls noch Brühe im Topf ist, den Deckel abnehmen und bei kräftigem Feuer reduzieren lassen. Die Bohnen mit einem Esslöffel Olivenöl, Pfeffer und Salz abschmecken.

31. DEZEMBER 2018

ÜBERRASCHUNG!

Es gibt an Silvester ein großes Menü. Da kochen wir, was wir wollen. Die Gäste wissen nicht, was es gibt. Von einigen kennen wir ihre Unverträglichkeiten und das war es schon. Zu diesem Überraschungsmenü habe ich mich entschlossen, als wir vor zwanzig Jahren vorab einen Gang mit Trüffeln bekanntgegeben haben und diese nie geliefert wurden. Die Erklärungsnot war groß! Seither gilt das Moment der Überraschung. Wir können kurzfristig einen Gang ändern, wenn uns etwas Besseres eingefallen ist oder wir unvermittelt an eine noch bessere Ware gelangen konnten. Die wichtigste Freiheit in einem Restaurant ist die Freiheit des Kochs. Wahrscheinlich sind wir auch das einzige Restaurant in Deutschland, das an Silvester kein Spektakel anbietet. Musik findet bei uns nie statt und an Silvester erst recht nicht.

2019

1. JANUAR 2019

MIT VOLTAIRE INS NEUE JAHR

Oft ertappe ich mich beim Schimpfen auf unser Land, die schlechte Handyverbindung, die vielen Autos, die miese Luft, wie mit Steuergeldern umgegangen wird, die ganze Regulierungswut des Behördenwildwuchses, die Ignoranz der AFD …

Für das vor mir liegende Jahr ist es mein Ziel, nicht mehr den schwäbischen Bruddler zu geben, sondern nach dem Vorbild von Voltaires Candide zu rufen: „Wir leben in einer der besten aller Welten." Damit kann man wie Candide auf die Schnauze fallen, egal: Es kommt, wie es kommt.

2. JANUAR 2019

ERFRISCHENDER OPTIMISMUS

Vor ein paar Wochen folgte ich einer Einladung nach Kansas City. Mich reizte die Gelegenheit, direkt in die Mitte des Riesenlandes zu reisen. Die wichtigste Erkenntnis nach vielen Beobachtungen: Deutschland ist dagegen ein Paradies, allerdings ein tief pessimistisches.

Die Amerikaner, die ich sprach, hatten allesamt einen optimistischen Frohsinn, eine zugängliche, sehr freundliche Art, die vielleicht nicht nach Tiefe strebte, jedoch den Umgang mit ihnen leicht machte. Die Hilfsbereitschaft empfand ich geradezu als phänomenal. Was den Präsidenten Trump anbetrifft, so ist dieser vielleicht der schlechteste Präsident aller Zeiten, aber keineswegs für die Farmer dort.

5. JANUAR 2019

WINTER

Von „Schneechaos" ist die Rede. Ungefähr drei Zentimeter Matsch bedecken die Gehsteige. Vorhin hat's mich richtig auf den Ranzen gehauen. Kein Problem bei meiner Falltechnik. In einer Hundertstelsekunde blase ich meinen Bauch auf, strecke die Hände in die Höhe, den Kopf auch und federe hochelastisch meine 120 Kilo ab.

Jetzt also Schneechaos, eigentlich eine Unverschämtheit von der Natur, es waren doch Klimaveränderung und subtropischer Winter angesagt. Echt ein dicker Hund.

11. JANUAR 2019

HASS

Unglaublich, in welcher Dimension der Hass durchs Internet und selbst durch die heimische Welt geistert. Warum das immer noch anonym geschehen kann, ist mir unerklärlich. Hass schadet ja auch dem Hassenden, er versauert die Gedärme und die Folge sind Krankheiten. Besser wäre, sich die Hasssubjekte genauer anzuschauen. Was wissen wir von unserem Nachbarn, ganz zu schweigen von Syrern, Juden, Afghanen …? Haben wir mit diesen Leuten jemals ein Wort gewechselt? Mein Vater, der Tierarzt war, ging sogar auf eine zähnefletschende Dogge zu und murmelte dauernd. Er richtete ein friedfertiges Parlando an das Tier. Es beruhigte sich umgehend und ließ sich streicheln. Vater sagte: „Musch immer schwätza mit de Tierle!“ Diese Idee wäre auch für Menschen nicht schlecht.

11. JANUAR 2019

DIE SCHNELLE SUPPE GEGEN DIE KÄLTE

Wenn's einen friert, muss eine Suppe her, sie wirkt lebensrettend. An freien Tagen will ich nicht groß kochen. Im Kühlschrank findet sich immer eine Lauchstange. Ich schneide also eine Handvoll Lauch ganz dünn und schwitze ihn an. Meist mit Olivenöl, weil das griffbereit dasteht. Mit etwas mehr als einem Viertelliter Wasser wird das aufgefüllt und zum Kochen gebracht. Salzen, und mit hefefreiem Bio-Suppengekrümel abschmecken. Muskat hineinreiben. Kleine Brotwürfelchen dazu und fertig.

Das Brot könnte ich anrösten, dazu bin ich meist zu faul. Röstet man die Würfel vorher an, wird es richtig gut. Diese Aufheizsuppe braucht ungefähr vier Minuten, wobei das Brotrösten genau solange dauert.

17. JANUAR 2019

RUSSISCHE EIER

Russische Eier kennt ja jeder: Mayo, Gemüsesalat, harte Eier und Hasenrogen-Kaviar. Es ist eine Schande! In Henriette Davidis' „Praktischem Kochbuch“ von 1845 findet man ein Rezept. Unsere Leidenschaft ist es, solch völlig verkommene Gerichte wieder zu Ehren gelangen zu lassen. Russische Eier, wenn man sie original zubereitet, sind ein sehr teures Gericht, wenn der Lachs aus einer ökozertifizierten Farm kommt, selbst gebeizt und geräuchert wird, der Stör-Kaviar der beste ist, den man bekommen kann, und der Gemüsesalat frisch für jeden Gast bereitet wird. Diese russischen Eier schmecken fantastisch. Ich habe nur ganz wenig aus der Kaviardose probiert, denn teure Lebensmittel sollte der Koch nicht selbst essen, sondern verkaufen. Mein Mittagessen heute war Penne mit Olivenöl, bestem Parmesan und Pfeffer. Es ist eines meiner Lieblingsgerichte und äußerst bekömmlich.

19. JANUAR 2019

DAS BESTE ESSEN TAUGT NICHT FÜR INSTAGRAM

Gerade las ich von einer Köchin, die irgendwelche Werbe- oder Medienleute zur weltbesten ausgerufen haben. Die Frau kocht sicherlich toll, aber weltbeste? Ich aß vor einiger Zeit eines der besten Essen, die ich jemals zu mir genommen habe. Es handelte sich um ein wahres Weltmeistergulasch, das ich im Restaurant Steirereck in Wien bestellte. Der Gipfel der Kochkunst. Mit diesem Gericht wird man nie den Titel „weltbester Koch" erringen, obwohl das Steirereck zu den besten Adressen Europas zählt. Warum?

Gulasch ist der Schrecken der Food-Fotografen und löst bei Kreativlingen Fluchtreflexe aus. Ein Weltmeistergulasch eignet sich nicht für Instagram. Und was nicht getwittert und gepostet wird, das existiert nicht mehr. Das sind die Gründe, warum dieses wunderbare Gericht in keiner Gourmetzeitschrift erwähnt wird und kein Spitzenkoch sich daran abarbeitet. Erstens dauert die Zubereitung an die sechs Stunden und zweitens sieht es aus nach, wie die Wiener sagen: „Hundstrümmer!" Man sagt heute nicht mehr: „Oh, das schmeckt!" Sondern: „Oh, das sieht zum Posten aus!"

22. JANUAR 2019

EIN REIFEN FÜR KÖCHE UND LEBEN

Riesenaufregung, der Michelin Frankreich ist erschienen! In jungen Jahren sind die Sterne für Köche, unter sportlichen Gesichtspunkten, verzeihlich und erstrebenswert. Ich habe auch gar nix gegen meinen seit Jahrzehnten angehängten MICHELIN Stern, ich koche aber nicht für Ruhm, Sterne und den Guide, sondern so, dass es mir schmeckt. Wenn das Restauranttestern ebenso schmeckt, ist es ganz prima. Letztlich halte ich nichts von Rankings, mir ist das alles viel zu spießig. Mein Ziel war es stets, mir eine Eigenständigkeit zu schaffen und damit meine Gäste zu überzeugen.

P.S. Man halte sich immer vor Augen, dass der Michelin-Guide die Werbekiste einer Reifenfirma ist. Da muss auch Radau erzeugt werden. Eines noch: Ich fahre mit meinem Motorrad seit Jahren einen Michelin-Pilot-Power-Rennreifen. Die Dinger haben es ermöglicht, dass ich noch am Leben bin.

25. JANUAR 2019

TIERISCHE EINSICHT

Für mich steht fest, dass Tiere eine Seele haben. Ganz oben aber steht das Tier, das kochen kann.

29. JANUAR 2019

DANKE SCHÖN!

Der Koch sieht jeden Tag auf dem Teller, was er getan hat. Das Lob oder die Vernichtung kommt umgehend. Das stärkt den Charakter. Und bei einem Zwölfstundentag entgeht man so manchen Anstrengungen der Freizeit. Wenn das alles über viele Jahre gutgeht, so ist das ein Verdienst von Frau, Tochter, Sohn und Mitarbeitern, ja sogar von Gästen, die mich korrigierten und gut auf mich aufgepasst haben. Heute werde ich 70. Großen Dank an alle!

1. FEBRUAR 2019

ERSTAUNLICHE DUMMHEIT

Schrieb doch eine steindumme Lady auf Tripadvisor, sie habe in einem Film gesehen, dass wir, um den Boden zu putzen, die Stühle auf die weißen Tischdecken stellen. Richtig, es wird am Morgen der Boden geputzt, danach kommen die Stühle wieder runter und die Tischdecken in die Wäsche. Selbst wenn die Tischdecke keinen Fleck hat, wird sie erneuert. Warum jemand, die offensichtlich nur auf Wachstuch isst oder in Resopaltischbeizen verkehrt, das Maul aufreißen muss?

9. FEBRUAR 2019

ALS DIE ARTISCHOCKE ZU DEN SCHWABEN KAM

Zu meinem 70. Geburtstag erreichte mich ein Brief:
„Am 23.8.1974 speisten meine Frau und ich anlässlich unserer standesamtlichen Trauung mit unseren Trauzeugen im *Postillion* in Schwäbisch Gmünd. Am Nebentisch saß ein Paar. Ihm wurden Artischocken aufgetischt. Nach kurzer

Überlegung rückten beide mit Messer und Gabel den prallen Früchten auf den Leib. Ein Genusserlebnis schien sich nicht einzustellen. Das Personal wurde aufmerksam. Nach kurzer Zeit kamen Sie (Vincent Klink) aus dem Hintergrund an den Tisch und versuchten, den beiden zurückhaltend vorsichtig und freundlich anzudeuten, sie könnten die Artischocken wie üblich mit den Händen entblättern ... Die prompte Antwort der beiden war: ‚Mir ässad des so, wia mr's gweehnt send!'"

P.S.: Ich hatte bei der Einführung der Artischocke in den Ostalbkreis noch ein anderes Erlebnis mit dem Blumenhändler Seegers Walter. Er stopfte sich große Teile der Artischocken ins Maul und kaute wie eine Kuh. Ich stürzte hinzu und er meinte nur: „I tue se halt moschta!"

11. FEBRUAR 2019

HOFPFISTEREI

Es ist ein schöner Traum zu glauben, wir könnten mit Biobauernhöfen und Hofläden die Welt ernähren. Der Scharfblick muss sich darauf justieren, dass die Nahrungsmittelindustrie nicht nur ihren Gewinn optimiert, sondern auch gesunde Ware liefert. Es heißt, das gehe nur im Kleinen. Das Gegenteil beweist die Hofpfisterei in München. Das Brot dieser Großbäckerei kostet ungefähr 40 Prozent mehr als Discounterbrot, enthält aber längst nicht soviel Wasser. Man kriegt also mehr Brot fürs Geld. 1 Kilo kostet etwa 7,-- Euro. Im Durchschnitt verzehrt jeder Deutsche täglich 250 g Brot, das macht 1,75 Euro für bestes Brot ohne chemische Zusätze.

Von meinem Loblied hier weiß die Firma Hofpfisterei übrigens gar nichts. Ich mache für niemand Werbung, ich sage nur, was gut und was schlecht ist. Obwohl die *Wielandshöhe* täglich selbst Brot backt, essen meine Frau und ich privat, wegen der Abwechslung, das der Hofpfisterei. Andere Ökobrote, egal wie gut gemeint oder gar esoterisch erhöht, sie schmecken mir meist nicht oder liegen wie Backsteine im Magen.

Die Hofpfisterei stellt ausschließlich Natursauerteigbrote ohne Lebensmittelzusätze oder Backhilfsmittel her (in der EU sind über 200 Zusatzstoffe für Lebensmittel erlaubt). Die Zutaten kommen ausschließlich aus der

LK 23

ökologischen Landwirtschaft, von über 600 Landwirten, die insgesamt 3035 Hektar unter Pflug bewirtschaften. 700 Verkaufsstellen werden beliefert und insgesamt werkeln dort 950 Mitarbeiter. Der Umsatz liegt über 93 Millionen Euro.

Es ist ein Skandal, dass es überhaupt Discountbäcker gibt.

21. FEBRUAR 2019

WIR TREIBEN RICHTIGEN AUFWAND

Tafelsilber will gepflegt sein. Früher war Silberbesteck in der gehobenen Gastronomie obligat. Mittlerweile ist es weitgehend wegrationalisiert. Chromargan tut es auch, ist aber eindeutig nicht so schön. Wir wollen den Gästen rundum etwas Besonderes bieten, da passt Blech nicht dazu.

Einmal in der Woche wird das Silberzeug ausgekocht, durch eine Poliermaschine gegeben und von Hand nachpoliert. Das alles hat nicht nur mit Schönheit zu tun, sondern auch mit Hygiene. Unser Betrieb stellt dazu wöchentlich drei Leute für einen Arbeitstag ab. Viele denken ja, ein Restaurant wie unseres habe teures Essen auf dem Teller. Im Grunde ist es die viele Handarbeit, das Silber, das selbstgebackene Brot, der üppige Blumenschmuck und die 25 Leute, die dies alles bewerkstelligen. Das Essen ist eigentlich kostenlos.

25. FEBRUAR 2019

NICHT GANZ DICHT

Mit dem Fremdenhass sind wir Deutschen schon recht inkonsequent. Ohne Ausländer gäbe es keine Straßen, alle Baustellen im Land wären verwaist, der Daimler könnte einpacken, der Stuttgarter Gemüsemarkt wäre leergefegt, kein Päckchen oder Brief würde uns erreichen, die Städte wären völlig zugemüllt. Ja, und die *Wielandshöhe* könnte sofort dichtmachen.

8. MÄRZ 2019

FRÜHLING

Unsere Küche wird mit dem zunehmenden Licht heller, es gibt zum Beispiel marmoriertes Ochsenfleisch in Wagyu-Qualität. Es kommt von der Schwäbischen Alb und ist im Unterschied zum japanischen Wagyu-Rind artgerecht aufgewachsen. Solch marmoriertes Fleisch wird in den USA, in Japan und Australien erzeugt, indem die Tiere sich ein

Vierteljahr vor dem Schlachten, fest eingepfercht, kaum mehr bewegen dürfen. Fressen und stillstehen. Es geht auch anders, wie bei unserer rotbunten Rinder-Rasse. In jeder Herde gibt es faule Viecher, die sich ungern bewegen. Die sind rar, aber man kann sie finden.

14. MÄRZ 2019

FOOD-FOTOGRAFIE = PAPIERVERSCHWENDUNG

Von Food-Pornographie sind wird wunderbarerweise ziemlich verschont, das hängt mit unseren Gästen zusammen, die nicht zum Essen gehen, um danach in den (un)sozialen Medien anzugeben. Gegen ein Erinnerungsfoto ist nichts einzuwenden. Aber mir ist überhaupt die Nabelschau in Facebook und Instagram total unsympathisch. Mag sein, dass ich für solche Verbreitungswut zu alt bin. Meine Tochter steht auf Instagram, doch Jugend ist erfreulicherweise ein Fehler, der sich von Tag zu Tag bessert.

Ganz schlimm finde ich die Food-Fotografie in Zeitschriften. Totaler Augenbetrug. Es gibt unzählige gastronomische Gazetten, in denen werden unbekannte, tolle Köche vorgestellt, die ihr Restaurant mit Tellergemälden leergekocht haben. Da werden weitgehend ungenießbare Gerichte auf Tellern drapiert, um eine Porzellanfirma zu bewerben. Schaut man sich das Impressum der Hefte an, steckt meist irgendein Werbefuzzi dahinter. Oft flattern mir gleich drei Exemplare ungefragt ins Haus. Mit solchem Auflagenbetrug werden Sponsoren der Nahrungsmittelindustrie gelockt, Firmen für Einrichtungen, Küchengeräte und gastronomischen Schnickschnack. Eine sensationelle Papierverschwendung. Ungelogen, ich schmeiße jeden Tag einen halben Wäschekorb Papiermüll in die Tonne.

15. MÄRZ 2019

BÄREN IN DER FREMDEN KÜCHE

Das Buch von Salcia Landmann habe ich seit vierzig Jahren in meiner Bibliothek und jetzt endlich mal wieder richtig durchgelesen. Ich kann es nur wärmstens empfehlen: „Gepfeffert und Gesalzen“ gibt es im Internet ab sechs Euro. Es ist 1965 erschienen und bietet einen klarsichtigen Inhalt, ganz und gar nicht von gestern, sondern fast von morgen. Die weltgewandte Dame schreibt im Kapitel „Kochbücher mit fremden Rezepten“:

„Misstraue den Kochbüchern für ausländische Küchen, die eigens für dich – also für den Fremden – verfertigt worden sind! Oft sind sie von Leuten geschrieben, die von der betreffenden Küche genauso wenig wissen wie du selber. Die Autoren haben sich irgendwo flüchtig orientiert. Vielleicht bei Zufallsbekannten. Bestenfalls beim Koch des Restaurants, in welchem sie gerade aßen. In einzelnen Fällen führt das zwar zu einem ganz guten Resultat. Dann nämlich, wenn der Koch zufällig selber sehr viel kann. Er wird dir in den meisten Fällen dennoch, mit einer Stimme, bebend von Gefühl, den größten Bären aufzubinden suchen. (...) Denn er kann sich sagen: ‚Ach was, die wissen ohnehin nicht, worauf es ankommt!'"

Und das meine ich: Auch in Peking wird der Chinesenkoch dem Lernwilligen nicht den letzten Trick verraten, der seine wunderbare Ente adelt.

23. MÄRZ 2019

DER JUNGE MIT DER MUNDHARMONIKA

Der Spieltrieb hört ja nie auf, jedenfalls bei mir. Nachdem alle Trompeten, Ventilposaunen und Tenorhörner verkauft und verschenkt waren, war eigentlich finito mit Musik. Nur die Querflöte aus meinen jungen Jahren war übrig geblieben.

Also ging's mit Flöte weiter. Eines Tages krallte mich der Rappel. Ich wackelte am Musikhaus Schwerdtner (Königsbau) vorbei und mir stach ins Hirn, dass eine Mundharmonika ein schöner Zeitvertreib wäre. Beispiel Sonntagsausflug. Die Frau befiehlt mir, das Auto vorzufahren und dann kommt sie ewig nicht. Ich sitze da und dünste vor mich hin. Verheiratet zu sein bedeutet, die Kunst des Wartens zu verfeinern. Ich habe jetzt eine Mundharmonika. Das deutsche Liedgut klappt recht schnell. Vorläufig spiele ich heimische Volkslieder. Etwas Sentimentaleres gibt es nicht. „Am Brunnen vor dem Tore", „Es waren zwei Königskinder" ... Kaum traue ich mich, es zu sagen, aber diese wunderschönen Melodien treiben mir Tränen ins Auge.

25. MÄRZ 2019

DER KÖNIG DER APHORISMEN

Aus „Die englische Küche" von Georg Christoph Lichtenberg, London, 19. April 1770:

„Unter den Englandreisenden sind es nur die wahren Gastrosophen, die Lieblinge aus der Herde Epikurs, die erkannt haben, dass es in England Nationalgerichte gibt, um die alle Welt die englische Küche beneiden kann. Nur wahre Feinschmecker wissen, dass sich England – zumindest in der guten alten Zeit des ‚Kolonial-Imperialismus' – nicht nur die besten Sänger und Tänzer leisten konnte, sondern auch die besten Köche. ‚Ich wage zu behaupten', sagte schon vor hundert Jahren keine geringere Autorität als der große französische Koch Louis Eustache Ude, ‚dass die Kochkunst in England, wenn man nur ihre besten Leistungen betrachtet, der Kochkunst aller anderen Länder überlegen ist.'"

1770 wurde Lichtenberg Professor für Physik, Mathematik und Astronomie an der Universität Göttingen, doch erst ab 1776 hielt er regelmäßig Vorlesungen. Berühmt wurde er durch seine Aphorismen, die heute noch Gültigkeit haben. So groß sein Geist, so klein und buckelig zeigte sich seine Gestalt. Er galt in Göttingen als „Herr Seltsam", hatte aber eine große Ausstrahlung auf Frauen.

1782 trat Margarethe Elisabeth Kellner (1768-1848) als Haushälterin in seinen Dienst. Ein Jahr später begann er, immer am Rande des Skandals, ein eheähnliches Verhältnis mit ihr, das 1789 legalisiert wurde, um ihr und den gemeinsamen Kindern das Erbe zu sichern. Als er 1799 starb, hinterließ er seine Ehefrau und acht Kinder und liegt seither auf dem Bartholomäusfriedhof in Göttingen.

28. MÄRZ 2019

WIR TÖTEN MIT DEM AUTO

Die USA haben im Jahr ca. 40.000 Tote durch Schusswaffen. Wenn man bedenkt, dass die USA 26-mal so groß sind wie Deutschland, liegen wir mit unseren 3.275 Verkehrstoten im Vergleich doppelt so hoch. Was den Amis der Revolver, das ist bei uns das Auto.

3. APRIL 2019

SCHMECKT'S ENGLISCH BESSER?

Das Pausenbrot ist mega-out. Schwer im Kommen ist englischsprachiges Kauderwelsch. Der Bürolunch, also das Vesperpäckle der Werktätigen, nennt sich jetzt in angesagten Kreisen „Meal Prepping". Edelworker nehmen sich kein Tupperdösle mit ins Büro, sondern der nachhaltig bewusste

„Bio-Freak" hat's mit dem „Clean Eating". Wie das alles funktioniert, erfährt man bei „Food-Bloggern". Das Wort Essen ist eh schon von „food" überlagert. Bei den Food-Bloggern rödelt eine Spezies, die sich „Health-Blogger" nennt. Diese Food-Nerds und Food-Influencer kennen sich mit Gurkenmikado, Karottensticks und Quarkdips, anders gesagt „White Cheese-Dips", ganz genau aus. Auf Instagram kann man sich kaum sattsehen an „Overnight Oats" in speziellen „Bowls", dem Hauptbestandteil eines „Powerfrühstücks". Jetzt bin ich so erschöpft, dass ich mir ein „Powernapping" gönnen werde.

4. APRIL 2019

STEINBUTT, WIE EDEL

Meinen Gästen gegenüber empfinde ich große Dankbarkeit. Sie ermöglichen uns, eine der größten Köstlichkeiten des Meeres auf die Karte zu nehmen. Der große Steinbutt ist sehr teuer. Trotzdem gibt es diesen König des Meeres bei uns nicht als Babysteinbutt, sondern als ausgewachsenen Fisch mit festem Fleisch. Wir kochen ihn nur phasenweise, obwohl unsere Gäste den hohen Preis akzeptieren. Solche Fische sollten nicht feinschmeckerisches Gewohnheitsrecht sein. Es gilt, sie zu schützen.

Steinbutt hat ein solch elegantes Aroma, dass man ihn mit Gewürzen und kreativen Accessoires nur misshandeln kann. Ein bisschen Pfeffer, Salz und aus dem Bratfond eine kurze Sauce gezogen, das muss reichen. Dieser Fisch ist sich selbst genug.

6. APRIL 2019

MAULTASCHEN HAWAII LEGEN MICH LAHM

Ein Albtraum erinnert mich an diesen Abend.

Gerhard Polt und die Biermösl Blosn waren in der Stadt. Zwerchfell und Peristaltik waren nach dem Theater der Bayern ordentlich gedehnt und durchgeschüttelt. Ich war für leibliche Genüsse wahrlich gerüstet. Also gleich nach dem Konzert in die Kneipe. „Maultaschen?" – „Kein Problem, gebongt!" Etwas später stand ein staunenswerter Teller vor mir. Hawaiitoast? Schwarzwälder Obsttorte?

Die schwäbische Serviererin insistierte mit charmantem Starrsinn, dass es die bestellten Maultaschen seien. In Gottes Namen!

Ich fange mal oben an: Halbierte Trauben, angeordnet in einem mir unbekannten Sternbild. Preiselbeerchen blinkten lustig. Käserahmsauce total. Darunter gratinierte Scheibletten, mindestens sechs Stück. Dann wurde ich fündig, Maultaschen mit der perfekten Geometrie des industriellen Stanzprodukts. Weiter ging's mit gekochtem Schinken zwischen den Maultaschen, abgerundet mit Champignons à la Creme. Ganz unten kam der kalte Teller. Polt trat dazu und jammerte über das Bier, das, kaum am Tisch, wie ein allseits bekanntes Stoffwechselendprodukt im Glas ruhte. Es ist schwäbische Sitte, dass der Teller aufgegessen wird. Sich diese Nachkriegserziehung abzugewöhnen ist schwerer, als vom Nikotin runterzukommen. Es lief an diesem Abend nichts mehr. Nach innen horchend mit dem Verdacht, dass im Bauch alles um das Doppelte aufquelle, überkam mich der Fatalismus eines Schiffbrüchigen.

12. APRIL 2019

SERVICE

Heute muss ich mal meinen Service loben. Die Damen und Herren haben es nicht leicht. Der eine Tisch will nicht gestört werden, der andere braucht Zuwendung. Das muss man alles erahnen. Niemand achtet hierzulande den Beruf des Kellners. Wer in Paris einen Espresso bestellt und nicht „Bitte" sagt, der bekommt sein Tässchen grundsätzlich eine Viertelstunde später. So haben das die Pariser Kellner beschlossen.

Die Zeit der Sklaverei ist längst vorbei, aber Herrenmenschengedöns ist nicht auszurotten. Unserem Servicepersonal hat meine Frau, die ja die oberste Chefin hier ist, jegliches „Einschleimen" bei selbstverliebten Gästen verboten. Wer gar als Gast ruppig zum Personal ist, soll das umgekehrt auch ein bisschen spüren. Der Kellner ist kein Entertainer und auch kein Therapeut, der gelangweilten Leuten, die sich oft nichts mehr zu sagen haben, ein Sanierungsangebot zu machen hat.

13. APRIL 2019

STUTTGART, KAPITALISTISCHE RUINENSTADT

Lajos Lencsès, der wunderbare Ungar, ist tiefverwurzelter Stuttgarter. Er spielt Oboe auf Weltniveau. Wer davon noch nie was gehört hat, sollte schnell mal googeln. Ein Hammertyp. Den Verantwortlichen im Rathaus stellt er kein gutes Zeugnis aus: „Ach Stuttgart, einst wunderschön, heute die Ruinenstadt des Turbokapitalismus. Überall klaffen riesige Löcher in ihrem Körper ... Man fühlt in seinem Nacken den heißen Atem der geldgierigen Investoren, die durch die Stadt hecheln, um aus dem letzten Quadratmeter Boden noch Profit zu schlagen."

Der verdammungswürdige Stuttgarter Stadtkämmerer, der jetzt einen besseren Job gefunden hat: Vor einem Monat konnte er noch Wohnungen für über vierzehn Millionen Euro an einen Investor losschlagen. Die Stadt Wien, davon will die deutsche Politik nichts wissen, macht genau das Gegenteil. Über 70 Prozent aller Mietwohnungen sind in Stadtbesitz. Wer neu baut, muss 70 Prozent des Wohnraums sozial bauen, das heißt fünf Euro Miete pro Quadratmeter. Die Investoren in Wien haben sich daran gewöhnt, sie sind, wie man hört, zufrieden. Und das Allerschönste, die Kneipen sind mittags und abends voll, weil die Bürger Geld übrighaben (Rente doppelt so hoch wie in Deutschland).

18. APRIL 2019

INTERNET

Erst wurde die Menschheit alphabetisiert und nun wird sie digitalisiert. Bei Kochrezepten ist es eklatant. Ich muss gestehen, dass ein Rezept, das ich am Computer schreibe und nicht ausdrucke, selten stimmt. Irgendwie macht der Bildschirm besoffen. Deshalb drucke ich mir meine Rezepte seit Neuestem auf Papier, leider stimmen sie oft trotzdem nicht. Es sei geklagt, das Leben hangelt sich von Fehler zu Fehler und wer auf Perfektion pocht, muss einen Beruf haben, dessen Ergebnisse niemand hinterfragt. Erfreulicherweise sind ungenaue Kochrezepte selten lebensgefährlich.

20. APRIL 2019

OSTERN UND DIE FARBEN DER NATUR

Mit synthetischen Farben, egal ob Aquarellkasten oder junge Mode, ist es schwierig, Farben harmonisch zu kombinieren. Bei Pflanzenfarben, der reinen Natur, passt so ziemlich alles, und obendrein fein abgestimmt.

Heute Morgen entdeckte ich beim Frühstück meiner Mitarbeiter einen Ostereierkorb, der mich an die Farben des Bologneser Malers Georgio Morandi erinnerte. Die formidablen Köchinnen Carlina und Marie hatten die roten Eier mit roten Zwiebelschalen, die blauen Eier mit einigen tiefgefrorenen Blaubeeren gefärbt. Dann wollten sie grüne Gaggeli färben und verwendeten einen Sud von Brunnenkresse. So kommt es zu neuen Erfindungen: Die Eier wurden nicht grün, sondern gelb.

27. APRIL 2019

BAUCH UND HIRN

Heute hat mich ein Gast wieder etwas bemitleidet, weil ich so dick bin.

Wahrlich, ich sage euch, ich bin seit 30 Jahren gleich dick und so soll es bleiben. Wenn ich eklatant abnehmen würde, wäre das für mich wahrscheinlich eine gefährliche Situation, es würde zu Ende gehen. Warum sind so viele Menschen nur mit ihrem Aussehen unzufrieden und nie mit ihrem Hirn?

27. APRIL 2019

ERLEUCHTUNG

Um Illusionen zu transportieren eignen sich Kerzen ganz besonders. Folglich brennen an einigen Tischen bei uns Kerzen. Zum Glück kam ein Schwede auf die Idee, in die reinen Stearinkerzen Kanäle zu bohren. Diese nehmen das flüssige Wachs auf und nix tropft mehr. Im Internet findet man diese Hilfsmittel der Erleuchtung unter „liljeholmens kanalljus“ oder kerzenkampagne.com.

1. MAI 2019

MICHELIN GUIDE

Ganz leise hat sich mit den Jahren im Guide Michelin eine Kategorie etabliert, nämlich die mit „Bib Gourmand“ belobigten Betriebe. Damit werden Restaurants und Gaststätten ausgezeichnet, die preiswertes (wegen Selbstausbeutung oft zu billiges), richtig gut gekochtes Essen anbieten. Insgesamt ist mir diese Küche lieber als die Sternegastronomie. Nichts gegen Sterne, ich will ja nicht an dem Ast sägen, auf dem ich sitze. Die Spitzengastronomie liefert einen wesentlichen Kulturbeitrag. Doch eine lebenswerte Landschaft braucht gute Gasthäuser als Grundversorgung.

Schaut man sich das kulinarische Wüstengebiet Ostdeutschland an, so gibt das schwer zu denken. Wenn alle Bürger Malle und die Malediven abgegrast haben, wenn das verständliche Fernweh mal nachlässt und die Augen vor dem aufgehen, was vor der Türe zu finden ist, werden die Ostdeutschen vielleicht mal ihr Urlaubsgeld in die Heimat investieren. Es ist unglaublich, wieviel Geld deutsche Urlauber ins Ausland schaufeln: etwa 95 Milliarden Euro sind es im Jahr.

22. MAI 2019

ALLERGISCH GEGEN ALLERGIEN

Diesen erheiternden Bericht von Ralph Quinke entnehme ich der Zeitschrift *Der Feinschmecker.*

Die Pflicht zur Allergenkennzeichnung in der EU treibt bisweilen bizarre Blüten. Zuletzt erlebt in Teneriffas bestem Resort, dem „Ritz-Carlton" in Abama. Bei der Tischreservierung fragt die Dame an der Rezeption pflichtbewusst: „Madame hatte im letzten Jahr angegeben, eine Muschel-Allergie zu haben. Besteht die noch?" – „Ja, sie besteht noch." – „Und weitere Allergien?" – „Nein, keine."

Abends versperrt ein vierschrötiger Zerberus den Eingang zum Restaurant.

„Sie sind gegen Muscheln allergisch. Noch weitere Allergien?" – „Nein." – „Gegen Meeresfrüchte?" – „Nein!" – „Fisch? Nüsse? Soja?" – „Nein! Nein! Nein!" – „Laktose-Intoleranz? Gluten-Unverträglichkeit?" – „Guter Mann, wir wollen nicht nach Nordkorea einreisen, wir wollen nur zu Abend essen!"

Sekunden später am Tisch, ein blonder California-Surfer ruft beherzt: „Guten Abend, ich bin Marcus, Ihr Kellner für diesen Abend! Irgendwelche Allergien?" Als dann die Kellnerin mit den Menü-Karten ebenfalls wissen will, wogegen wir allergisch seien, und wir antworten, dass wir derzeit nur allergisch seien gegen Fragen nach unseren Allergien, zieht sie sich pikiert zurück. Die Strategie scheint zu wirken: Der Sommelier fragt nicht, ob wir gegen Sulfite oder Alkohol allergisch sind.

Wir beschließen, in den folgenden Tagen lieber in den Restaurants in der Umgebung zu essen – und möglichst bald wieder nach Stuttgart zu Vincent Klink in die

Wielandshöhe zu fahren. Wo an der Tür neben der Speisenkarte ein Schild hängt mit dem augenzwinkernden Hinweis: „Für Allergiker kein Zutritt!"

Gefühlt sind 98 Prozent unserer Gäste einigermaßen frei von Allergien. Deshalb wollen wir die Mehrheit nicht mit etwas belästigen, das sie nicht betrifft. Wenn es heißt „Für Allergiker kein Zutritt", so ist das die blanke Ironie. Der Satz geht ja noch weiter: Dass wir selbstverständlich die extreme Minderheit der Allergiker sehr ernstnehmen und individuell betreuen, ohne die gesamte Gästeschar zu belästigen.

22. MAI 2019

EIN UNBEQUEMER DENKER

Wolfgang Pohrt war ein Mann, der für seine Überzeugungen kämpfte – und wurde dafür heftig bekämpft. Er verstarb im Dezember 2018 in Stuttgart. Er widmete sich als Sozialwissenschaftler vorwiegend politischen Themen. Von ihm stammen solche Unbequemlichkeiten wie: „Dem, der sich weigert, mit Denken aufzuhören, wo es ernst wird, hetzen die Propagandaapparate das gesunde Volksempfinden auf den Hals. Als dessen Vollstrecker tritt dann im zweiten Akt der Staat aus den Kulissen. (...) Demokratie ist, wenn die Regierung tut, was die *Bild-Zeitung* will, und die Menge jubelt."

Meine Empfehlung: Mehr als 40 Jahre hat Wolfgang Pohrt viele wichtige Debatten in der linken, linksliberalen, bürgerlichen und feuilletonistischen Öffentlichkeit mit seinen brillanten Kulturkritiken und Gesellschaftsanalysen beeinflusst. Er hat zugespitzt, provoziert, angeprangert und dabei alle gegen sich aufgebracht.

Klaus Bittermann hat Pohrts lange vergriffene Bücher zusammen mit Unveröffentlichtem in einer Werkausgabe herausgegeben: www.edition-tiamat.de. Unbedingt unterstützen, kaufen, lesen.

25. MAI 2019

DAS ZICKLEIN SEI GEPRIESEN!

Andere mögen anders urteilen, aber das mir wohlschmeckendste Fleisch ist Zicklein aus dem Ofen. Die Schweizer und die Badener, die wissen das. Dort ist Gitzi der absolute Kult. In Gasthäusern wird es nicht sehr häufig angeboten, denn es gibt kaum ein Fleisch, das teurer ist als Geißlein. Oft sind die jungen Geißen bereits um Ostern schlachtreif, dieses Jahr hat es länger gedauert.

Die Schwaben lernen es zunehmend zu schätzen. Die Aversion gegen Lamm und Ziege beruht meist auf Überlieferung. Geschlachtet wurde in der sogenannten „schlechten Zeit" niemals ein Zicklein. Die Leute hatten Hunger und ließen das Tier auswachsen. Weibliche Viecher wurden selten geschlachtet, da man die Milch benötigte. So blieb nur noch der ausgewachsene Hammel beim Schaf und der geschlechtsmiefige Ziegenbock. Deren Fleisch enthält heftige Pheromonstoffe, von den Meisten als Gestank nach Urin, Sperma ... eingeordnet.

Man möchte die Vorfahren bemitleiden, da sie die Köstlichkeit eines Zickleins nie schmecken konnten.

Ich habe mal bei einem Kollegen ein Schweinekotelett bestellt. Der Koch arbeitete lobenswert und gekonnt auf der Bioschiene. Mir lief das Wasser im Maul zusammen, als das Kotelett kam. Leider ungenießbar, es war vom jungen Eber, was der Metzger übersehen hatte. Das Fleisch riecht nur in erhitztem Zustand, der Koch konnte nichts dafür.

Meine Frau und ich, wir reklamieren nie, sondern verdrängen Unliebsamkeiten. Zu diesem Behufe hat meine Frau immer einen Plastikbeutel in der Handtasche. Wir haben schon Vieles dort versenkt, so auch dieses Kotelett. Ein berühmter Kollege von mir, der Basler Hans Stucki, der das Restaurant *Bruderholz* berühmtmachte, sprach immer wieder von seinen Dackelmenüs. Stufe 1 war, dass nur Kleinigkeiten unter den Tisch in Richtung Hund flogen. Stufe 2 gestaltete sich für das Tier reichhaltiger, bei Dackelmenü der Kategorie 3 flog alles unter den Tisch. Mein Gott, wie oft habe ich mir schon einen solchen Hund gewünscht.

30. MAI 2019

DAS RAD NEU ERFUNDEN

Es gilt als „genialstes" E-Bike. Bei YouTube gibt es Videos, wie schnell man das Gocycle zusammenklappen kann. Ich verwendete es für meine Recherchen zu einem Buch in Paris. Mit dabei sind ein Ersatzakku, Schutzblech, Ladegerät und ein Transportkoffer mit Rollen. Alles zusammen 1.800 Euro (inzwischen leider doppelt so teuer). Ich bin immer

Vollgas gefahren und damit über 30 Kilometer weit gekommen. Im Eco-Betrieb sind mit zwei Akkus auf alle Fälle 80 Kilometer möglich.

7. JUNI 2019

REISEN BINDET

Im Flugzeug nach Berlin konnte ich einiges über beengte Verhältnisse erfahren. Ich hatte den Platz in der Mitte, es war für alle Beteiligten kein Vergnügen. Auch wagte ich mich nicht zu bewegen, hockte wie eine Endzeit-Schildkröte zwischen einer weiblichen Elfe und einem herzhaften Kerl. Es gelang mir, die junge Frau nicht zu zerdrücken, aber ich fragte mich, wann in den Flugzeugen die Sitze ausgebaut werden und man mit entsprechenden Sicherheitsgurten an der Decke aufgehängt wird. Stehplätze im Flugzeug, das werde ich mit meiner begrenzten Restlaufzeit ganz bestimmt noch erleben.

„Achtung, der Steward kommt", raunte mir mein hilfsbereiter Nebensitzer zu. Der flugbegleitende Aufpasser prüfte, ob ich mich brav mit dem Sicherheitsgurt festgezurrt hatte. Allerdings, der Gurt passte gar nicht um meinen Ranzen und mit nicht geringer Scham drapierte ich den Gurt in einer Weise, dass der Kontrolleur mich fest verschnürt wähnte.

Eine Stunde gefesselt und fixiert, das müssen alle hier aushalten. Der Reisende muss leiden, das gehört dazu, damit man sich danach wieder frei fühlen und aufs Zuhause freuen kann. Wenn man bedenkt, dass vor nicht allzu langer Zeit die Stasi in Ostberlin ihre Delinquenten tagelang auf Stühlen festknebelte, da hat der Berlinreisende allen Grund, den Mund zu halten.

8. JUNI 2019

EINE PREDIGT ZU PFINGSTEN: NESTLÉ SCHMORE IN DER HÖLLE

Ich finde die Ernährungsministerin Julia Klöckner völlig okay, aber im falschen Ressort. Sie ist sicher eine Riesenbegabung, nur für was, das muss sich noch finden. Die Firma Nestlé hat dagegen längst zu einem aggressiven Drang nach Gewinnmaximierung gefunden.

Vom Nestlé-Vorstandsvorsitzenden Boersch ließ sich die gute Frau vors Mikrofon ziehen. Der CEO sieht bodengut aus und ist auch noch auf den Namen Marc-Aurel getauft. Die Ministerin ist deshalb zum Nestlémann richtig lieb, und er kann sich deshalb vorstellen, dass man in ferner Zukunft weniger Zucker in den Produkten von Nestlé versteckt. Das war alles gutgemeint, aber der nette Herr hat sich in einer Firma hochgedient, deren Umsatz ebenso stetig nach oben zeigt wie die Verarschung der Verbraucher: geradezu monströs. Eine aufrechte Ernährungsministerin sollte tot umfallen, wenn sie dieser Firma zu nahekommt.

Mit Hausaufgaben müssen sich nicht nur ABC-Schützen abquälen, auch Kabinettsmitglieder sollten sich anstrengen. Im Fall Julia Klöckner ganz besonders, da sie doch fleißig Bioethik und Sozialethik studiert hat. Ich bin auch nicht schlauer als die Frau Klöckner, aber ich weiß immerhin, wie man googelt.

Bei naturwelt.org und auch anderswo kann man beispielsweise Folgendes erfahren: In den 60er- und 70er-Jahren kam es zu einem Baby-Nahrungsskandal. Er mündete in der Überschrift: „Nestlé tötet Babys." Dann tat's wieder einen Schlag, weil genveränderte Inhaltsstoffe in Schokoriegel gelangten. Weiter geht's: Die Firma bezieht gruseliges Palmöl von einer Firma, die billig anbieten kann, da sie in Indonesien illegal gerodete Regenwälder mit Ölpalmen aufforstet.

Abermals in die Kritik geriet Nestlé wegen der Tierversuche seiner Teefirma „Nestea". Kein anderer Teehersteller praktiziert noch solche Versuche. Obwohl in der EU für Lebensmittel nicht mehr zugelassen, macht Nestlé weiterhin Tierversuche in Amerika. Die Tierschutzorganisation „Peta" protestierte gegen die Tierquälerei und ich sende Peta gerne alle meine Kraft und wünsche viel Ausdauer.

Vor vielen Jahren schmissen wir schon das Mineralwasser „San Pellegrino" aus dem Restaurant. Wozu Wasser über die Alpen transportieren? Es kommt noch schlimmer: Eine ehemalige UNO-Beraterin bezeichnete Nestlé als Raubtier auf der Suche nach Trinkwasser. Die Firma ist nämlich der Ansicht, dass Wasser kein Menschenrecht, sondern ein Handelsgut sei. Nestlé pumpt ungeniert an allen Ecken und Enden des Erdenknödels, um das abzupressen, was Leben erst möglich macht. Trotz Dürre und

Elend der Bauern, beispielsweise in Äthiopien, werden dort stündlich 50.000 Liter aus dem Grundwasser des Landes weggesaugt.

Um meine Suada nun zu beenden: Irgendjemand bezeichnete den Nestlé-Konzern als kriminelle Vereinigung und ich fand bisher niemanden, der widersprochen hätte. Ach ja, die Ministerin Klöckner setzt sich vehement für den Schutz des ungeborenen Lebens ein. Solchen Einsatz wünschte man sich auch für die Geborenen. Und nun die Frage an die Ministerin, Sozialethikern und Verbraucherschützerin Julia Klöckner: „Von all dem hier Aufgezählten haben Sie nix gewusst, gell?"

13. JUNI 2019

VON JUDEN UND CHRISTLICHER LEITKULTUR

Auf unserer Karte konnte man lesen: „Jüdische Entenkleinsuppe". Zwei Gäste wollten die Suppe bestellen und unser Oberkellner bemerkte, wie sie sich wanden, um ein anderes Wort für jüdisch zu finden. Bei dem Wort „Jude" ist vielen unwohl. Es gibt Berührungsängste. Aus Scham? Wegen der Politik Israels? Vor allem wohl aus Unkenntnis. Deshalb wäre es bei unserer Vergangenheit angezeigt, in der Schule statt „Religion" das Fach „Religionen" zu installieren.

Das würde zu Lasten unserer beiden Staatsreligionen Evangelisch und Katholisch gehen. Vielleicht käme auch zur Sprache, warum im jüdischen Glauben Jesus nicht der Erlöser und Sohn Gottes ist. Unsere christlich erzogenen Kinder könnten ja eventuell hinterfragen, wen und wie Jesus erlöst haben soll, wo doch nach der Opferung am Kreuz der Hass, die Missgunst, das Morden ... genauso weitergingen wie vorher?

Soll einer glauben, was er will, denn Placebos hatten schon immer eine gute Wirkung. Der Judenhass basiert auf totaler Dummheit. Den Juden war es verwehrt, den Handwerkszünften beizutreten. Sie durften nur Handel treiben, mit Realitäten oder mit Geld. Ab Ende des 19. Jahrhunderts war es ihnen erlaubt, industrielle Massenproduktion zu beginnen, weil sich die Handwerker davon nicht berührt sahen. Juden bekamen genau jene Geschäftsfelder zugewiesen, die mit der Industrialisierung bis heute zukunftsweisend sind.

Insgesamt schätze ich den jüdischen Geist, der in Deutschland schmerzlich fehlt, mindestens doppelt so hoch wie unser teutonisches Geistesvermögen. Es heißt immer „christliche Leitkultur". Das halte ich für eine wohlfeile Lüge, denn unsere Kultur ist durch die Antike geprägt, selbstverständlich auch durch das Christentum. Sie ist aber in hohem Maße auch jüdischer Herkunft, ist seit den Staufern arabisch angefärbt und heutzutage mischt sich vermehrt ausländisches Wissen in unsere Pseudoidylle, die sich Heimat nennt. Manche Idioten glauben, man müsse sich davor schützen, anstatt diese Angebote zu nutzen.

19. JUNI 2019

VON ITALIENERN LERNEN

Afrika 1940, ein italienischer Zug der Infanterie hat sich in Äthiopien in Fuchslöchern eingegraben. Der junge Leutnant versammelt in der Abenddämmerung seine kleine Truppe um sich und sagt: „Morgen früh um 7:00 Uhr gebe ich das Zeichen und wir stürmen nach vorn."

Der Morgen graut. Der Leutnant ruft „Avanti!"

Nichts geschieht, niemand rührt sich in den Fuchslöchern. Er ruft noch einmal: „Avanti soldati!"

Niemand antwortet, keiner springt auf. Wieder der Leutnant: „Avanti soldati, per la patria e l'onore!"

Keine Bewegung, nirgends. Plötzlich aus einem entfernten Fuchsloch eine Stimme: „Che bella voce!"

28. JUNI 2019

GNADE DEN VÖGELN

Die Kirschensaison in meinem Garten ließ sich gut an. Heute Morgen bin ich offensichtlich zu spät aufgestanden. Die Vögel haben alles geholt. Ich finde das okay, muss ja nicht von den Kirschen leben. Hauptsache, es verdirbt nichts. Die Tiere werden von uns sowieso maximal ausgebeutet, da darf es gerne mal umgekehrt laufen.

29. JUNI 2019

HYSTERIE UND HITZEFREI

Alles klar, wir haben einen heißen Sommer. Die Katastrophenmeldungen überschlagen sich, die Hysterie ist voll am Start. Die Ärztekammer gibt Tipps, weil der deutsche Normalo offensichtlich zu blöd ist, um mit Hitze umzugehen. Ganze Firmen sollen hitzefrei nehmen. Also diejenigen

Arbeiter und Angestellten, die gerade nicht auf den durchgeglühten Kanaren, in Andalusien oder Süditalien urlauben. Was würden diese Urlauber sagen, wenn die südlichen Länder in den Sommermonaten hitzefrei nähmen? Unsere Ärzte raten zu weniger Hektik. Dieser Rat hätte von mir kommen können, und zwar auch für die Wintermonate.

3. JULI 2019

MIT DER BITTE UM VERSTÄNDNIS

Heute kam dieser Wunsch per E-Mail:

„Sehr geehrte Damen und Herren,

ich hatte ja schon vor kurzem nach der aktuellen Karte, Weinkarte und der Karte für die flüssigen Spezialitäten (Spirituosen) gefragt. Leider ist mir mein Mail-Server komplett abgestürzt und ich habe keinerlei Zugriff auf meine Daten. Von daher möchte ich Sie mit aller Höflichkeit bitten, mir noch einmal die Karten zuzusenden. Wir werden wahrscheinlich Ende des Monats in der Gegend sein."

Lieber Herr N.N.,

verzeihen Sie, ich habe keine Sekretärin und kann deshalb Ihre Wünsche nicht erfüllen, die selbstverständlich auch der Vorfreude dienen. Nun ja, ein wenig Restrisiko bleibt bei jedem Restaurantbesuch, denn Versicherungsschutz gibt es dafür bislang noch nicht. Das läuft leider völlig der deutschen Vollkaskoparanoia entgegen. Aber man stelle sich vor, dass täglich 40 Tische mit Vorinformationen versorgt werden müssten, dann kämen wir nicht mehr zum Kochen, sondern blieben in der Büroarbeit stecken. Wir wollen aber kochen und servieren, sonst hätten wir einen anderen Beruf ergriffen.

Mit der Bitte um Verständnis und nichts für ungut,

Ihr Vincent Klink

6. JULI 2019

SAUBERER HERD IST GOLDES WERT

Um 9.00 Uhr morgens geht's los. Neun Köchinnen und Köche wüten in der Küche und bereiten alles vor. Da verspritzt so manches, kocht über, kleckert es da und dort. Um 11.30 Uhr gibt es Mittagessen. Bevor sich alle hinhocken, sehen Herd und Fußboden wieder aus wie unbenutzt. Sauberkeit und Ordnung sind nicht nur für die Gäste gesund, sondern auch für das Seelenleben der Kochkünstlerinnen und Köche sehr zuträglich.

Seit Oktober konnte man auf unserer Karte keine Tomaten finden. Jetzt geht so langsam die Saison los. Es gibt Kalbskopf und Vinaigrette mit portugiesischen Rosétomaten. Das verdanken wir einem Helden des Gemüses, der fährt einmal in der Woche nach Portugal und sammelt bei kleinen Gärtnern und Bauern die tollste Ware ein – und karrt sie für uns nach Stuttgart.

9. JULI 2019

SOMMERFREUDEN

Absolut mager, zart und rosa: Kalbsherz mit Blumenkohl-Vinaigrette. Und Tranche vom großen Steinbutt mit frischen, grünen Bohnenkernen.

18. JULI 2019

DAS TAGEBU' / HAT RUH

Jetzt müsste ich mal wieder etwas ins Tagebuch schreiben, aber mir fällt vor lauter Schaffen nix ein. Ich habe halt viel anderes Zeugs im Kopf. Wenn ich wenig ins Tagebuch schreibe, dann passiert im Betrieb sehr viel. Neue Mitarbeiter eingestellt. Zwei Zentner Kirschen eingedünstet. Eine Palette Aprikosen eingekocht. Der Rumtopf wird langsam befüllt. Es geht schon an die Brombeeren. Die Zeit rauscht dermaßen schnell vorbei, dass ich den vergangenen Sonntag schon glatt vergessen habe.

23. JULI 2019

RUMTOPF, DER NICHT BESOFFEN MACHT

Unser Rumtopf ist schon ziemlich voll. Erdbeeren, Kirschen und Himbeeren sind drin. Nun kommen noch Brombeeren und Stachelbeeren hinzu. Morgen wird ein Baum mit wilden Zwetschen abgeerntet. Das alles kommt schichtweise in den Steinguttopf. Dann kommt Zucker drauf, soviel wie man nehmen würde, um die Beeren vernünftig zu süßen. Das ist Gefühlssache. Die Beeren ziehen Saft, den Saft sieben wir nach einem Tag ab. Er wird zu Sirup eingekocht. Abschließend wird relativ wenig Rum (Captain Morgan) untergerührt.

Wird im Winter der Rumtopf serviert, wird nochmal Saft abpassiert und aufs Neue reduziert. Dadurch verflüchtigt sich der größte Teil des Alkohols. Traditioneller Rumtopf kommt für mich nicht mehr in Frage. Als ich in einem Gasthaus nach solcherart Köstlichkeit nahezu stockbesoffen ins Taxi plumpste, dachte ich mir: Zu dem Thema muss ich mir etwas Bekömmlicheres einfallen lassen.

1. AUGUST 2019

UNSER REGULIERUNGSWAHN

Mit E-Scootern habe ich mindestens schon 100 Kilometer zurückgelegt. Man kann sich die Dinger ja überall leihen. Seitdem bin ich in Städten keinen Schritt mehr gelaufen, denn durch Straßen zu trotten und zu keuchen empfinde ich als erniedrigend.

Bisher ging ich nicht zu Boden. Nun hat man ein Gesetz verabschiedet, das wahrscheinlich hundert deutsche Beamte ein Jahr lang beschäftigt hat. Ein Wahnsinn. In Amerika wird es folgendermaßen gehandhabt: Fällst du auf die Schnauze, ist es deine Angelegenheit, fährst du jemanden über den Haufen, dann gehe in den Knast oder zahle bis an dein Lebensende; oder aber versichere dich ordentlich. Wir Deutsche sind vom Staat dermaßen bemuttert, wenn nicht gar im fürsorglichen Schwitzkasten, dass wir uns keine Gedanken mehr um Risiken machen. Allerdings, das muss man berücksichtigen, unsere Beamten wollen beschäftigt sein und dementsprechend grassiert der Regulierungswahn.

P.S.: Kurt Tucholsky sagte schon vor über 80 Jahren: „Fällt der Deutsche hin, steht er nicht auf. Er bleibt erstmal liegen und schaut sich nach einem Schadenersatzpflichtigen um."

2. AUGUST 2019

PFUI TEUFEL

Beim Frühstück bemerkte meine Frau: „Die Hölle ist leer, die Teufel sind unter uns."

9. AUGUST 2019

VON KOPFSCHLÄCHTERN

Alle Medien begrüßen die Mehrwertsteuererhöhung für Fleisch. Durch die Steuererhöhung werden die Preise etwas steigen, aber die Quälerei wird für die Tiere nicht aufhören. Niemand erwähnt, dass der Schuss sehr wahrscheinlich nach hinten losgeht. Die Massenfleischbranche wird versuchen, noch billiger zu produzieren. Die EU-Schlachthöfe in Deutschland, für mich Massenvernichtungsanstalten, werden womöglich verschwinden. Die Fleischverbrecher werden Ihre Untaten ins umliegende Ausland verlagern.

Warum Niedriglohnsklaven über Subunternehmer ins Land holen, wenn man gleich in deren Heimatländern die totale Ausbeutung vervollkommnen kann?

Es wird also in den umliegenden Ländern geschlachtet werden, etwa in Rumänien bei einem Stundenlohn von ungefähr zwei Euro. Auch in Tschechien, der Slowakei oder gar in der Ukraine werden Menschen und Tiere nicht artgerecht gehalten, wird Vieh von Billigkopfschlächtern gekillt. Die zerlegte Ware wird in Kühltransportern nach Deutschland geschafft werden.

Was den Tierspießgesellen das Handwerk legen würde, wäre ein EU-Verbot für Massentierhaltung. Der wenig zahlungskräftige Verbraucher könnte sich immer noch gutes Fleisch leisten, nur eben nicht mehr jeden Tag.

10. AUGUST 2019

LASST UNS IMPROVISIEREN

Schön ist, dass Spontanes oft Überraschung bereithält. Passt alles zusammen und ist professionelles Können im Spiel, empfinde ich intuitive Kocherei ebenso wie spontane bildende Kunst und besonders improvisierte Musik als Quell des Staunens, was gerne in Begeisterung mündet.

Demgemäß bin ich seit meiner Kindheit ein begeisterter Hörer und seit Jahren auch Ausübender der Jazzmusik. Letztere bietet große künstlerische Freiheit und trotzdem geht es nicht ohne Regeln. Wie ich musiziere, so wird auch gekocht. Man schaut, was man sich beschaffen kann und legt los, wobei die Schwierigkeit darin besteht, dass dem Musizierenden wie dem Koch nicht der Gaul durchgeht. Mit langjähriger Übung bekommt man das richtige Maß.

Trifft gutes Essen auf einen freudigen Esser oder zeigt sich bildende Kunst dem Verständigen, dann tut sich für alle Beteiligten ein Garten Eden auf. Man trifft sich im Elysium und ist oft im zart wehenden Ungefähren. Diese imaginären Gefühle sind flirrende Illusion, die man wirklichen Humanismus nennen könnte.

20. AUGUST 2019

ERLAUBTE TIERQUÄLEREI

Das Gesetz schreibt vor: Auf einem Quadratmeter dürfen bis zu 20 Hähnchen gehalten werden. Wer macht solche Gesetze? Diese Leute gehören doch ins Gefängnis!

23. AUGUST 2019

DER TREND IST MIR WURST

Andauernd fragen mich Gäste, ob es mir gutgeht. Meine Tochter machte mich auch darauf aufmerksam, dass im Internet ständig von meiner Gesundheit oder Krankheit die Rede sei. Ich kann alle beruhigen. Jedes Jahr mache ich einen Rundum-Gesundheitscheck und seit 30 Jahren jammert der Arzt, ich sei zu dick, habe ansonsten Blutwerte wie ein Neugeborenes. Gesünder geht es gar nicht, wenngleich ich mich morgens beim Aufstehen recht eingerostet fühle, was nach einigen Schritten okay ist.

Mit 70 ist man nicht mehr so elastisch wie mit 20 und der Flick-Flack übern Herd gelingt mir heutzutage nicht mehr.

Meine Unzerstörbarkeit führe ich auf die guten Lebensmittel zurück, die ich bereits in meiner Kindheit essen durfte. Alles Essen war sehr einfach, das liebe ich heute noch. Es war und ist von naturreiner Beschaffenheit. Was ich um meiner Gesundheit willen unbedingt vermeide, das ist abnehmen. Mein Vater war der gleiche Mops und als der Tierarzt und Wurstexperte in hohem Alter Gewicht verlor, kam das Ende.

Alle wollen alt werden und trotzdem jung bleiben, viele überprüfen dauernd, ob ihr Äußeres dem Trend entspricht. Ich bemühe mich heftig, dass mein Inneres nicht dem Trend entspricht.

30. AUGUST 2019

GRETA THUNBERG

Die Zopfgretel ist übers Meer wohlbehalten in New York angekommen. Das ist eine großartige Leistung und wird wahrscheinlich nichts bewirken, aber dafür kann sie nichts. Immerhin hat sie durch die „Fridays-for-Future-Bewegung" so manchen Pubertierenden vom iPhone weggelockt. Über Greta Thunberg schreibt der von mir verehrte, in der Normandie (Caen) lebende Philosoph Michel Onfray: „Die Erwachsenen hören gerne zu, wenn sie wiedergibt, was man ihr beigebracht hat, seit der Kapitalismus die Ökologie als Verkaufsargument entdeckt hat, um beträchtliche Gewinne zu erzielen."

Da ist auch was dran.

18. SEPTEMBER 2019

EIN BAUCH LUSTWANDELT DURCH WIEN

Es ist geschafft. Nach zwei Jahren Recherche, Füße wundgelaufen, schreiben, korrigieren und herumpusseln ist das Buch nun in der Herstellung beim Ullstein-Verlag in Berlin. Es war schon eine Hürde, denn die Kocherei durfte ja nicht zu kurz kommen. Eigentlich ging meine gesamte Freizeit drauf, was aber nichts ausmacht, da ich bis zum Schluss und heute noch an der phantastischen Stadt Wien einen Narren gefressen habe. Ich schätze mal, zum 1. November müsste „mein liebstes Kind" in den Buchhandlungen stehen. Ein Loblied (mit Kritik) auf das von uns Deutschen hochmütig unterschätzte Land Österreich und die Bürger der Stadt Wien.

21. SEPTEMBER 2019

AUSBILDUNG ALS IRRGARTEN

Ein bei unseren Gästen sehr beliebter junger Kellner, ein hübscher Afghane, gerade mal zwanzig. Er kann mit den Leuten schön parlieren, Bestellungen aufnehmen und alle Arbeiten sehr gut erledigen, die sich der Gast von einem Kellner wünscht. Nun ist der Bub in zwei Fächern durch die theoretische Prüfung gefallen. Ich habe mich bereiterklärt, ihm diese zwei Fächer beizubringen. Darauf hätte ich mich nicht einlassen sollen. Ich dachte, es ginge um Gastronomie, aber anscheinend muss der Arme den Lehrplan von Steuergehilfen oder Jurastudenten bewältigen. In dem Lernordner geht es um Kaufvertragsstörungen, Gewährleistungsrechte, Kompetenztraining, Fernabsatzrecht, Sicherungsübereignung, Verbraucherinsolvenzverfahren, Rückwärtskalkulation und so weiter. Es sind alles Themen, von denen ich selbst so gut wie keine Ahnung habe. Ich habe den nötigen Wortschatz zur Verfügung, um das problemlos zu kapieren. Es ist auch nicht uninteressant. Aber nicht nur Afghanen, selbst Muttersprachler können diesen Stoff allenfalls auswendiglernen.

Für die Prüfung ist die Industrie- und Handelskammer verantwortlich. Auf unsere Anfrage, ob es eine separate Prüfung für Flüchtlinge gebe, welche die Sprache nicht so differenziert beherrschen wie die deutschen Schüler, kam die unverschämte Antwort: „Nein, nein, alle sollen die gleiche Chance haben!" Soviel Ignoranz macht mich sprachlos.

2. OKTOBER 2019

VEGETARISCHE NAHRUNGSVERBRECHEN

Für das Vegetarische und Vegane gibt es viele Gründe, gute Gründe. Ich frage mich nur: Warum schmeckt solches Essen nur selten wirklich gut? Ist es so wie mit der Oblate, die mir als Jugendlicher in der Klosterschule auf die Zunge gelegt wurde? Manche meiner Mitschüler gerieten in Verzückung, auch die Gesichter ergriffener Omis wurden plötzlich faltenlos. Der stumpfe Blick wich strahlenden Äuglein. Die Oblate schmeckte beschissen oder besser gesagt: nach gar nichts. Muss Essen, das mit Ideologie und religiöser Sinndichte oder Ideologiegequase gekocht wird, gar nicht schmecken?

Nun befinden wir uns an der Zeitenwende zum Fleischverzicht. Niemand will aber wirklich verzichten, deshalb werden Pflanzen so lange im Labor traktiert, bis sie nach Tier schmecken. Mit Nachhaltigkeit, CO2-Sparen, mit Vernunft und Gesundheit hat das so gut wie nichts zu tun, mit Wohlgeschmack ganz und gar nichts, sondern mit Gewinnmaximierung der Nahrungsmittelindustrie, die von blutigem Junkfood auf pflanzlich-chemisches Junkfood gewechselt hat.

Schaue ich in Rezeptbücher gewisser Ernährungsgurus und sonstiger Trittbrettfahrer(innen), welche die Nahrungs-Hypochondrie befeuern, so geht es um alles, aber nicht um Wohlgeschmack. Da werden die Kalorien gezählt, da geht es um isoliertes Erbsenpüree (von was isoliert?), um Vitamine, um Wrestling gegen freie Radikale, um Vergewaltigung der Sojabohne, um Eiweiß und alles, was es braucht, um einem Burnout zu entgehen. Müllhalden von Kochratgebern erklären Rezepte in der Art von Beipackzetteln der Pharmaindustrie.

Die gute Meldung ist: Wir könnten uns kein Kalbsbries mehr besorgen, wenn dieses so beliebt wäre wie die glutenfreie Pizza.

3. OKTOBER 2019

OPAS WUNDERBARE POLARISATION

Gestern fand ich Aufzeichnungen meines Großvaters. Er war ein gescheiter Mann, sprach fließend Latein und einige zentraleuropäische Sprachen; er hörte mit dem Lernen bis zu seinem Tod nie auf. Er litt unter meiner Faulheit und ich litt unter ihm, denn in den Ferien wollte er meiner Allgemeinbildung auf die Sprünge helfen. Idiotisch wie ich war, dachte ich nur an meine Schulkameraden, die Fußball spielten oder sonstigen Vergnügungen nachgingen. Ihm ging es nicht um Wissen, sondern um Bildung, die erst ermöglicht, Wissen koordiniert zu handhaben. Ohne Bildung ist selbst die Suche beim Googeln nur beschränkt möglich.

Opa Vinz beschäftigte sich ein Leben lang mit Gegensätzen. Also mit Licht und Schatten, mit Hass und Liebe ... Heute scheint mir das wichtig wie nie. Keiner will mehr einsehen, dass eine Medaille zwei Seiten hat, dass ein Armer reich sein kann und ein Reicher arm, je nachdem, welche Lebensinhalte gepflegt werden. Es gibt immer mehr „Like" oder „Hate". Welch eine geistige und charakterliche Armut.

Das Weltgesetz der polaren Gegensätze. Gliederung.

1. Die Polaritäten des natürlichen Seins.
   a. Leben und Tod
      Werden und Vergehen
      Werden und Sein
   b. Lust und Schmerz
      Freud und Leid
      Optimismus und Pessimismus
   c. Tag und Nacht
      Licht und Finsternis
      Unruhe und Ruhe
      West und Ost
      Nord und Süd
      kalt und warm
2. Die besonderen Spannungen des Menschen als des Wesens zwischen:
   Natur und Geist
   Instinkt und Geist
   Leben und Geist
   Materie und Spiritualität
3. Die polaren Spannungen innerhalb der Seelenkräfte des Menschen als Geisteswesen.
   a. Kopf und Herz
      Verstand und Gemüt
      Das Rationale und das Irrationale

Zivilisation und Kultur
b. Bindung und Freiheit
Pflicht und Neigung
Ordnung und Chaos

4. Die Gegensätze aus dem Verhältnis des Einzelmenschen zum Nebenmenschen.
a. Subjekt und Objekt
Ich und Du
b. Der Einzelne und der Staat
Sittengesetz und Machiavellismus
c. Der Einzelne und die Gemeinschaft
Individuum und Kollektiv
d. Vaterland und Menschheit

5. Spannungen aus dem Verhältnis des Menschen zum Göttlichen.
Der Mensch als Geschöpf und Gott als Schöpfer
Der Mensch und Gott als Gesetzgeber
Das Diesseits und das Jenseits

8. OKTOBER 2019

EINE EHRENRETTUNG DER KARTOFFELSUPPE

In venezianischen Kochbüchern des 16. Jahrhunderts wird die Suppe vor der Mahlzeit schmählich als „alla tedesca" benannt. Als Italiener kann man das leicht sagen, aber in kalten Regionen ist die Suppe ein wichtiges Überlebensutensil. Man denke an Russland, da geht ja gar nichts mehr, aber es gibt immerhin wärmende Suppe. In der französischen Küche galt in den Menüs die Suppe als Spar- und Unterschichtenkomponente. Das ist zum Teil heute noch so.

Echte deutsche Kartoffelsuppe hat eine schlimme Vergangenheit, ob auf Berghütten, beim Militär, in Internaten und Kantinen... Schlechte Suppen sollen sich andere einbrocken, der Charme meines Rezepts kommt von der Leichtigkeit und der schnellen Zubereitung, die höchstens 15 Minuten dauert.

Festkochende Kartoffeln, die mich immer heftig an Gummi erinnern, existieren in meiner Welt überhaupt nicht. Ich bestelle beim Händler oder Bauern entweder halbfest oder mehlig kochende. Mehlige Kartoffeln schmecken am besten, aber sie zerfallen gerne.

Und noch eins: Vorsicht mit der Petersilie, die muss man mit der Nase kaufen. Händler besprühen zur Frischhaltung gerne ihre Auslagen mit Wasser. In der krausen Petersilie fault es dann schnell. Also beim Einkaufen die Nase in die Petersilie stecken und einen tiefen Lungenzug nehmen!

Zutaten für 4 Personen:
1/2 Stange Lauch
300 g Kartoffeln (möglichst eine mehlige Sorte)
1 EL Olivenöl
1 Liter Milch
1 TL hefefreie Würze
2 Zweige Petersilie
1 Messerspitze: Muskat, Pfeffer, Salz

Den Lauch und die geschälten Kartoffeln in möglichst feine Scheiben schneiden oder hobeln. Beides in einem Topf mit Butter auf kleinem Feuer anschwitzen, ohne zu bräunen. Mit der Milch aufgießen, die hefefreie Würze dazu und kochen, bis die Kartoffeln zerfallen. Anschließend alles mit dem Mixstab aufschäumen und mit Salz, Pfeffer, Muskat abschmecken. Nun die frisch gehackte Petersilie obendrauf.

Den Charme der Suppe erreicht man nur, wenn sie schnell und dadurch frischduftend bereitet wird. Aufgewärmt ist diese Suppe nicht schlecht, aber schon ein bisschen dumpf an deutsches Elend erinnernd. Hält man die Suppe dick und gibt geröstete Brotwürfel dazu, so hat man ein Mittagessen. Dünn und schäumend aufgemixt ist es eine veritable Gourmetsuppe.

9. OKTOBER 2019

VEGETARIER

Unsere vegetarischen Gerichte sind wirklich eigenständige, raffinierte Kreationen. Unser Anspruch ist es, nicht irgendwelche Notlösungen anzubieten, nur weil wir für bestes Fleisch von „Nose to Tail“ bekannt sind. Unsere Liebe zu artgerechtem Fleisch schließt auch Biogemüse ein, Käse von kleinen Erzeugern und sonstigen artisanalen Lieferanten. Allerdings, mit Vegan kenne ich mich nicht aus, das lasse ich lieber, bevor ich aus der Not heraus Murks abliefere.

22. OKTOBER 2019

EVA KLINK, DIE KOMPLEXE TOCHTER

Heute Morgen fiel mir siedend heiß ein, dass ich noch nie von meiner Tochter berichtet habe. Sie hat es mit ihrem Vater und ihrer Mutter nicht gerade leicht. Sollte etwas im Restaurant nicht funktionieren oder sollten irgendwelche Fehler geschehen, schuld ist immer Eva.

Sie hat sich mit den Jahren ein wunderbar dickes Fell zugelegt und weiß, dass wir schnell explodieren und fünf Minuten später alles vergessen haben. Im Grunde vertragen wir uns blendend, aber Tochter Eva ist fanatische Gastronomin, total bei der Sache und die Eltern sind nicht immer so dicht dran. Es kommt öfter zu leichten Reibereien, doch die sind das Salz des Betriebs. Alle Familienmitglieder beäugen unseren Betrieb sehr kritisch und das ist auch wichtig. Wären wir uns in allen Belangen völlig einig, würden wir im Selbstlob vor uns hindünsten, wäre mit der *Wielandshöhe* schon lange Schluss.

23. OKTOBER 2019

WAS ETWAS KOSTET

Sehr erfreulich, es besuchen uns kaum mehr die Geiz-ist-geil-Beladenen, die gerne von Preis-Leistungsverhältnis sprechen.

Auch veröffentlichen wir keine Preise mehr zu Fotos von Gerichten. Was nämlich auf dem Teller liegt, sind nur 28 Prozent der Kosten, die für diesen Teller (ohne Teller) anfallen. Würde das allen Gästen genügen, dann könnten wir unsere Essen 70 Prozent billiger anbieten, allerdings: Tisch, weiße Tischdecke, Servietten, Stuhl, Besteck, Blumen, Personal und Einrichtung ... – das würde alles wegfallen und die Genießer könnten bei uns in der Tiefgarage, immerhin regensicher, im Stehen das wunderbare Essen zu sich nehmen, welches sie sich vorher in der Küche abgeholt haben. Dann müsste man allerdings noch das Küchenequipment bezahlen und die Köche auch.

Eigentlich müsste das Extrem-Spar-Prekariat das Essen selbst kochen, einen Pappteller mitbringen und den Müll wieder mit nach Hause nehmen. Sie merken, auf was ich hinauswill: Kultur ist nicht nur die reine Ware, sondern mehr noch das gesamte Drumherum.

26. OKTOBER 2019

CO2 – EIN IRRSINN

Tatsächlich gibt es Menschen, die ihr CO2-Gewissen damit beruhigen wollen, dass man Plastiktrinkhalme abschafft. Alles prima, aber die Probleme lauern woanders. Wussten Sie, dass die 7.000 amerikanischen Militärstützpunkte auf der Welt täglich 50 Millionen Liter Öl verbrauchen? Energieverbrauch ist gleich CO2-Ausstoß. Kein Wunder, dass die Amerikaner beim Kyoto-Abkommen nicht mitmachen konnten.

Dann: 15 Riesentanker auf den Meeren verursachen mehr Giftgas als alle Autos in Deutschland. Mit der Bauindustrie steht es ganz schlimm. Weltweit verbraucht die Herstellung von Zement mehr Energie als alle Autos, Schiffe und Flugzeuge zusammen. Das hört sich nach Verschwörungsmyhten an, vielleicht sind die Zahlen auch nicht punktgenau, doch allein das Ungefähre macht schwindlig. Vor diesem Hintergrund sind die Freitagsveranstaltungen der jugendlichen Demonstranten wichtig: Ein Anfang ist gemacht. Man kommt schwer ins Grübeln, wie es weitergehen soll.

P.S.: Mannomann, wenigstens das Essverhalten lässt sich problemlos ändern, es steht in dem Buch von Michael Pollan: „Essen Sie nichts, was Ihre Großmutter nicht als Essen erkannt hätte."

9. NOVEMBER 2019

WIE ROSENKOHL 1A SCHMECKEN KANN

Immer wieder erklären mir Gäste, dass sie alles mögen, nur nicht Rosenkohl. Das will mir nicht in den Kopf. Leiden die Leute unter Kindheitstraumata, erlebten sie zuviel Rosenkohlschändung in der Kantine oder in schlechten Gasthäusern? War deren Mutter eine von den Verstümmelungsköchinnen, die jedes Grüngemüse solange malträtierten, bis es die Farbe Nato-Oliv annahm? Weiß der Teufel, irgendwo muss der Wohlgeschmack des Gemüses auf den vielfältigen Schlachtfeldern der deutschen Küche geblieben sein. Vielleicht liegt es auch daran, dass es Küchenschurk(inn)en gibt, welche der Ansicht sind, dass dem Rosenkohl das Gleiche angetan werden müsste wie dem Sauerkraut, dem Bayerisch-Kraut und sonstigem Kohl: „Je öfter aufgewärmt, um so besser schmeckt alles!" Das glauben viele.

Kohl enthält viele oxydierende Mineralien, so auch der Rosenkohl. Generell will er nicht aufgewärmt werden. Ich liebe keine „al dente"-Gemüse, knackig bin ich selbst. Wenn allerdings der Rosenkohl noch ein bisschen fest zu beißen ist, dann ist er kein deutsches Schwergemüse mehr, sondern eine hochelegante Angelegenheit jenseits allen Heimatmiefs. Regel: Die Garzeit muss so kurz wie möglich gehalten werden. Deshalb rate ich, den Rosenkohl zu halbieren und dem halbierten Röschen den Strunk bis zu den grünen Blättchen einzuschneiden. Sieben Minuten blanchieren, abgießen und dann in Butter schwenken. Etwas Muskat dran, Pfeffer und Salz. Das wäre mein Tipp für den nächsten Entenbraten, das Reh oder die Gans.

12. NOVEMBER 2019

WEIHNACHTSMARKT MUSS KEIN ELEND SEIN

Jetzt geht es wieder los. Das Einzige, was Weihnachtsmärkte entschuldigt, ist der freudige Umstand, dass die Marketender Geld verdienen und hoffentlich alles versteuern. Ansonsten darf ich den famosen Wolfgang Abel zitieren, der in Badenweiler den „Oase-Verlag" betreibt und feine Reiseführer herausgibt: „Wenn es den Gemeinden wirklich um die Reduktion von Emissionen jeder Art ginge, müssten Weihnachtsmärkte an vorderster Stelle der Schamliste stehen. Öffentliche Plätze als Resterampe missbrauchen und das Ganze noch Markt nennen, tiefer kann ein Gemeinwesen nicht sinken."

Es geht auch anders. Vor der unendlich breiten Fassade des Schlosses Schönbrunn in Wien reihen sich dunkelgrün gestrichene Häuschen. Im Dezember habe ich diese schöne Budenarchitektur abgeschritten und staunte nicht schlecht. Nirgends Krempel, sondern handwerkliche Erzeugnisse aller Art, angefangen bei der geschnitzten Madonna bis hin zum in Bütten gebundenen Notizbuch, selbstgefertigte Gutsle und Leckereien, nirgends chemischer Zimtgestank ... Und dann noch Glühwein mit Nennung des Weinguts.

16. NOVEMBER 2019

BEWUNDERNSWERTE GÄSTINNEN

Die glorreichen Sieben sind es nicht, aber immerhin vier und heute Mittag nur drei. Regelmäßig reisen die Damen an und erfreuen mich, weil man ihnen schon von weitem

Rose
unter den Kohlen

ansieht, dass sie genießen können. Es ist also möglich, richtig gut und ausgiebig zu speisen und trotzdem eine „Bella Figura" zu zeigen. Eine davon, Waltraut Weller, übernimmt jedes Mal die Dokumentation und hat mir erlaubt, einige Fotos zu veröffentlichen. Ladies, habt Dank!

P.S.: Alle Süßwasserfische kommen bei uns zappelfrisch an. Der Zander ist nicht gezüchtet, sondern ein Wildfisch.

29. NOVEMBER 2019

… MIT ASTREINER BLUTSAUCE

Frische Hasen sind schwer zu bekommen, doch es gibt unseren Jäger Egon, der ins Bayerische eingeladen wurde. Dort gibt es noch Hasen, bei uns in Württemberg sind sie eher eine Rarität. Das liegt daran, dass die Bauern stets bis an die Grenze pflügen und keine Versteckbüsche mehr stehenlassen. Egon legte uns 18 Hasen auf den Küchentisch, stellte einen Eimer Blut und die Innereien dazu.

Daraus entstand ein Gericht, das seinen Ursprung im Alten Frankreich hat: „Lièvre Royal." Der ganze Hase wird entbeint, ausgebreitet und mit Gänseleber gefüllt. Aus den Abschnitten des Hasenfleischs wird eine Farce bereitet. Alles kommt in die Mitte des Hasen. Das Fleisch wird drumherumgerollt, mit Faden bandagiert und in den Ofen geschoben. Die Sauce ist ein astreine Hasenblutsauce, in die noch die Lebern gemixt wurden. So großartig schmeckte schon das neunzehnte Jahrhundert.

4. DEZEMBER 2019

STATT EINES GEDENKSTEINS

Mein Freund Wiglaf Droste war schon ein bemerkenswerter Typ und sollte nicht vergessen werden. Ein Interview mit ihm von 2004.

Herr Droste, haben Sie heute schon etwas gegessen?

Ein paar Tassen Kaffee.

Sonst nichts? Sie essen doch so gern.

Ja. Aber wenn man im Bandbus sitzt und über eine Autobahn fährt, dann gibt es da nichts, das man gerne äße.

Zu Hause kochen Sie leidenschaftlich und häufig. Nach Rezept oder nach Gefühl?

Das geht nach Gefühl. Und das Gefühl wird immer klarer und deutlicher, je länger man das macht. Wenn ich einmal wirklich nicht weiterweiß, gibt es zum Glück mindestens drei Leute, die ich fragen kann.

Oft lernt man das Kochen von Freunden.

Genau. So hat die Freundschaft mit Vincent Klink mein Leben ganz entscheidend verändert. Man sieht das auch äußerlich: Ich habe die Reste einer Taille gegen eine große Freundschaft getauscht – und würde es jederzeit wieder tun. Was Vincent Klink kocht, findet auf einem anderen Planeten statt als auf meinem Küchenplaneten, aber es ist unglaublich inspirierend.

Und das wollen Sie auch können?

Darum geht es gar nicht. Es geht darum, dass man ein Verhältnis zu dem entwickelt, was man da tut und was man da futtert. Und je inniglicher dieses Verhältnis ist, desto mehr Phantasie entwickelt man.

Die Sinne werden schärfer?

Wäre ich vor 15 Jahren über einen Markt gegangen, dann hätte ich auch gesehen, was da liegt, aber ich hätte mir noch nicht vorstellen können, was ich daraus alles machen kann. Jetzt sehe ich etwas und denke: Oh, genau, daraus könnte ich das und das kochen. Das ist wie mit allen anderen Sinnen auch: Je mehr man sie entwickelt, desto komplexer und feiner werden sie. Es ist wie mit der Sprache: Je mehr Möglichkeiten einem zur Verfügung stehen, desto aufregender ist es, sie zum Einsatz zu bringen.

Über Eckart Witzigmann wurde mal gesagt, er berühre das Kochgemüse, als würde er eine Frau berühren. Ihm wurde eine gewisse Erotik im Umgang mit der Nahrung unterstellt.

Ich kenne Eckart Witzigmann nicht persönlich, weiß aber, dass er für die kulinarische Entwicklung in Deutschland ein entscheidender Mann gewesen ist. Deshalb ist es auch relativ traurig, ihn dieser Tage auf dem Titelblatt von *DB Mobil* zu sehen, zusammen mit dem Schmecklecker und Kochlöffel Alfred Biolek. Den Begriff Erotik möchte ich im Zusammenhang mit Kochen und Essen nicht mehr verwenden, auch wenn er ursprünglich einmal gestimmt hat. Weil er aber so inflationär und korrupt gebraucht wurde und wird, kann er nicht mehr stimmen. Wenn auch Alfred Biolek von der Erotik des Kochens redet, dann ist das verbrannt, dann geht das nicht mehr.

Mit Vincent Klink bringen Sie eine Kochzeitung heraus, die „Häuptling Eigener Herd" heißt. Wie ist denn das passiert?
Es gibt ein Bild des Zeichners Rattelschneck mit dem Titel „Häuptling eigener Herd". Da sieht man einen Indianer auf einer geöffneten Herdklappe thronen. Diese Zeichnung hat Vincent Klink sehr gefallen. Zu der Zeit gab er den „Kulinarischen Almanach" bei Klett-Cotta heraus. Dort kippte die Redaktion drei schöne Texte, die er organisiert hatte, einfach aus dem Blatt. Statt sich groß aufzuregen, folgte Vincent Klink seinem Naturell und beschloss: „Gut, dann ist das der Fundus für etwas Neues, das wir machen. Einen Namen haben wir ja schon." Das erste Heft erschien vor knapp fünf Jahren, war schmal, grau und ganz einfach broschiert. So war der Häuptling geboren. Vincent fragte mich, ob ich nicht mitmachen wollte. Ich fühlte mich geehrt und bin seitdem Juniorherausgeber.

Durch Mundpropaganda ist Ihre Zeitschrift immer bekannter geworden. Sie erscheint nun vier Mal im Jahr im Buchformat. Wie entsteht denn der „Häuptling"? Stehen Sie da mit dem Herrn Klink am Herd und denken sich was aus?
Nein, nein, gar nicht. „Häuptling Eigener Herd" ist eine kulinarische Kampfschrift. Sie lachen, weil Sie denken, dass es das nicht gibt – früher gab es so etwas ja auch tatsächlich noch nicht. „Häuptling Eigener Herd" hat nichts zu tun mit Zeitschriften wie *Essen und Trinken*, schon rein äußerlich nicht. Es gibt bei uns keine Fotos. So etwas wie Lebensmittelfotografie machen wir nicht. Wir besprühen kein Gemüse und wir lackieren auch keine Fische, damit sie aussehen, wie sie in Wahrheit nie aussahen. Diese Art von Lüge gehört zu dem, gegen das sich der „Häuptling" richtet.

Bei Ihnen wird die Möhre halt gemalt.
Jedes Heft wird von einer Zeichnerin oder einem Zeichner durchgehend illustriert und dabei haben sie freie Hand. Künstler kann man nicht knechten. Die angemessene Strenge unserer Redakteurin ist den Autoren vorbehalten, auch den Herausgebern. Wir haben wissenschaftliche Autoren, die in der Lage sind, sehr komplexe wissenschaftliche Vorgänge, die mit Essen zu tun haben, so aufzuschreiben, dass sogar ich, in Bio, Physik und Chemie immer eine Niete, diese Vorgänge verstehen kann.

Und dabei geht es nicht immer um Feinschmeckerei.

Wenn es ums Essen geht, also um die Frage, was denn nun drin ist in der Nahrung, die man uns anbietet, kann es ziemlich unappetitlich werden. Zum Beispiel: Wie werden künstliche Aromen hergestellt? Was geschieht in den Giftküchen von Maggi, Knorr und Nestlé? Das sind Texte, die nicht gerade appetitanregend sind. So etwas finden Sie nicht in *Essen und Trinken* oder im *Feinschmecker*, sonst wäre es dort schnell vorbei mit den Anzeigen der Lebensmittelhersteller.

Ist Kochen mit Maggi ein Verbrechen?

Man muss es wenigstens einmal gemacht haben, um zu wissen, wie es ist. Ich halte nichts von Kochen von und für Bessermenschen. Selbstverständlich darf man sündigen und wider besseres Wissen handeln. Sonst wäre das Leben unerträglich.

Ihr schlimmstes Ess-Erlebnis?

Der Comiczeichner Jamiri und ich hatten nachts in Bochum verschiedene Getränke zu uns genommen und wurden dann nach Essen gefahren. Plötzlich überkam uns wütender Hunger, Alkohol macht ja auch hungrig. Ich will den Vorschlag, bei *Burger King* vorbeizufahren, gern auf Jamiri schieben. Wer auch immer es einstielte: Wir taten es. Am Drive-In drückten wir auf den Knopf und bestellten etwas. Dann gab uns ein Mann eine Tüte und sagte: „Guten Appetit." Daraufhin entrang sich mir reflexartig die Replik: „Ihren Zynismus können Sie sich sparen." Wir haben das dann gegessen und zügig wieder erbrochen.

Synchron?

Nein, nacheinander. Aber so war das. Und nur die Firma *Burger King* hatte etwas davon.

Ein höchst unerfreuliches Erlebnis.

Ja, schon – aber bei *Burger King* weiß jeder, was er tut, wenn er hingeht. Da ist die Strafe gleich mit drin. Viel schlimmer ist dieses Feintuerische, wo dann nichts stimmt und die ganze Zeit so getan wird, als wäre die Speise mit Liebe und Sorgfalt gemacht, in Wirklichkeit aber nur Convenience-Food ist, das aufgewärmt und hingestellt wurde. Es gibt mittlerweile einen regelrechten Genusszwang. Genussfähigkeit ist ein Statussymbol wie früher der BMW. Heute stellen die Leute ihre angebliche Genussfähigkeit im Restaurant aus. Man sitzt irgendwo, was man bekommt, ist eher von der Sorte Der-Hunger-treibt's-rein oder Nepp oder allenfalls essbar. Aber am Nebentisch isst jemand das auch und macht die ganze Zeit: „Hmmm, aaahhh, ooohhh!" Wie er's eben im Biolek'schen Kochstudio gelernt und abgekuckt hat. In der Maggi-Werbung heißt es auch immer: „Genieß es!" – das ist ein gnadenloser Befehl.

Woher kommt eigentlich Ihre Liebe zur Sprache?

Die begann sehr früh, schon dadurch, dass meine Eltern uns leidenschaftlich gerne vorlasen, und zwar Sachen, die meine Brüder und ich leidenschaftlich gerne hörten.

Zum Beispiel?

„Tobias Knopf" von Wilhelm Busch. „Wie erschrak die Gouvernante, als sie die Gefahr erkannte." Oder Ringelnatz-Gedichte. Das weckte meine Leidenschaft, Sprache auch als etwas Klangliches zu verstehen, als etwas, mit dem man spielen kann.

Wird das Schreiben schwieriger, je mehr man geschrieben hat?

Ganz im Gegenteil. Je mehr man sein Instrumentarium entwickelt und verfeinert, desto präziser kann man sich ausdrücken. Das ist wie mit der Malerei und in der Musik. Und der Überdruss, den man gelegentlich empfindet, ist kein Überdruss am Schreiben, sondern ein Überdruss an einem Betrieb, in dem alles rausgekloppt wird und alles dem Warenwesen unterworfen ist. So ist es nun mal: Auch schönes Schreiben im Konsumismus ist Schreiben im Konsumismus.

Sie tragen Anzüge. Immer?

Seit einigen Jahren. Dass ich eine Weste trage, hat sicherlich auch den Grund, dass unter dieser Weste etwas Rundes wohnt. Aber es ist nicht nur das. Der Terror der Intimität kommt ja auch im öffentlichen Tragen von Freizeitkleidung zum Ausdruck – es ist erstaunlich, wie viele Menschen äußerst private Regionen ihres Körpers rückhaltlos vorzeigen. Diese Form der Verwahrlosung löst verständlicherweise Skepsis aus, in Härtefällen sogar Abscheu. Wenn Sie in einem eleganten Anzug durch die Welt gehen, zeigen Sie einen gewissen Willen zur Gestaltung: Sie geben sich und Ihrer Welt eine Form.

6. DEZEMBER 2019

GENERATION Z

Was ich schon seit einiger Zeit, wegen fehlenden Berufsnachwuchses, erahnte, lese ich nun als Bestätigung in dem Buch: „Generation Z für Personaler und Führungskräfte: Ergebnisse der Generation-Thinking-Studie“ von Rüdiger Maas, Hanser Verlag.

Generation Z, das sind die Nachkommen, die um die Jahrtausendwende geboren wurden und jetzt ungefähr zwanzig Jahre alt sind. Ganz klar, es sind nicht alle so, doch die Mehrheit ist inzwischen der Schrecken der Personalchefs. Die Eleven suchen einen tollen Job, in dem sie viel „liken“ und „posten“ können, Pünktlichkeit gilt als altmodisch. An den Beruf werden hohe Forderungen gestellt. Viel Freizeit muss sein, auch ohne Ahnung wird von Anfang an eine Spitzenposition eingefordert. Extrem hohe Erwartungen an sich selbst werden nicht gestellt, aber umso mehr an den Arbeitsplatz und das von Anfang an mit maximalen Gehaltsforderungen. Die Firma steht an zweiter Stelle, denn alles hat dem Ich zu dienen. Belastbarkeit und wenigstens geringe Stressresistenz sind auch ein schweres Los. Empathie für andere ist völlig uncool, also „first ich“, dann der Rest. Selbstkritik geht gleich gar nicht, Kritik gegenüber anderen um so mehr. So geht die wissenschaftliche und genau erarbeitete Studie munter weiter und ich frage mich: Wenn die von Übermüttern gepamperte Jugend irgendwann einmal aus der Wolke Sieben fällt, was ist dann? Die Chefin, meine Frau, ist von den coolen Wohlstandsbabys „not amused“.

10. DEZEMBER 2019

NUN VERRATE ICH EIN GEHEIMNIS

Immer wieder werde ich nach unserem Lauchkuchen gefragt, den es seit Jahren ungefragt als Entrée bei uns gibt. Wäre mir in all den Jahren etwas Besseres eingefallen, hätte ich das geändert.

Die Zutaten für den Teig:

200 g Mehl
80 g Butter
50 ml Wasser
1 Ei
1 Prise Salz

... und für die Füllung:
200 g Lauch
2 EL Butter
200g Emmentaler oder Bergkäse
5 Eier
250 g Crème fraîche
80 g Sahne
etwas Pfeffer
Muskat nach Belieben. Kein Salz (ist schon im Käse drin).

Mehl, Butter, Wasser, Ei und Salz zu einem festen homogenen Teig verkneten. Den Teig in Klarsichtfolie einwickeln und mindestens eine halbe Stunde im Kühlschrank ruhenlassen. Den Backofen auf 200 Grad (Umluft 180, Gas Stufe 3-4) vorheizen. Lauch putzen, in dünne Scheiben schneiden und in einer Pfanne mit 2 EL Butter anschwitzen. Danach etwas abkühlen lassen. Käse reiben. Den Boden dünn ausrollen, zusammenklappen, wieder ausrollen und das Ganze dann noch einmal. So entsteht eine Art Blätterteigeffekt. Den Teig in eine gefettete Apfelkuchenform (oder kleiner und man nimmt zwei), Quiche- oder Springform (Durchmesser 26 cm) legen, den Rand etwas hochziehen und „blind" backen. Dafür eignen sich trockene Bohnen oder, ganz ideal, Keramikkugeln, die man sich im Internet bestellen kann. Eier mit Crème fraîche und Sahne verquirlen, den geriebenen Käse und Lauch untermischen und mit Pfeffer und Muskat abschmecken. Die Masse auf dem Teigboden verteilen. Das Ganze im auf 120 Grad vorgeheizten Ofen etwa 30 Minuten bei geringer Hitze stocken lassen.

Ganz wichtig: Die Masse nur zum Stocken bringen. Sie darf im Ofen nach etwa 15 Minuten nur sehr schwach aufsteigen. Ist es dann soweit, die Kuchenform schütteln. Die Masse darf nicht schwabbeln, sondern nur sanft, gummiartig erzittern. Den Ofen ausschalten und die Ofentür öffnen. Denn wird die Ei-Käse-Masse komplett durchgebacken, bläht sich der Kuchen wunderbar auf, um danach, wegen des zerstörten Eiweißes, fatal zusammenzusacken. Dies ist auch der Kardinalfehler beim Quarkkuchenbacken. Also, wenn sich der Kuchen einen halben Zentimeter anhebt, raus aus dem Ofen und fertig. Dieselbe Vorgehensweise empfiehlt sich auch für Käsekuchen.

16. DEZEMBER 2019

KLUGE GEDANKEN IM ADVENT

Aus Luciano De Crescenzos „Also sprach Bellavista“:

„Ich kann den Tischler verstehen, der Holz in ein Möbelstück verwandelt hat, oder den Künstler, der die Augen zukneift, um sein Werk besser betrachten zu können, aber welch Befriedigung ein Angestellter haben soll, der davon träumt, Chef zu werden, das verstehe ich nicht. Ebensowenig wie ich den Abgeordneten, der Minister werden will, oder den Vizedirektor, der Direktor werden will, verstehe. Ich verstehe den Menschen nicht, der Macht anstrebt, und zwar nicht wegen dem, was Macht geben kann, sondern wegen dem, was Macht darstellt. Verachtung der Macht ist die Grundlage der ganzen epikureischen Philosophie. Die Macht ist die eitle Freude in Reinkultur. Erinnert euch, dass ‚eitel‘ alle jene nicht natürlichen und nicht notwendigen Freuden sind, und Stadtrat oder Führungskraft zu sein oder ein Stück Stein am Finger zu tragen, der ein Vermögen kostet, nur weil es Diamant heißt, all das sind Dinge, die ein gesunder Mensch, auch wenn man sie ihm gratis anbieten würde, aus Achtung vor seiner eigenen Person immer ablehnen müsste.“

17. DEZEMBER 2019

GELD MACHT NICHT WEISE

Ich kenne jemanden, der kennt jemanden, nämlich eine reiche, alte Dame, von der man Lebensweisheit erwarten sollte. Doch was sagt diese feine Dame: „Ich hasse alle Katholiken.“ Mein Bekannter, der sich gerne in solchen, durchaus schwerreichen, angesehenen Sümpfen und gebildeten Ständen einschmeichelt, vergaß zu fragen, was noch so alles gehasst wird. Nur Katholiken? Oder auch Muslime, Buddhisten, Hindus, orthodoxe Juden, Ausländer sowieso? Man greift sich an den Kopf. Der „Dreißigjährige Krieg“, diese Schande der europäischen Menschheit, ist seit 500 Jahren vergangen. Will man sich mit dem Wahnsinn gemeinmachen, der bei den Muslimen stattfindet, wo sich Schiiten und Sunniten bekriegen, als wäre das Mittelalter noch präsent?

Mein Bekannter ist durchaus noch bei Sinnen und von heute, warum lässt er sich auf Leute ein, die eine Steinzeitgesinnung pflegen? Viel Geld hat offensichtlich etwas Faszinierendes. Es ist schwer, ein großes Vermögen zu erwerben, noch schwerer ist es, anständig damit zu leben.

23. DEZEMBER 2019

DAS ERHOLSAME WEIHNACHTSESSEN: HUHN IM TOPF

König Henri IV. von Frankreich hatte eine Medici geheiratet, ihr Vermögen half beim Wirtschaften. Im Edikt zu Nantes erwirkte er 1598 freie Religionsausübung, auch für Protestanten. Damit hatte der katholische Fanatiker François Ravaillac kein Einsehen und ermordete den guten Henri. Seine Frau, die Florentinerin Maria von Medici, übernahm die Regierungsgeschäfte. Sie stärkte, wie ihre Vorfahrin Katharina von Medici, die französische Kochkunst, die den italienischen Köchen zu verdanken ist, welche die Medicis nach Frankreich mitgebracht hatten. Der König sprach immer von einem Huhn, aber Hähne sind besser. Von dem Rezept gibt es einige Variationen. Wir machen es so:

Zutaten:
1 Hahn, mindestens 1 kg
1 Zwiebel
1 kleine Sellerieknolle
1 kleine Stange Lauch
2 Karotten, geschält
etwas Salz
1 Lorbeerblatt
1/2 Bund Schnittlauch
etwas Pfeffer
Muskat
Ingwerpulver

Das Vieh abspülen, in einen Topf geben, in welchem es gut Platz hat, und mit Wasser bedecken. Den Hahn wieder herausnehmen und das gesalzene Wasser zum Kochen bringen. Dann den Hahn zurücklegen, noch etwas Salz dazu, 30 Minuten sanft kochen und eine weitere halbe Stunde bei ausgeschaltetem Herd ziehenlassen. Danach den Hahn herausnehmen und für fünf Minuten in einem Eimer mit kaltem Wasser abkühlen. So wird der Garprozess

Huhn im Topf
IX.23
23.12.2019

gestoppt und der Hahn lässt sich gut ausbrechen. Er wird nicht mit dem Messer entbeint, sondern mit den Händen grob zerlegt (Pulled Chicken). Zwiebel halbieren und mit Schale in die Brühe geben, die sanft einkocht. Lorbeerblatt und Ingwerpulver hinein, das hat einen ganz anderen Charakter als frischer Ingwer und darf bei mir bei Geflügel nie fehlen. Restliches Gemüse bis auf den Lauch in haselnussgroße Stücke schneiden und 20 Minuten in der Brühe garen. Lauch kommt erst dazu, wenn der Rest fast weich ist. Dann noch etwa fünf Minuten kochen, das Fleisch hineingeben, mit Pfeffer, Salz und viel Muskat (je nach Vorliebe) abschmecken.

31. DEZEMBER 2019

SILVESTER

Einen ganz großen Dank an den Küchenchef Jörg Neth und den Restaurantchef Andreas Lutz. Seit einem Vierteljahr haben sie mir ihre Gedanken vorgetragen, wie das Menü am Jahreswechsel zu sein habe. Ich habe diese Entwicklung nur aus der Entfernung verfolgt. Ich muss ehrlich sagen, mir wäre ein solch abwechslungsreiches Menü nicht eingefallen. Die beiden übertreffen mittlerweile meine Frau, die seit Jahren schon im Voraus weiß, was ich denke. Ich vertrete die Ansicht, dass man begabte Mitarbeiter machen lassen und ihnen Entfaltung bieten sollte. Wie viele Firmen gingen schon an der Klugscheißerei des Seniorchefs zugrunde?

Keine Frage, alle unsere 26 Mitarbeiter, inklusive meiner Tochter Eva, die einen phänomenalen Blumenschmuck in die Vasen steckte, sie alle arbeiteten wie ein Schweizer Uhrwerk und dies selbstverständlich nicht nur an Silvester, sondern auch unterm Jahr. Nun ja, vielleicht gibt es doch zwei Störfaktoren, nämlich meine Frau und mich. Aber auch das ist wichtig. Es zeigt manchmal, dass die Übersicht aus der Distanz, auf Flüchtigkeitsfehler und aufs Korrekturbedürftige, hilfreich sein kann.

MENÜ:

Amuse Bouche

Tarte von Roscoffzwiebeln
Rauchaal und natürlich gewachsene Gänseleber

Krustentierbisque

Marinierter Kaisergranat
mit ordentlich viel Ossietra Kaviar

Gebratene Polenta in kleiner Artischocke und ihrem Fond
Périgord-Trüffel

Brust und Keule von der Challans-Ente
Ingwer, Pak Choi

Soufflés vom Vacherin Mont d'Or

Kandishippe mit Buttermilchmousse
Clementinensalat

Es gab selbstverständlich noch einiges drumherum, einen Preis sage ich nicht, denn diesen versteht man erst, wenn man das Gebotene erlebt hat. Soviel sei verraten, allein die Blumen in den Vasen beliefen sich auf einen Großhandelspreis von 700 Euro. Um 22.30 Uhr verließ ich die Küche. Es lief so gut, dass ich nur ein Störfaktor gewesen wäre. Um 23 Uhr nahm ich entgegen meiner Gewohnheit, aber aus aktuellem Anlass, eine Schlaftablette. Ich schloss das Fenster, um den giftigen Schwefelqualm nicht hereinzulassen. Den Granaten-Kriegslärm aus dem Stuttgarter Kessel verschlief ich auf angenehmste Weise.

2020

1. JANUAR 2020

DAS NEUE JAHRZEHNT

Was ich allen wünsche: Es möge gelingen, Fehler nur einmal zu machen. Das gilt auch für das Untenstehende:

Zwei junge Männer aus der Gegend um Wels (Österreich) wollten sich in der Silvesternacht einen ganz besonderen Spaß gönnen. Einer zog sich die Bux bis zum Knie und legte sich auf den Bauch. Der Sekundant steckte ihm den Stab einer Rakete in den Hintern und setzte die Zündschnur in Brand. Das Gebritzel der Zündschnur veranlasste den Stuntman, der als Raketen-Startrampe in die Geschichte eingehen sollte, zu einem reflexartigen Zusammenziehen der Arschbacken. Der Feuerstrahl verkohlte dem am Boden liegenden Mutprobler die Öse. Schlimmer noch, die Rakete wurde durch die Klemmi-Arschbacken festgehalten und kam nicht frei. Die volle Ladung befeuerte die Muffe. Solcherart Eigenbrandschatzung landet auf der Intensivstation. Wahrscheinlich zahlt die Krankenkasse, was ich nicht ganz einsehe.

2. JANUAR 2020

ZUKUNFT

Also sprach Seneca der Jüngere; römischer Philosoph, Stoiker, Schriftsteller, Naturforscher und Politiker; Selbsttötung auf Geheiß seines ehemaligen Schülers Nero (Römischer Kaiser von 54–68):

„Unser Leben darf nicht an der Zukunft hängen, es muss innerlich gesammelt sein; denn derjenige hängt von der Zukunft ab, der mit der Gegenwart nichts anzufangen weiß."

4. JANUAR 2020

WIENER SCHNITZEL

Wenden wir uns dem Wiener Schnitzel zu. Gleich vorweg, für den heimischen Haushalt finde ich das Wiener Schnitzel nicht geeignet. Ist das platte Fleisch ungefähr einen halben Zentimeter dick, wird es nach allen Regeln der Kunst durchs Mehl, dann durchs Ei und endlich durch eine feine Panade gezogen. Damit es klassisch zubereitet werden kann, muss es in heißem Fett schwimmen. Butterschmalz wäre das eleganteste Medium. Damit sich die Panade aufbläht, muss die Schwerkraft der Erde überwunden werden. Es muss also soviel heißes Butterschmalz sein, dass das Schnitzel den Pfannenboden nicht berührt. Da kommt schnell ein Viertelliter zusammen. Das Fett sollte auf 160 Grad erhitzt werden. Meist wird es heißer, denn gleichmäßige Hitze zu halten erfordert die Konzentration eines Uhrmachers.

Wenn alles gut läuft, hat man wenig später ein wunderbares Schnitzel auf dem Teller, meinetwegen ein Kunstwerk. In der Küche hinterlässt es jedoch einen viertel Liter verdorbenes Fett, dessen Wiederverwendung der Gesundheit nicht sehr zuträglich ist. Da spricht jetzt der vernünftige Schwabe: Als „vernünftiges Gericht“ kann man ein werktreues Wiener Schnitzel nicht bezeichnen. Der für mich bessere Ausweg wäre, das Schnitzel in wenig Butterschmalz von beiden Seiten zu backen, das Schnitzel anzurichten, die Pfanne schnell auszureiben, eine Butterflocke hineinzugeben und die alsbald gebräunte Butter über das Schnitzel zu träufeln. Sicherlich, es ist nicht aufgebläht oder souffliert, der Geschmack ist jedoch keinesfalls schlechter als beim Klassiker. Wird Fett mehrfach verwendet: Altöl drischt als Fritteusengift auf die Leber und die Galle ein.

Nicht vergessen, Paniertes muss man meist nachsalzen.

11. JANUAR 2020

SCHILDBÜRGERSTREICH

Weil es so warm ist und sich überhaupt kein Frost erbarmt, hat sich unser Warnschild „Rutschgefahr“ vor Wut selbst flachgelegt.

14. JANUAR 2020

BERLIN WAR NICHT NUR CURRYWURST

In Berlin wurde schon mal besser gekocht als heute. Obwohl, das stimmt nicht ganz. Es sind mittlerweile einige Österreicher und Schwaben zugewandert. Vor den Kriegen war das ganz anders. Das lässt sich am „Kochbuch für Haushaltungen aller Stände“ zeigen, F. V. Hauptner, Hofküchenmeister Sr. Königl. Hoheit des Prinzen Albrecht von Preußen, 1873.

Hier das Vorwort:

„Der Wunsch, die Speise, welche wir genießen, auf eine kräftige und gesunde Weise zubereitet zu sehen, ist wohl allgemein. Der Mehrzahl wird es aber auch nicht unangenehm sein, wenn dasselbe auf die möglichst schmackhafte Weise geschieht.

Schmackhaft kann aber auch das einfachste Gericht bereitet werden; um nun den Wünschen und Anforderungen aller zu genügen, muss das Streben der Kochkunst unausgesetzt dahin gerichtet sein, auf dem einfachsten Wege und mit den geringsten Mitteln den vorgedachten Wünschen möglichst nahezukommen.

Bei einem großen Diner aber und wo es darauf ankommt, einen Gast durch Tafelfreuden besonders zu ehren, da fordere man der Natur alles ab, was sie zu diesem Behufe erzeugt hat.

Man biete der Zunge nicht nur reiche und auserlesene Genüsse, bereite nicht nur kräftige und leckere Speisen, sondern lasse es sich ganz besonders angelegen sein, alles dahin Gehörige in der zartesten Form dargestellt dem Auge vorzuführen."

Der Hofküchenmeister war auf alle Fälle ein großer Könner. Wir heutzutage, in unserer selbstgerechten Hybris, glauben, die Vorfahren hätten sich nur Wildschweinkeulen um die Ohren gehauen.

15. JANUAR 2020

VON ASIATISCHER KÜCHE LASSE ICH LIEBER DIE FINGER

Man kann nicht alles wissen, deshalb halte ich mich an das alte Europa, in dem jedes Land seine eigenen Köstlichkeiten auf den Tisch bringt. Ich koche aus dem Gefühl meiner Heimat, meiner Klimazone, die von Ungarn bis in die französische Auvergne reicht. Ich weiß längst nicht alles, aber ziemlich viel, es ist ja mein Beruf. Was ich aber wirklich weiß, ist, dass ich weiß, wie groß Asien ist. Für diese Küche braucht es sicherlich, was professionelles Kochen betrifft, mehr als drei Leben.

Mein Leitsatz: „Nicht darüber jammern, was man nicht hat und nicht erreicht, sondern sich am Möglichen erfreuen."

17. JANUAR 2020

LASSET UNS PHILOSOPHIEREN

Flann O'Brien über Ezra Pound:

Von dem, was er beschreibt, benennt,
versteh' ich fünf bis sechs %.
Der Rest ist heillos hingeraunt,
die Rede ist von Ezra £.

Bei dem Philosophen Peter Sloterdijk, von dem ich fast alle Bücher gekauft und mich redlich bemüht habe, geht es mir ähnlich. Neulich hatte ich einen bekannten Philosophen bei mir zu Gast und ich gestand ihm mein Dilemma. Der Großdenker meinte: „Herr Klink, wenn Sie den Sloterdijk verstehen würden, dann wäre der ja kein Philosoph!"

PS: „Mein Schicksal als Literat ist es wohl", sagte Flann O'Brien kurz vor seinem Tod im Jahre 1966, „ein brillanter Versager zu sein und niemals berühmt zu werden." So der Meister der Ironie.

28. JANUAR 2020

DER GUIDE MICHELIN IST EINE GUTE SACHE

Ich bin, was ein wichtiger Restauranttester abschätzig als Redundanzesser bezeichnet. So esse ich bei meinen wenigen Besuchen im Dreisternelokal *Auberge de l'Il* bei den Haeberlins immer den unvergleichlichen „Saumon Soufflé", und das seit 1974. Bei Paul Bocuse muss es die Trüffelsuppe sein, oder der „Loup en Croûte". Allerdings sehe ich die Dreisternegastronomie mittlerweile als Obszönität. Oft entfernt sich die Küche im Geschmack zu weit von der Natur. Und die Preise für vertrickste Rezepte, konstruierte oder dekonstruierte Kreationen können sich nur Investoren, Banker, Investmentfuzzis bis hin zu Waffenhändlern leisten.

Meine Lust auf Restaurants mit einem Stern oder zwei Sternen ist ungebrochen und der Guide eine wirkliche Hilfe. In den Bib-Restaurants erlebe ich aber meine angenehmsten Überraschungen. Trotzdem möchte ich den Chefs des Michelin gerne ein Ei an den Kopf werfen. In Bib-Restaurants darf das Dreigängemenü nicht über 36 Euro kosten. Davon kann aber gute, auch einfache Küche (die immer schwierig ist) auf Dauer nicht leben.

Immer diese Abkürzungen: „Nunc est bibendum", nun gilt's zu trinken, heißt es in einem Lied des römischen

Dichters Horaz. Es war auch das Motto des Michelinmännchens, das deshalb den Namen Bibendum bekam, abgekürzt Bib.

30. JANUAR 2020

GEBURTSTAG

Ruhe, Alleinsein, Ausnahme meine Frau – das ist für mich schon Luxus.

Konsumwahnsinn führt irgendwann mal in die Tristesse. Echter Luxus hat nichts mit vielen PS, mit Hummer, Kaviar, Champagner oder der körperlichen Leistungsgipfelei zu tun.

Mein Luxus-Geburtstagsessen waren gestern hervorragende Pellkartoffeln, grob gehackter Spinat und ein Rührei. Alles beste Bio-Qualität und von Elisabeth gekocht. Dieses Essen spendete mir Glück. Der Wein war allerdings sehr luxuriös, die Flasche bekam ich vor Jahren mal geschenkt. Ein perfekter Wein auf seinem Höhepunkt. So etwas trinke ich normalerweise nicht, denn ein guter Gastwirt darf nicht selbst sein bester Kunde sein.

3. FEBRUAR 2020

DER BREXIT HAT AUCH ETWAS GUTES

Unzählige Prognosen und jetzt kommt von mir noch eine dazu, eine, die wirklich eintreffen wird. Boris Johnson, auch wenn er sich wie ein Gassenjunge von nebenan zeigt, dieser Eton-Boy zählt zur finanziell sorgenfreien Upperclass. Diese Gesellschaft hat die englischen Arbeiter schon immer ausgebeutet, bis heute.

Also, meine Prognose: Der Brexit macht uns Deutsche in Zukunft sympathischer. Hatte man doch bislang alles Negative auf uns und die EU schieben können: geringere Lebensqualität, höhere Lebenshaltungskosten, geringeres Durchschnittseinkommen, katastrophale Gesundheitspolitik, geringeres Bruttosozialprodukt, das Haushaltsdefizit … Schuld war nie die eigene Regierung oder Johnson. Aus uns „Krauts“ werden bald womöglich Lichtgestalten.

15. FEBRUAR 2020

DER SCHAUM UNSERER TAGE

Es scheint die Nachmittagssonne und ich sitze in einem Straßencafé. Aus dem Inneren wummert Drum'n-Bass. Der junge Kellner, ein sportstudioversehrter Tattoo-Held,

MICHELIN

wackelt mit seiner Glatze, in deren Mitte, wie eine Insel, ein Pferdeschwanz ums Überleben zittert. Das in Olivenöl marinierte Haarteil zottelt und wippt mit jedem Schritt.

Doch Potzblitz, der Mann hält bei allen Handicaps die Spur, und der Kaffee wird nicht verschüttet. Das wäre auch ganz unmöglich, denn der Cappuccino hatte eine Hartschaumkappe. Ich setzte die Tasse an den Mund, war aber außerstande, den kompakten Schaum einzusaugen. Erst als ich den Rat meiner Altvorderen berücksichtigte, man solle sich beim Trinken gefälligst zurücklegen (beim Essen vorlegen und beim Arbeiten hinlegen), gelang es mir, unter die Milchwatte zu gelangen und den Espresso abzusaugen. Noch sehr lange grinste mich frech der unzerstörbare Schaum an.

Nun bin ich mir sicher: Nie mehr Cappuccino in Straßencafés, allenfalls auf der Terrasse des Gritti Palace in Venedig. Ich will auch keine Classic Latte Creamica, keinen Coffee Frappuccino, keine Flavoured Latte, und keine Caramello Latte.

1. MÄRZ 2020

KÜSS MIR DEN BUCKEL

Im Schwäbischen küsste man seit jeher nur seine Geliebte. Das wusste ich als kleiner Bub vom Hörensagen. Ob meine Mutter mich jemals geküsst hat? Kann sein, ich erinnere mich daran nicht. Sie liebte mich sehr, das musste aber nicht durch Backenschmatz manifestiert werden. Dann beobachtete ich als Schulbub auf dem grisseligen Schwarz-Weiß-Fernseher meiner Eltern, wie sich Politiker umarmten. Man nannte es Bruderkuss. Sehr gut ist mir im Gedächtnis, wie Nikita Chruschtschow den Leonid Breschnew umarmte. Ich schaute genau hin, ob nicht einer dem anderen ein Messer in den Rücken stach.

Irgendwann hatte ich als erfolgreicher Koch den Zugang zu sogenannten besseren Kreisen, die sich nach französischer Unsitte zweimal, dreimal auf die Wangen küssten. Nicht mein Ding. Jetzt haben wir unglücklicherweise das Coronavirus in den Frühlingslüften. Doch auch mit Unglück kommt man weiter im Leben. Nun kann ich endlich die mir seit jeher so unangenehme Küsserei verweigern, ohne jemanden zu beleidigen.

4. MÄRZ 2020

TRAINER DER STERNE

Heute habe ich vor meinen Mitstreiterinnen in der Küche und dem Service eine kleine Rede gehalten. Vor 42 Jahren haben wir erstmals den Stern im Guide Michelin bekommen. Nicht ich, der ungerechtfertigterweise Starkoch genannt werde. Jede einzelne Mitarbeiterin im Service, die Köchinnen und Köche, sie alle tragen den Stern und es ist eine Unverschämtheit, dass es keine Sternekellnerinnen oder -kellner gibt. Meine Wenigkeit fungiert nur als Trainer, der allerdings einen etwas sichereren Arbeitsplatz hat, als das im Fußball üblich ist.

10. MÄRZ 2020

SPÄTZLE STATT HAKLE

Viele Leute hamstern Klopapier. Ich weiß nicht, was daran gut schmecken soll. Als Kind habe ich das stille Örtchen mit gerubbeltem Zeitungspapier beknistert. Not machte erfinderisch. Also wenn man sich schon in die eigene Quarantäne begibt (viele Gäste meinen, dass die *Wielandshöhe* ein ziemlich ideales Quarantänerevier ist), wäre meine Hamsterempfehlung nicht Klopapier, sondern ein Sack Mehl und viele Eier.

11. MÄRZ 2020

IN GRIECHENLAND

Meine Tochter wollte nach Griechenland, sie hatte sich die ganze griechische Mythologie draufgeschafft. Da ich ein Fan der antiken Kultur bin, entschloss ich mich zur Mitreise. Das war noch nie, eine Woche meinen Gästen zu entfleuchen. Tochter Eva dirigierte mich durchs griechische Festland und den Peloponnes, meist auf einsamen Nebensträßchen. Drei Tage Athen, die Akropolis rauf und wieder runter, da waren die Knie schon so kaputt, dass ich mir nur aus Eitelkeit keinen Holzstock besorgte. Danach wurden das Orakel Delphi angesteuert, die antike Sportstätte Olympia, Mykene, die Charité der Antike, der antike Heilort Epidaurus und Korinth. Dazwischen andauernd und mit Lust: griechischer Salat, Gedärmespieß, Lamm von der glühenden Holzkohle oder Fetakäse. Zittern in ungeheizten Hotels und das inmitten der freundlichsten und zufriedensten Menschen, wie man sie im vollfetten Deutschland selten antrifft.

Was ich noch erforschen muss: Wie wirkt sich die Psyche auf die Verdauung aus? Wenn ich etwas nicht vertrage, ist das rohe Paprika, rohe Gurke oder rohe Zwiebeln im sogenannten griechischen Salat. Seltsam, auf dieser Reise keine Blähungen oder sonstiges Ranzenpfeifen. Liegt es an der Ware? Oder schlägt mir sonst Stuttgart auf die wunden Eingeweide? Wahrscheinlich ist es so: Alles ist frisch gerichtet. Man bestellt und hört das Schnippeln. Oder ist alles frisch vom Garten, da dieses Land wegen Geldmangels fast keine Lebensmittel importiert?

Den Griechen verdanken wir einen großen Teil unserer Kultur. Wessen ich überdrüssig bin, das ist der ständige Ruf nach einer christlichen Leitkultur. Totaler Quatsch: Wir haben eine antike, eine jüdische und eine vom alten Arabien beeinflusste Leitkultur, auf die sich das Christentum draufsetzte. Ich wollte vor meinem eigenen Abflug zu den Göttern noch einmal das Land sehen, dem wir den Kern unserer Philosophie verdanken. Nun bin ich wieder in Stuttgart und ein wenig betrübt, weil wir im Denken in zweieinhalbtausend Jahren nicht entscheidend weitergekommen sind.

13. MÄRZ 2020

VIRUS MIT GRÄTEN

Ich habe nicht die geringste Angst vor Corona. Sorgen müssen sich diejenigen machen, die ohnehin wackelig auf den Beinen sind oder bereits mit einer anderen Krankheit kämpfen. Solange mein Appetit nicht nachlässt, fühle ich mich rundum abgesichert, und solcherlei Zustände wünsche ich allen.

Dessen ungeachtet haben wir heute frisch gefangene Schleien auf der Karte. Dieser Fisch hat unglaublich festes Fleisch. In der Flanke verläuft eine schmale Grätenleiste. Davon kriegt der Gast nichts, die Gräten essen wir selbst.

17. MÄRZ 2020

MEIN AUSWEG: STRASSENMUSIKANT

Ich habe die Gabe, niemals völlig schwarzzusehen. Nicht erst auf die Empfehlung der Kanzlerin, nein, wir sind vor 14 Tagen schon draufgekommen, dass man die Tische im Restaurant so weiträumig stellen sollte, dass das Corona-Virus nicht leicht überspringen kann. Heute Mittag finden sich immerhin neun tapfere Gäste ein, abends schließen wir. 50 Gäste haben abgesagt. Die restliche Woche bringen wir es auf täglich 40 Esser. Wollen wir hoffen, dass es so bleibt.

Der Steuerberater empfahl, dass wir uns für Kurzarbeit bei der Arbeitsagentur anmelden sollten. Ich weiß gar nicht, wie das funktioniert. Nun habe ich die „Gebrauchsanweisung“ im Internet heruntergeladen. Insgesamt muss ich mich durch 90 Seiten büffeln. Die Kladde habe ich ins Eck gefeuert. Eine Unverschämtheit, da bleibt einem nur noch der Hass auf das Beamtentum. Mal sehen, wie wir uns durchwursteln können. Dann habe ich mein kleines Aktiendepot, das für die Altersversorgung sorgen soll, angeguckt. Wenn ich als Tattergreis später nur noch bei Discountern einkaufe, müsste ich damit zwei Jährchen durchkommen, vorausgesetzt, der DAX schmilzt nicht völlig zusammen. Meine Rente von 100 Euro im Monat wird's nicht rausreißen.

Egal, vor zwanzig Jahren sagte schon der Steuerberater, schauen Sie, dass Sie ihr Musikinstrument gut beherrschen, dann können sie sich wenigstens als Straßenmusiker über Wasser halten. Corona sorgt immerhin für mehr Zeit zum Üben mit der Querflöte.

20. MÄRZ 2020

HERAKLIT SAGT: NICHTS IST SO BESTÄNDIG WIE DER WECHSEL

Jeder Schließungstag des Restaurants kostet uns 6.000 Euro. Solches Minus hält man eine Weile aus. Ich nutze die Zeit: Das Restaurant wird renoviert. In der Küche braucht es Handwerker. Den Garten mache ich mit meiner Frau allein. Es wird auf alle Fälle nicht langweilig.

Es wäre falsch, nun in eine mentale Lähmung zu verfallen. Mein Tag ist ausgefüllt mit Musiküben, ein Balsaholzflugzeug wird zusammengebastelt, die Bienen sind da, Ölmalerei, ein großer Alabasterstein und dementsprechendes Meißeln, das Motorrad muss geputzt werden, die Tochter wünscht sich, dass ich ihr einen neuen Käsewagen schreinere, Holz ist genügend da, das private Kochen mit der Frau klappt immer besser ... Und wenn mir gar nichts mehr einfällt, klappere ich mit dem Motorrad die Lieferanten ab und spreche ihnen Mut zu.

Heraklit von Ephesos wusste es bereits vor zweieinhalbtausend Jahren. Er beschäftigte sich ohne Handy, SUV und TV mit der Kritik am oberflächlichen Leben, dem Stumpfsinn, den es damals schon zu bekämpfen galt. Er sagte: „Es ist immer ein und dasselbe, was in uns wohnt, Lebendes wie Totes, Waches und Schlafendes und Junges und Altes. Aus der Verschmelzung der Gegensätze entsteht das Leben, aus dem Gegensatz zwischen Mann und Frau: das Kind. Das Leben besteht aus dem Kampf der Gegensätze, denn: Gott ist Tag und Nacht, Winter und Sommer, Krieg und Frieden, Sattheit und Hunger." Und sein wichtigster Satz: „Nichts ist so beständig wie der Wechsel."

Das heißt, wenn es richtig schlecht ist, kann es auch noch schlechter kommen. Aber wenn man ganz unten ist, kann es nur noch bergauf gehen. Darauf freue ich mich.

21. MÄRZ 2020

SO EIN BISSCHEN RUHE TUT AUCH MAL GUT!

Längst besuche ich keine Theater mehr. Die Regisseure sind mir zu profilierungssüchtig, zuviel Lärm, Geschrei und zuviel Kunstblut spritzt. Auch bin ich zu soziophob, um mich gerne unters Volk zu mischen. Vor 30 Jahren fuhren meine Frau und ich häufig nach München in die Kammerspiele. Eines Abends, Gert Voss brillierte, Shakespeares „Macbeth" wurde gegeben. Mittendrin trat Voss an den Rand der Bühne, ganz nach vorn, und glotzte mit beharrendem Schweigen ins Publikum. Gespenstische Spannung. Dann stieß Voss mit seiner unvergleichlichen Artikulation laut ins Publikum: „So ein bisschen Ruhe tut auch mal gut!" Der Profi hatte sich bei seinem Hänger der Souffleuse fast auf die Finger gestellt, nun fand er wieder zu seinem Text. Und heute schaue ich zum Fenster hinaus und sehe durch bleigrauen Dunst an der Neuen Weinsteige erstmals seit Jahrzehnten keinen Stau, kein einziges Auto.

Da sage ich zu mir: So ein bisschen Ruhe, das tut auch mal ganz gut!

22. MÄRZ 2020

WIE UNSER LAND IMMER IRRER WIRD

Tatort: ein tolles Hotel mit Raucherlounge. Ein Zigarrenraucher wünscht vom Kellner einen Kaffee. Peinliche

Situation, der Kellner darf im Raucherraum keinen Kaffee servieren, ist aber entgegenkommend und stellt den Kaffee vor die Tür, das sei erlaubt. Der Zigarrenraucher muss sich die Tasse selbst holen. So will das der Gesetzgeber. „Könnten sie mir bitte einige Kekse dazulegen?“ Der Kellner verneint, Kaffee abholen, das ginge, essen sei in der Raucherlounge verboten. So will es der Gesetzgeber. Der Gast ist völlig verwirrt. „Wenn ich in der Raucherlounge einen Keks esse, bekommen die anderen Raucher und Cognactrinker dann Krebs?”

Das hört sich alles lustig an, ist es aber nicht. Da hecken Beamte etwas völlig Überflüssiges aus. Noch so ein Knaller: Hat ein Gast bei uns Kopfweh und fragt nach einer Aspirintablette, würde ich ihm diese sofort mit einem Glas Wasser geben. Ein Kellner darf das nicht, so will es der Gesetzgeber.

23. MÄRZ 2020

CORONA-BOHNEN

Corona-Bohnen helfen nicht gegen das Coronavirus, es gab sie schon lange vor der Pandemie. Gemeint sind (Corona = Krone) die ganz dicken Bohnenkerne Corona Gigante.

Trocken gekauft muss man die Bohnen mindestens eineinhalb Tage einweichen und danach noch mindestens eine Stunde lang kochen. Ich kaufe die Dinger in der Dose, denn sie eignen sich wegen der langen Garzeit schadlos als Dosenware.

Im Juni gibt es sie, auf Deutsch schändlicherweise „Saubohnen“ genannt, auch als grüne, frische Bohnenkerne. In Frankreich werden sie teuer gehandelt und haben unter dem Namen „Flageolets“ geradezu Kultstatus. Diese Köstlichkeit ist bei uns ziemlich unbekannt, wahrscheinlich durch Kriegserlebnisse und Psychosen bedingt. Also wurden die Bohnen getrocknet.

PS: Vor der Hitlerzeit gab es in Deutschland ungefähr 300 verschiedene Käsesorten. Diese wurden fast ausnahmslos durch das Reichsnährstandsgesetz verboten. Nur Hartkäse, die den Transport an die Front überstanden, waren zugelassen. Noch in den 70er- und 80er-Jahren konnte man außer Romadur, also Backsteinkäse, nur Hartkäse zur DLG-Bepreisung anmelden.

Zutaten für ein schnelles Gericht:
250 g Dosentomaten
250 g Bohnen in der Dose
2 Handvoll Lauchscheibchen
2 Handvoll gewürfelter Staudensellerie
Olivenöl
Pfeffer und Salz

Privat habe ich immer Lauch im Haus und verwende ihn als Zwiebelersatz, da ich zu faul bin, Zwiebeln zu schälen. Außerdem bekommt mir Lauch viel besser.

Zwei Handvoll Lauchscheibchen und gewürfelter Staudensellerie kommen in die Pfanne und werden im Olivenöl kurz angeröstet. Die Tomaten dazu und diese mit dem Löffel zerkleinern. Nun die Bohnen hinein, Pfeffer und Salz. Keine zehn Minuten sind vergangen. Guten Appetit!

Darüber hinaus können wir ohne Ende kreativ werden: gehackten Rosmarin oder Rosmarinkartoffeln, meinetwegen Petersilie, grad was man dahat. Auch Knoblauch wäre erlaubt.

24. MÄRZ 2020

PASTA, WIE MAN SIE ISST – UND EIN REZEPT

Es gibt eine verbriefte Methode, wie man Spaghetti isst. Mit der Gabel greift man sich zwei bis drei lange Spaghetti und dreht. Dazu braucht man eine normale Gabel und kein Designergelumpe. Oft ist der Besteckgriff schick, dünn und rund und so hat man seine liebe Not. Einen Löffel braucht es nicht, denn die Tellerrundung erfüllt den gleichen Zweck. Dazu benötigen wir auch keinen verdammten speziellen Spaghettiteller, sondern einen gewöhnlichen Suppenteller, den man sich bei Oma ausleihen könnte.

Dann gibt es den Spaghettitopf meiner Frau, das sauteure Ding hat ein zylindrisches Sieb, quasi einen löchrigen Topf im Topf. Zieht man das Siebteil nach oben, kann man die Pasta gut ins Auge fassen. Gibt man dieses wieder zurück, läuft der Topf über.

Bei italienischen Mamas sind solche Spielereien völlig unbekannt. Sie kochen in einem zerbeulten Alutopf, stellen eine Kaffeetasse in den Ausguss, dann kommt ein Salatsieb drauf, die Nudelei wird abgeschüttet und sofort in den Topf zurückbefördert.

Im 12. und 13. Jahrhundert, unter der Herrschaft des Schwabenkaisers Friedrich II. von Hohenstaufen, hatte sich Italien zur reichen Kornkammer des Abendlandes entwickelt. Der Geograph und Geschichtsschreiber jener Zeit, Al-Idrisi, erwähnte bereits die Nudeln, die sicherlich aus Arabien stammen. Er sprach von Maccaruni, den heutigen Buccatini.

Ich denke an einen Teller, den ich in Palermo vor mir hatte. Spaghetti gibt es auf Sizilien nur für Touristen. Es werden über die Buccatini (dicke Spaghetti, innen hohl) geröstete Semmelbrösel gestreut. So lassen sie sich sehr bequem auf die Gabel rollen und glitschen nicht disparat wieder auf den Teller zurück. Das arabische Erbe ist in Sizilien immer noch präsent. Die Buccatini sind mit Pinienkernen vermischt, eine Prise Zimt und gedünstete Zwiebeln kommen dazu, Rosinen dürfen nicht fehlen. Parmesan gibt es in der sizilianischen Küchentradition nicht.

29. MÄRZ 2020

OPTIMISTISCH AN DIE DECKE GEHEN

Das Restaurant ist geschlossen, es kommt kein Geld rein, eigentlich sollte man auf totalen Sparmodus schalten. Irgendwann geht es aber wieder los. Und unsere Aufgabe wird sein, den Gästen den Coronablues zu vertreiben.

Die Zwischenzeit wird nicht mit Heulerei oder Schockstarre vertrödelt – das Restaurant wird runderneuert. Die alte Decke muss runter und eine neue Schicht wird aufgespritzt. Die Poren in der Decke, die mit dieser Methode entstehen, schlucken jeden Schall. Das ist nicht billig und deshalb selten. Steigert aber den Wohlfühl-Faktor. Gerade in modern eingerichteten Restaurants, beim Edelitaliener mit Steinboden, Marmor und glattgestrichener Decke, ohne schallschluckende Vorhänge, Teppichboden ... entsteht bei voll besetzten Tischen ein unglaublicher Schalldruck. Gutes Essen reicht nicht, es gehört eine intime, gedämpfte Atmosphäre dazu. Die Gespräche vom Nebentisch will man nicht hören.

4. APRIL 2020

RADTOUR ZUM BÄRLAUCH

Während einer Radtour mit meiner Tochter von Herrenberg nach Bebenhausen und weiter nach Echterdingen rasteten wir in Begleitung eines phänomenalen Schinkenbrots. Ein paar Meter weiter grünte es hell und frisch. Nicht nur zarte Blättchen an Bäumen reckten sich ans Licht, auch am Waldrandboden breitete sich Kräftiggrünes aus. Bärlauch, murmelte ich meiner Tochter zu. Sie meinte, es seien vielleicht Maiglöckchen.

Doch der Duft des Bärlauchs ist ein eindeutiges Signal. Einfach die Nase dranhalten. Vier Wochen später, wenn der Bärlauch ausgewachsen ist, kann kaum mehr von feinem Duft gesprochen werden, dann fräst sich Zwiebelpesthauch übers Land. Die Leute futtern Bärlauch rein wie die Kühe, koscht ja nix, und hält die Artgenossen auf Abstand, in Corona-Zeiten ein Plus. Gesund ist das Grünzeug ohnehin.

6. APRIL 2020

DREHSCHWINDEL

Meinungsstress. Auch im Fernsehen, 24 Stunden nur ein Thema. Es ist der wahre Drehwurm und man merkt ganz deutlich: „Wissen ist Macht, Halbwissen ist Übermacht!"

6. APRIL 2020

POLARISATIONSPHILOSOPHIE

Mein Opa hat sich ein Leben lang mit der Polarisationsphilosophie beschäftigt.

Simpel ausgedrückt: Wo Licht ist, ist auch Schatten, der Kühlschrank bietet Kälte, um sie gegen Wärme einzutauschen. Und so hat die Corona-Katastrophe nicht nur Schmerz, Kummer und Sorgen im Gepäck, sondern für Gesunde bietet sie großen Raum für Ruhe und Nachdenklichkeit. Wer sich nicht in Discos aneinanderreiben kann, lernt vielleicht, sich selbst mehr zu erkennen.

Die innere Ruhe, mich mit Hugo von Hofmannsthal zu beschäftigen, habe ich bisher kaum gefunden. Nun ist es anders und selbst mein überhöhter Blutdruck ist davon weg.

8. APRIL 2020

OSTERLAMMKEULE UND DER KILLER ALLER BRATEN

Egal was ist, Leute, schaut, dass euch der Appetit erhaltenbleibt. Eine Maßnahme dafür wäre eine Osterlammkeule. Sie braucht 120 Minuten Zeit.

Zutaten für 4 Personen:
1 Lammkeule ca. 800 g, ohne Haxe,
Knochen ausgelöst (siehe unten)
Salz, Pfeffer
2 Zweige Rosmarin
500 g Mirepoix (Sellerie, Zwiebel, Karotte)
Knoblauch
2 EL Olivenöl
1 EL Tomatenmark

Den Ofen auf 220 Grad Ober-Unterhitze (Gas Stufe 3) vorheizen. Knoblauch schälen und zwei Zehen mit wenig Salz zu einem feinen Püree zerreiben.
Wir trennen die Haxe von der Keule. Die Haxe wird entbeint und in kleine Würfel geschnitten

Aus dem großen Keulenstück ragen an beiden Enden die Gelenkknochen heraus, mit einem Ausbeinmesser werden diese freigelegt. Dazu an der Knochenhaut in Richtung Fleisch schaben, so weit wie möglich zur Mitte hin. Das machen wir von beiden Seiten. Nach dreiviertel der Strecke kann man aufhören und den Knochen drehen, so lange, bis er komplett vom Keulenfleisch freigekommen ist. Den Knochen kann man nun herausziehen. Der Hohlraum wird gepfeffert und gesalzen, Gewürze mit dem Zeigefinger verteilen. Nun ziehen wir den Rosmarin durch diese „hohle Gasse“.

Die Lammkeule außen mit Salz und Pfeffer würzen. In einem Bräter mit 2 EL Olivenöl von allen Seiten leicht bräunen, dann das Mirepoix (haselnussgroße Würfelchen) dazu. Wer nur Zwiebeln verwendet, macht auch nichts falsch. Wenig später das Tomatenmark dazu. Ist alles braun, löschen wir mit einer halben Tasse Wasser ab, schieben die Keule in den Ofen und drehen auf 160 Grad. Umluft, wenn möglich, abschalten. Umluft ist der Killer aller Braten. Der ständige Sturm im Ofen drückt alle Feuchtigkeit ins Freie. Mit „stiller Hitze“ schmort der Braten in feuchtheißem Habitat.

Alle 15 bis 20 Minuten muss man nachschauen und eventuell mit ein bisschen Wasser oder Brühe ablöschen und den Bodensatz lösen. Es hat sich mittlerweile eingebürgert, den Bräter halb mit Brühe oder Wein aufzufüllen. Das ist eine sichere Methode, aber der Geschmack leidet. Man bedenke, dass die Säfte des Fleischs in die hochstehende Brühe übergehen. Für solche Bequemlichkeit hagelte es zu meiner Lehrzeit noch Prügel.

Man kann die Lammkeule durchbraten, das dauert bis zu zweieinhalb Stunden. Rosa gebraten dürfte sie nach 90 Minuten fertig sein. Die Keule wird aus dem Bräter genommen und auf einen Teller gelegt. Die Gemüsesauce gibt man in einen kleinen Topf. Die Keule kommt zurück in den Bräter, Deckel drauf oder in Alufolie einpacken und nun wieder in den ausgeschalteten Ofen. Die Ofentür nur anlehnen, so dass das Fleisch gemütlich ziehen kann und der Fleischsaft sich verteilt.

Die Gemüsesauce kurz aufkochen und zehn Minuten zur Seite stellen. Hat sich alles Fett oben versammelt, wird dieses abgeschöpft und kommt nach Erkalten in die Biotonne. Die Sauce einkochen, bis sie kräftigen Geschmack hat. Mit ein wenig Mehlbutter könnte man sie binden. Sie könnte nun auch durch ein Sieb getrieben werden, damit man eine glatte Sauce hat; mit dem Mixstab püriert hätte man eine glatte Gemüse-Püree-Sauce. Abschmecken mit Pfeffer und Salz. Nach Lust und Laune kann auf halber Strecke gequetschter Knoblauch dran. Ist die Sauce zu dick, hilft Rotwein.

Das Fleisch wird dünn geschnitten, dicke Fleischbrocken sind out. Dazu Kartoffelpüree und grüne Bohnen.

9. APRIL 2020

KARTOFFELSALAT

Morgen ist Karfreitag, den man auch Maultaschentag nennen könnte. Höchste Zeit, dieses urschwäbische Heuchlergericht vorzubereiten. In der Maultasche ist das Fleisch unter einer dünnen Teigschicht versteckt. Sehr sympathisch, da könnte von mir aus die Fastenzeit das ganze Jahr dauern. Vor allem, wenn noch Kartoffelsalat dazukommt. Mein Rezept ist für zwei Personen gedacht.

Zutaten:

500 g Kartoffeln, vorwiegend festkochend oder mehlig

1 kleine Zwiebel

3 EL Pflanzenöl (am Schluss muss sehr viel Öl zusätzlich dran, der Salat muss glänzen)

¼ l Brühe, kräftig, überwürzt, (aus Bio-Instant-Gemüsebrühe)
1 EL Essig
1 TL scharfer Senf
Pfeffer und Salz

Jeden Sonntag gab es daheim und bei allen Nachbarn Braten vom Schwein oder Rind oder Kalb oder alle Fleischsorten gemischt. Auf dem Land ist das noch immer so. Dazu gibt's Spätzle und Soß und – jetzt kommt's: Kartoffelsalat. Das war der Eckpfeiler unserer Gourmandise und ist es bis heute geblieben.

Der ehemalige Ministerpräsident Lothar Spät gab zum Kartoffelsalat eine klare Definition: „Soichnass muaß er sei und dr Wein dazu furztrocka." Versteht sich, dass über Kartoffelsalat ohne Weiteres eine Stunde gestritten werden kann, einwandfrei geklärt ist aber, dass Schwaben ihn lauwarm mögen.

Die Kartoffeln wie Pellkartoffeln weichkochen. Die über alles gerühmte Sorte Sieglinde ist mir zu speckig. Zwar heißt es immer, die Kartoffeln müssten festkochend sein, aber mir ist es wichtiger, dass die Kartoffeln die Brühe, das Öl und den Essig gut aufsaugen. Auch auf die Gefahr hin, dass die Kartoffeln zerfallen. Sollte der Kartoffelsalat schön aussehen, so schmeckt er garantiert nicht. Keine Angst vor Matsche. Also keine speckigen, festkochenden Kartoffeln, sondern eine Sorte zwischen festkochend und mehlig nehmen.

Pellkartoffeln lauwarm abkühlen lassen, schälen und in feine Scheiben schneiden. Ich nehme dazu gerne einen Hobel. Sind die Kartoffeln gerädelt, kommt die Brühe drüber. Sie muss sehr, sehr überwürzt sein. 2 MS Salz, der Senf, grober Pfeffer und die Zwiebel dazu. Nun die Hälfte des Öls darübergeben und erst jetzt alle Zutaten durcheinandermischen. Die Zwiebel schneide ich nicht mit dem Messer, sondern benütze eine Raffel, so dass alles sich gut verteilt. Ohne Zwiebel ist der Kartoffelsalat im Kühlschrank auch am anderen Tag noch gut, mit Zwiebel sollte er aber sofort gegessen werden. Versierte schwingen alles zusammen in der Schüssel, andere nehmen zwei große Löffel, am besten gelingt der Kartoffelsalat, wenn man ihn mit den Händen durchmischt. Während des Mischens probieren. Danach den Salat eine halbe Stunde stehenlassen, meist muss noch Brühe, Essig und Salz hinzu, denn der Salat ist dem Koch recht ähnlich, er „lässt nach".

10. APRIL 2020

STOLZ IST AFFIG

Wenn über mich geschrieben wird, so nehme ich das gnädig zur Kenntnis und ich bemühe mich, möglichst niemals Stolz zu zeigen. Stolz finde ich affig. Diesmal aber, beim ausführlichen Interview mit der Webseite „meisterstunde.de", bin ich gerne dabei (um nicht zu sagen, ich bin stolz). Ein kleiner Auszug:

Wie bringen Sie den Auszubildenden Ihr Handwerk bei?

Ich mache vor, sie machen nach, ganz einfach. Dies Vorgehen hat sich seit der Steinzeit nicht verändert.

Wie werde ich in Ihrem Fach zum Profi?

So richtig Profi werden Sie erst, wenn Sie selbstständig sind und jeden Tag einen Anruf vom Bankbeamten bekommen.

Ging es Ihnen so?

Allerdings, ich hatte mit Mitte 20 keine Ahnung von Tuten und Blasen. Aber der Stress hielt mich bei der Stange. Die Ernsthaftigkeit der Arbeit vermittelte sich mir durch das Berufsrisiko. Wenn Sie nur in Watte gepackt kochen, erfahren Sie die letzte Tiefe des Handwerks nicht. Existenzangst spornt an.

Heißt das, dass Sie den Leuten, die Sie ausbilden, eine ähnliche Existenzangst machen müssen?

Das mache ich nicht. Hier wird ohne Angst gekocht und gelehrt.

Welchen Prämissen folgen Sie im Führen der Mitarbeiter?

Ich würde nichts verlangen, was ich nicht auch selbst machen würde. Wenn ich eine Schweinskeule ausbeine, bin ich immer noch schneller. Ich muss alles vormachen können, sonst habe ich keine Autorität. Mit flotten Sprüchen kann ich nur eine begrenzte Zeit führen.

Sie sprechen das Geheimnis von gelingender Weiterentwicklung an: Gute Ideen entstehen aus der Kombination von vorher Unverbundenem. Neugier ist dafür eine wichtige Voraussetzung.

Wenn ich sehe, dass ein Gast seine Rechnung auf eine Firma für Kugellager ausstellen lässt, besuche ich ihn am

Tisch, suche das Gespräch und erfahre zum Beispiel, dass der Mann auch Kugellager für kleine Roboter baut, die durch Blutbahnen fahren sollen. Ein andermal war ein Kolbenbauer zu Gast, der Kolben für Formel-1-Autos baute. Den habe ich später in seiner Werkstatt besucht, die vor Metallspänen nur so überquoll. Solche Vögel und Umgebungen interessieren und inspirieren mich. Ein Gast baut in Göppingen hochwertige Flöten. Nun spiele ich selbst Querflöte und wusste, dass er unbändige Freude an Motorrädern hat. Ich besuchte ihn mit meiner »Ducati Mike Hailwood« und schlug im Spaß vor, das Motorrad gegen seine billigste Flöte zu tauschen. Er hatte sich sofort in die Ducati verliebt und suchte zum Tausch nach einer Silberflöte im Wert von etwa 10.000 Euro, die er in dem Moment aber nicht fand. Stattdessen gab er mir eine Goldflöte im Wert von 30.000 Euro.

13. APRIL 2020

SICH NICHTS EINREDEN LASSEN

Kleiner Ausflug zu Gotthold Ephraim Lessing (1729-1881): „... ich rede von dem sittlichen Charakter. Fast sollte man sagen, dieser sei, keinen eigenen haben zu wollen. Wir sind noch immer die geschworenen Nachahmer alles Ausländischen, besonders noch immer die untertänigen Bewunderer der nie genug bewunderten Franzosen; alles was uns von jenseits dem Rheine kömmt, ist schön, reizend, allerliebst, göttlich; lieber verleugnen wir Gesicht und Gehör, als dass wir es anders finden sollten; lieber wollen wir Plumpheit für Ungezwungenheit, Freiheit für Grazie, Grimasse für Ausdruck, ein Geklingle von Reimen für Poesie, Geheule für Musik uns einreden lassen, als im Geringsten an der Superiorität zu zweifeln, welche dieses liebenswürdige Volk, dieses erste Volk in der Welt, wie es sich selbst sehr bescheiden zu nennen pflegt, in allem, was gut und schön und erhaben und anständig ist, von dem gerechten Schicksale zu seinem Anteile erhalten hat."

Soweit der Mann aus der Oberlausitz und Schöpfer des Theaterstücks „Nathan der Weise". Der Mann war eindeutig kein Parteimitglied der AfD. Er lebte in einer anderen Zeit, und man muss Geschichte immer im Kontext der betreffenden Zeit analysieren.

16. APRIL 2020

NUDELN, SÜSS ODER SALZIG

Wie wäre es mal mit Rohrnudeln? So ein Essen kostet fast nix, ist gesund und für jeden Geschmack geeignet.

Zutaten:

500 g Mehl
1 TL Salz
1/4 l Milch (ungefähr)
20 g Hefe
80 g Zucker
100 g flüssige Butter
2 Eier
geriebene Zitronenschale
Ruhezeit etwa 1 Stunde

Frische Hefe ist um hundert Prozent besser, nicht nur wegen des Triebs, sondern wegen des Geschmacks. Mittelfesten Hefeteig aus den Zutaten kneten, bis er sich von der Schüssel löst (die Butter nur zur Hälfte einarbeiten). Ungefähr 30 Min. zugedeckt gehenlassen. Das Volumen sollte sich verdoppeln.

Diesen Teig in kleine Portionen – etwa 12 Stück – zerteilen und zu Kugeln formen. In der zerlassenen Butter wenden und in eine Auflaufform setzen – aber nicht zu dicht – und erneut etwa 30 Min. gehenlassen.

Dann bei 180° etwa 30 Min. backen. Kurz abkühlen lassen, dann stürzen und sofort mit Zucker bestreuen. Nochmals etwa 5 Min. abkühlen lassen. Die „Nudeln" vorsichtig voneinander trennen.

Ganz wunderbar sind auch Buchteln (Rohrnudeln) in salziger Fasson. Einfach den Zucker weglassen, in den Teig etwas Thymian oder gehackten Salbei einarbeiten und (naturalmente) keine Vanillesauce drangeben, sondern Olivenöl mit Zitronensaft oder das Quarantäne fördernde Bärlauchpesto.

22. APRIL 2020

GESCHNETZELTE LEBER

Was ich nicht mag, sind dicke, gebratene Leberscheiben. In dünnen Streifen oder in Blättchen geschnitten, also geschnetzelte Leber, das ist eine meiner Leibspeisen. Doch Obacht, bei Innereien muss man wissen, wie das Tier aufgewachsen ist.

Am Freitag wurde es meiner Frau und mir fad und so kamen wir auf die Idee, den Hofladen unseres Ziegenbauern in Weil im Schönbuch zu besuchen. Eine regelrechte Lustfahrt durch blühende Obstbaumwiesen stimmte uns heiter. In dem Laden gab es alles, was man für ein gesundes Leben braucht, Obst, Gemüse, jede Menge Käse ... In der Auslage stach mir eine Zickleinleber ins Auge. Meine Frau isst kein Zicklein, so war alles für mich.

Zutaten:

Leber
Frühlingswiebel
Rosmarin
Salz
grober schwarzer Pfeffer
Olivenöl

Eine Hand voll geschnetzelte Leber, schöne dünne Streifen. Schweineleber schmeckt am intensivsten nach Leber, Kalbsleber ist feiner. Wer sicher sein will, dass die Leber nicht dubiose Wachstumsförderer beheimatet, nimmt Lammleber. Eine Zickleinleber ist die Krönung.

Die Leber ist geschnetzelt, eine Frühlingswiebel wird möglichst kleingeschnitten, ein Zweig Rosmarin wird einigermaßen zerhackt, einen halben Kaffeelöffel Salz darüberstreuen und groben schwarzen Pfeffer dran. In der Pfanne ist wenig Olivenöl (oder sonstiges Öl) kurz vor dem Rauchen. Nun kommt bei Vollgas alles zusammen in die Pfanne. Gut verteilen, aber erstmal nicht herumrühren, sondern Farbe nehmen lassen, nach einer halben Minute wird geschwenkt und spätestens nach zwei Minuten ist der Spuk vorbei und alles auf dem Teller. Die Leber wird nicht optimal gebräunt sein. Möchte man das, ist sie bis zur Bräunung längst trocken durchgebraten. Schmeckt trotzdem. Resümee: In fünf Minuten ist gekocht. Brot dazu, fertig.

23. APRIL 2020

HOLZSCHNITT

Momentan beschäftige ich mich mit dem Holzschnitt und Künstlern des Südwestens, die sich, vom Bauernkrieg angefangen, gegen die Obrigkeit stellten. Eine wunderbare Idee, die mir beim Aufräumen in meiner Bibliothek kam.

Dort war einiges von HAP Grieshaber zu entdecken, einem großen und politisch widerständlerischen Holzschneider. Er starb 1981 und hatte sein Atelier auf der Achalm bei Reutlingen. Als ich seine Holzschnitte sah, bin ich gleich zum Boesner, einem Großhandel für Künstlerbedarf in Bonlanden. Der Laden hatte trotz Corona offen.

25. APRIL 2020

ANLEITUNG ZUM KALORIENSPAREN

Butterschmalz kann man fertig kaufen. Zu Selbstgemachtem ist der Unterschied ungefähr so groß wie ein Holzscheit zu frisch gestochenem Spargel. Nach einigen Tagen sollte Butter generell verbraucht sein, deshalb sind kleine, halbe Päckchen beim Einkauf vorzuziehen. Bleibt trotzdem etwas übrig, dann machen wir Butterschmalz draus. Wer fertiges Butterschmalz kauft, der weiß, wie das schmeckt: säuerlich und abgestanden.

Nehmen wir also die Butter, unsere Kühlschrankantiquität, und werfen sie in einen Topf, der auf den heißen Herd kommt. Es fängt zu brodeln an, die Butter ist nun flüssig, weißer Schaum tanzt auf der Oberfläche und es entströmt durch die Restmolke ein säuerlicher Duft. Die Butter kocht und brodelt weiter. In vielen Kochbüchern wird man genötigt, den weißen Schaum abzuschöpfen. Kompletter Unsinn. Wir rühren im Schaum, er sinkt auf den Topfboden und gemahnt bald an hellbraunen Sand. Jetzt heißt es, entschlossen schnell zu handeln: Ist die Butter klar und hat eine zarthelle Bräunung, gießen wir alles zusammen in einen anderen Topf um. Das muss rasend schnell geschehen, denn die gebräunte Butter ist ruckzuck verbrannt und schwarz. Es wäre dann „Beurre Noisette", also Nussbutter, die in der klassischen französischen Küche häufig zur Anwendung kommt, aber ziemlich leberschädigend ist. Und Zugriff auf die Leber haben bei uns nur Wein, Bier und Schnaps, basta.

Die ganze Prozedur dauert maximal fünf Minuten. Der Herd darf bei dieser Arbeit nicht verlassen werden, auf keinen Fall. Die aufschäumende Butter will gerne über den Topfrand, dann auf die Herdplatte laufen, sich entzünden und die Bude samt dem Hobbykoch abfackeln. Auch aus diesem Grund muss der zweite Topf bereitstehen. Bekommt

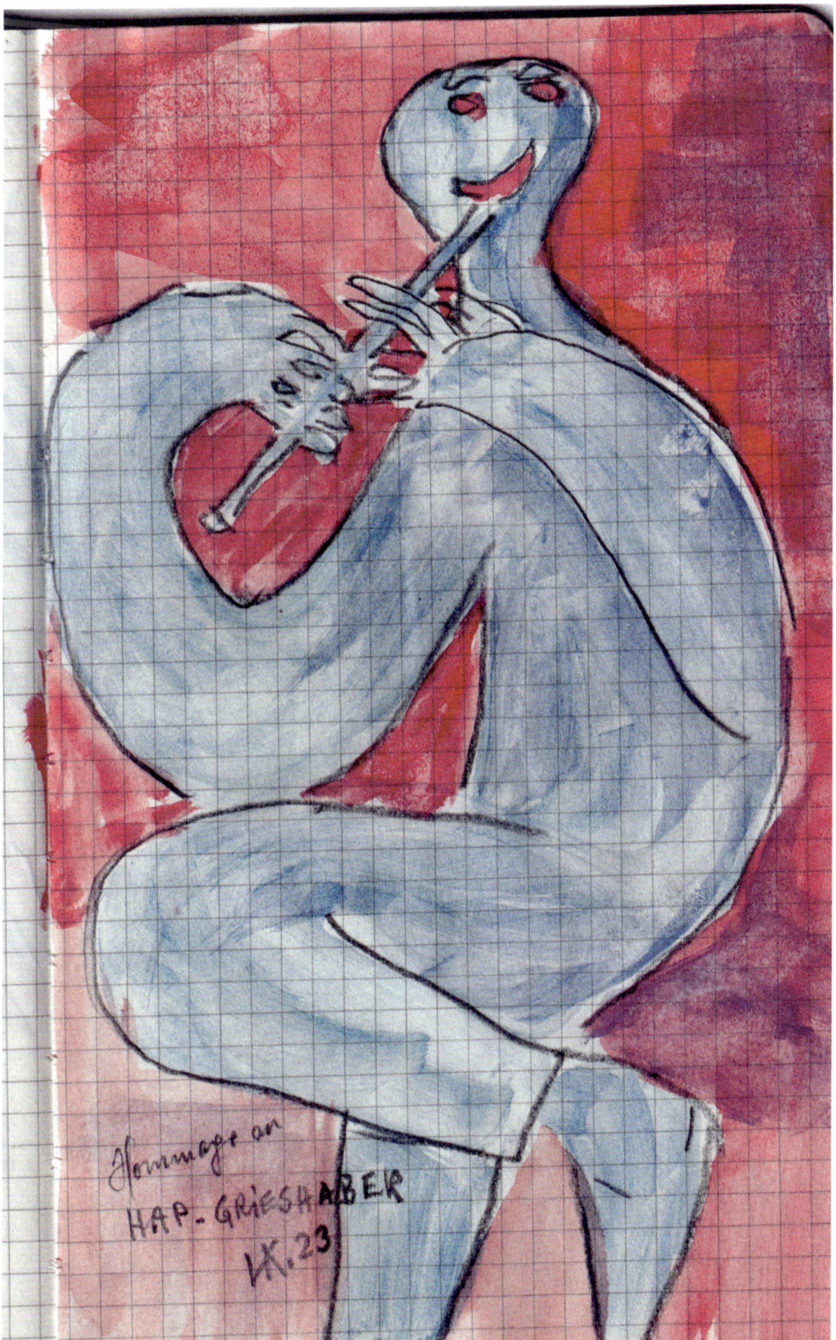
Hommage an
HAP-GRIESHABER
KK.23

man trotz Rühren die aufschäumende Butter nicht gebändigt, dann schnurstracks in den anderen, kalten Topf. Rasch beruhigt sich alles.

In einem dicht verschlossenen Marmeladeglas, heiß eingefüllt, ist dieses wundervollste aller Bratfette mindestens ein Vierteljahr haltbar. Den sandig-braunen Bodensatz des Topfs geben wir in ein extra Gläschen. Diese gerösteten Partikel zitterten die Großmütter über die Nudeln oder den Kartoffelbrei. Ein halber Teelöffel hat mindestens soviel Aroma wie ein Pfund frischer Butter. Mein Gott, endlich mal Kalorien gespart!

27. APRIL 2020

EIN KLARES JEIN

Heute Morgen im Radio, ich höre Bundeswirtschaftsminister Peter Altmaier. Der Moderator insistiert: „Ja oder Nein?" Er wollte vom Minister eine klare Antwort, kurz und bündig. Nix da, der Minister und alle anderen Politiker haben offensichtlich ein spezielles Coaching absolviert, wie man eine eindeutige Antwort umgeht. Sicher ist das für solche Leute überlebenswichtig, denn sonst müssten sie Verantwortung übernehmen. Das ist für einen Politiker offensichtlich unzumutbar.

27. APRIL 2020

STOCK UND HUT STEH'N MIR GUT

Das waren noch Zeiten, als ältere Herren mit einem Spazierstöckchen und Homburger-Hut unterwegs waren. Das werde ich wiederaufleben lassen. Das Masketragen ist für mich gar kein Problem, den Wirbel darum verstehe ich nicht.

Ich glaube, dass wir Deutschen gelernt haben, endlich nicht mehr herumzubusseln und uns bei Begrüßungen abzuschlecken. Was den Handschlag betrifft, so kann man den getrost auch abschaffen. Er hat sowieso längst nicht mehr die Bedeutung, die ich mit meinem Tierarztvater auf dem Viehmarkt erleben konnte, als man einen Gemeindebullen kaufte und das Geschäft (viele tausend Mark) mit einem Handschlag besiegelte.

Zurück zum Gehstock. Es wird immer Idioten geben, die mir auf die Pelle rücken werden. Mein Großvater wehrte sich gegen Übergriffe mit seinem Silbergriff-Stöckchen, das er elegant auf die Brust seines Belagerers setzte und so die Distanz wahrte. Übrigens, ein Stockschirm tut's auch.

28. APRIL 2020

TIPPS GEGEN BAUCHWEH

Im ganzen Leben habe ich nur wenige Pizzen gegessen, jedes Mal bekam ich Bauchweh. Mittlerweile weiß ich, warum. Diese Erkenntnis verdanke ich unserer Souschefin Marita Gomez-Neth. Sie hat sich in die Problematik des Mehls, der manipulierten Weizensorten und in die Physik und die Chemie des Teigs in Kursen buchstäblich hineingeteigelt. Das schlechte Brot unserer Zeit hat mit industriell gezüchteten Getreidesorten zu tun. Systematisch hat man den Glutengehalt erhöht, denn Gluten bindet Wasser und vor 40 Jahren brauchte ein Brötchen noch fast doppelt soviel Mehl wie heute. Das Gewicht eines Brötchens wird durch vermehrte Wasseraufnahme des High-Tech-Mehls erzielt. Deshalb dürften Brote aus korrektem Mehl und gutem Handwerk fast doppelt so teuer sein und man hat trotzdem mehr Ware.

Bei Pizzateig dasselbe. Man kann man ihn auf die schnelle Art machen. Solche Pizzen leben vom Belag und der Rand wird nur gegessen, wenn der Hunger besonders groß ist. Der Boden ist meist gummiartig und schwer verdaulich.

Die Ursache ist der Teig. Er muss mindestens drei Tage im Kühlschrank ruhen. Da wäre noch die Hefe, die auch nicht jeder verträgt. Bei einer sehr langen Teigführung über Tage und Nächte hinweg kann man die Hefe um mehr als 2/3 verringern und der Teig geht genauso auf.

Vor vier Wochen wusste ich noch nicht, was Fodmaps sind. Es handelt sich um die Anfangsbuchstaben für fermentierbare Oligo-, Di-, Monosaccharide und Polyole. Vereinfacht handelt es sich um vergärbare Mehrfach-, Zweifach-, Einfachzucker und irgendwelche Alkohole. Diese Bestandteile sind unter anderem die Ursache für Reizdarm oder Ranzenweh. Die Stoffe reduzieren sich im Teig binnen dreier Tage.

16. MAI 2020

IDEE ZUR RETTUNG DER GASTRONOMIE

Die Gastronomie ist eine Einzelkämpferbranche, die pure

Freiheit. Sie ist der größte Arbeitgeber der Republik (1,1 Mio. Beschäftigte). Nun wird in Berlin dauernd von Hilfen geredet. Es stimmt, Hilfen gab's und gibt es noch. Für Minibetriebe gab es 3.000 Euro, für unseren Betrieb mit monatlichen Fixkosten von 90.000 Euro gab es einmal 30.000 Euro Soforthilfe. Ich empfinde das als großes Entgegenkommen. Die wirklich wichtige Hilfe sind jedoch Kredite der KfW (Kreditanstalt für Wiederaufbau, drittgrößte Bank Deutschlands). Damit kein Neid aufkommt, man bekommt nichts geschenkt, sondern zahlt drei Prozent, also ziemlich übliche Zinsen. Das funktioniert aber nur, wenn die Bank den Daumen hochhält. Für frisch gegründete Betriebe oder sehr viele Wirte, die wegen des Geizes unserer deutschen Genussverweigerer keine deckenden Preise nehmen konnten, gibt es nix.

Die einzige Rettung für die Zukunft der Branche und des Tourismus in Deutschland wäre eine 7-Prozent-Mehrwertsteuer-Regelung. Dies ganz besonders für die wunderschönen Reisegegenden Ostdeutschlands. Schließlich dürfen wir wegen des Klimawandels auf lange Schönwetterperioden hoffen.

19. MAI 2020

FEINE MAYONNAISE GEHT RUCK-ZUCK

Jetzt mal etwas Gefährliches, es geht um die Mayonnaise. Am Montag kochte meine Frau Elisabeth Spargel mit neuen Kartoffeln. Ich rührte dazu eine Mayo, die in ungefähr drei Minuten fertig war und wahnsinnig gut schmeckte.
Bestes kaltgepresstes Sonnenblumenöl, ein Demetereigelb, Dijonsenf, etwas Salz, mein geliebter Apfelessig und ganz wenig Weißwein. Eine absolute Delikatesse. Ich war mit insgesamt zwei Esslöffeln davon vorsichtig. Meine ansonsten zurückhaltende Frau geriet in eine Lustattacke und gab keine Ruhe, bis alles vertilgt war. Abends klagte sie etwas über Magendrücken. Ich erklärte ihr, dass die Mayo im Kühlschrank einige Tage haltbar gewesen wäre. „Elisabeth, du hast auf einen Ruck fast ein achtel Liter Öl vertilgt!"

Zutaten:

Sonnenblumenöl
1 Eigelb
1 EL Senf

Essig
Weißwein
Salz
Ein Eigelb kommt in eine kleine Schüssel. Mit dem Schneebesen verrühren wir darin einen flachen Esslöffel Senf mit einigen Tropfen Essig und Weißwein. Ganz wenig Salz. Nun lassen wir in flottem Strahl bei rotierendem Schneebesen das Öl ins verrührte Ei. Der großzügig portionierte Senf gibt Bindung. Wenn sich Fettschlieren zeigen, stoppen wir den Ölfaden. Ist alles dick, greife ich zum Mixstab, dann wird die Mayo so richtig homogen. Wegen der Senfbindung kann die Mayo kaum gerinnen. Entscheidend für den Geschmack ist der Senf. Mit billigem Bratwurstsenf wird uns ein billiger Geschmack nur in die Depression treiben.

20. MAI 2020

AUSFLUG ZU KRAFTORTEN

Gemeinsam mit Tochter Eva und Frau Elisabeth setzte ich mich ins Auto, um in die Pfalz zu fahren. Ziel war der *Deidesheimer Hof* in Deidesheim. Wir wollten erleben, wie es sich anfühlt, wenn uns das Servicepersonal mit Gesichtsmaske bedient. Alles halb so schlimm. Ich befürchtete, dass die Maskierung eine Geisterstimmung über den Esstisch legen würde. Doch im Lokal und erst recht draußen im Freien: eine frohe Atmosphäre.

Vor dem Essen hatten wir bei herrlichem Wetter den Dom in Speyer besichtigt. Es ist ein faszinierender Kraftort. Nach dem Essen kämpften wir uns (mit vollem Bauch) den Berg hinauf zum Hambacher Schloss. Gerade in der Corona-Zeit beschäftige ich mich mit Orten, wo früh für die Demokratie gekämpft wurde, und mit Personen, denen wir unsere heutige Freiheit verdanken. So ist das Hambacher Schloss für mich auch ein Kraftort. Ganz besondere Freude habe ich an den modernen Anbauten des Schweizer Architekten Max Dudler. Altes Gemäuer mit moderner Architektur zu verbinden ist sicherlich ein Ritt auf dem Schwert. Hier auf dem Hambacher Schloss ist dies optimal gelungen. Solche Architektur ist zeitlose Kunst.

Wenn ich oft über Urlaub lamentiere, dass man manchen Schwaben eher hinter einer Eisscholle antrifft als zu

Hause, dann hängt das mit meinem Alter zusammen. Wenn man schon viel gesehen hat, kann man locker aufs Reisen verzichten. Trotzdem, irgendetwas bleibt immer hängen, hoffentlich auch das Verständnis für andere Völker und Sitten.

25. MAI 2020

ESSIG SELBST HERSTELLEN – GANZ EINFACH

Im Alltag verwende ich gern Beutelsbacher Apfelessig. Er ist fruchtig, preiswert und aus echtem Apfelsaft.

Vorsicht, es gibt auch Essige, die werden aus Holz gemacht. Essig kann zum Abenteuer werden. Es gibt viele Essigsorten, großer Klassiker ist und bleibt der Weinessig. Wobei sich zuallererst die Frage stellt, wieviel Wein im Weinessig enthalten sein kann, wenn ein Dreiviertelliter gerade mal Einsfünfzig kostet, während ein halbwegs bekömmlicher Wein kaum unter vier Euro zu haben ist. Dann stimmt irgendwas nicht und das war womöglich zu meines Opas Zeiten schon so.

Bei ihm ging es um die reine Lehre, den echten Geschmack. Er machte sich seinen Stoff selbst. Und wie der Alte, so der Enkel. Auch ich kam irgendwann dahinter, dass das Leben für schlechten Wein zu kurz ist. Friedrich Dürrenmatt beispielsweise: Er pochte sogar auf die unverseuchten Jahrgänge vor dem Reaktorunfall in Tschernobyl. Egal was es noch für Gründe geben mag: Abends muss kräftiger Wein auf den Tisch. Doch der geübte Trinker weiß, wann Schluss ist. Eine Flasche Roten schaffe ich nicht allein, ohne Mitzecher bleibt mir jedes Mal ein Stumpen übrig. Macht nix. Die Summe dieser Stumpen haben mittlerweile mein kulinarisches Dasein erheblich verbessert. Sie vermehren meine Essigvorräte. Ein großer Glasbehälter mit Deckel ziert die Küche.

Momentan habe ich nur Rotweinessig, weil meine Frau ihre Weißweinflaschen restlos ausnuckelt. Der Rotweinessig enthält Rudimente von Côte Rotie, Sassicaia, Château Haut Brion, Figeac und sonstigen Granaten. Sehr viel ist auch von meinem Sizilianer drin, sozusagen mein Alltagsbenzin. Letzterer hat den Vorteil, dass er nur 12,5 Prozent Alkohol hat. Mit Alkoholbomben aus Napa Valley, Spanien, Italien … hat man beim Essigmachen oft kein Glück. Bakterien sind Lebewesen und in hochprozentigem Alkohol nicht lebensfähig.

Wie startet man seine Essigfabrikation? Was ist mit der Essigmutter los? Wo kriegt man die her? Geht es ohne diese gar nicht? Keine Angst, die Produktion kapiert sogar ein Kind: Eine Essigmutter braucht man jedenfalls nicht, denn Essigbakterien sind überall in der Luft. Deshalb den Wein getrost in das jeweilige Behältnis auf dem Küchenschrank kippen und darauf vertrauen, dass den Rest die Natur besorgt. Sicherheitshalber gebe ich ein Achtel Bio-Weinessig als Starterkultur dazu. Im Essig ist Wahrheit! Mehr als im Wein. Enthalten die Weine zuviel Schwefel oder sonstige Chemie, rührt sich im Essigbehältnis gar nichts, dann ist's Essig mit dem Essig.

Schlussendlich spannt man über das Behältnis ein Tuch mit Gummiring drumherum.

Ist der Essig recht sauer, kann man das Glas ganz verschließen. Sehr sauren Essig kann man mit Zucker richtig angenehm machen. Gibt man pro Liter 250 Gramm Zucker dazu und zwei Liter eingekochten roten Traubensaft (um 60% reduziert), so hat man wesentlich besseren Balsamico als das Industriezeugs. Echter Balsamico übrigens ist nahezu unbekannt und nur etwas für Freaks. Ein Achtelliter kostet um die 40 Euro und ist zum Salatanmachen nicht geeignet.

1. JUNI 2020

ERBSWURST, RELIKT AUS KRIEGSZEITEN

Das Kochen am privaten Herd geht nun bald zuende. Es war eine Zeit, in der ich Muse fand, mich im Wesen eines Hefeteigs zu verlieren. Immer wieder überredete ich meine Frau, ihre unvergleichlichen Tomatenmakkaroni auf den Teller zu bringen. Immer wieder hatte ich gar keine Lust zu kochen und in einer komatösen Corona-Überdrüssigkeit fand ich unter den Geheimnissen in Frau Elisabeths Küchenschrank einen kleinen Karton „Knorrs Erbswurst seit 1889". Vor zwei Jahren las ich in der Zeitung, dass diese Ikone der Weltkriegs-Zwangsernährung auf den Schutthaufen der Historie entsorgt werden sollte. Die Heilbronner Firma wollte diese Mumie der Suppenlust loswerden. Also ergatterte ich bei Ebay ein letztes Kistchen, das im normalen

Handel nicht mehr zu erjagen war. Meine Frau verstaute es im Schrank ihrer Kombüse, und es wurde nie mehr gesehen.

Meine Erbswurstforschung führte zur Erkenntnis, dass die Wurst nicht am Stück, sondern in Segmente eingeteilt die Papierpelle bewohnte. Das Papier also aufdröseln und vier Zentimeter eines gelben Betons in den Topf bröseln und mit einem halben Liter Wasser auffüllen. In kaltem Zustand hielt ich den Handmixer in den Topf und schlug das Ganze bis zur Geschmeidigkeit. Dann auf den Herd damit und Vollgas. Da ich nebenher noch die mittägliche Ausleuchtung der Rosen vor dem Haus bewunderte, kochte der Topf über. Ich reagierte wie ein versierter Revolverheld oder mit der Blitzattacke eines Florettfechters. Der Topf wurde subito vom Feuer gezogen, die Suppenlache mit Küchenkrepp aufgesogen, der Topf schön geputzt und bei sanfter Energie wurde drei Minuten weitergeköchelt.

Als Zweites folgte die Optimierung, ohne die einem Schwaben sein Leben als vergeudet gilt, weil er weiß, dass Selbstzufriedenheit das Gift unserer Zeit ist. Einiger grober Pfeffer wurde ins Gebrodel gestreut und ein Hauch Ingwer wird hoffentlich die militärische Note dieser Notverpflegung aufheitern. Eine feingeschnittene Lauchzwiebel gab der Kreation frühsommerlichen Charme. Aus dem Topf duftete es beachtlich aromatisch. Ich schöpfte die dampfende Suppe in eine Suppenschale und streute noch, um meinen tranquilen Herzmuskel aufzuscheuchen, etwas Chilibrösel auf das Ganze. Meine Frau weigerte sich, dieses Artefakt deutscher Militärgeschichte zu probieren. Sie meinte: „Vincent, ich achte darauf, dass nicht zwei alte Sachen zusammenkommen."

Ich aber war im Glück. Am nächsten Tag erfolgte gleich ein „Dacapo", mit etwas frischem Thymian aufgejazzt. Geblieben ist mir die Gewissheit, die jeder geistig gut bestallte Philosoph bestätigen wird: „Wer lange suppt, der lebt auch lange!"

3. JUNI 2020

WEITER GEHT'S

Heute haben wir den ersten Tag wieder geöffnet und ich spüre deutlich, wie mir meine Köchinnen, Serviererinnen, die Köche und, ganz wichtig, unser Küchenchef und der Sommelier gefehlt haben. Letzterer hat schwer gestaunt, als er seinen kompletten Whiskyvorrat geplündert fand. Die *Wielandshöhe* wird wahrscheinlich zwei Jahre brauchen, um die Defizite des Lockdowns wieder reinzuholen.

4. JUNI 2020

RETTICH RÄUMT DEN MAGEN AUF

Rettich von der Größe einer prächtigen Karotte versorgt den gegen den Alltag Ankämpfenden mit allem, was man braucht, um zu siegen. Vitamin C, Carotin für den Scharfblick, alle B-Vitamine, Minerale wie Kalzium, Magnesium, Phosphor, Eisen und in großer Menge ein schwefelhaltiges Öl, das Raphanol, dann Senföl und Bitterstoffe, die den Magen aufräumen. Es kommt nicht von ungefähr, dass die Segnungen des Rettichs in Landstrichen angesagt sind, in denen der Himmel voller Schweinshaxen hängt. Die verdauungsfördernde Wirkung ist mir auch bei weniger schwerem Essen geradezu unerlässlich. Kein Wurstbrot ohne Rettich oder wenigstens ein Radieschen, das mich zum Vesper wohlig bekugelt. Sehr zu beachten ist, dass geschnittener Rettich eine Verfallszeit von ungefähr einer Stunde hat. Wer kennt nicht das üble Aufstoßen von geraspeltem Rettichsalat, den der Koch in der Frühe wunderbar abgeschmeckt hat, der uns Stunden später aber mit üblen Gerüchen belästigt. Mein Vater sagte: „Ein alter Rettich, der schwätzt noch Stunden später mit mir!“

In Asien kennt man den rohen Rettich kaum. Entweder er wird fermentiert oder gekocht. Durchs Erhitzen verliert er die Schärfe und rückt fast in die harmonische Geschmackswelt von Kohlrabi. Hier meine schnelle Rettichsuppe.

Zutaten für 2 Personen:

200 g gewürfelter Rettich
1 fein gehackte Schalotte
1 gepresste Knoblauchzehe
1 Bund glatte Petersilie
1 TL Damaszenerkümmel (Jungfer im Grünen)
1 EL Butter
1/4 l Weißwein
1/4 l Fleischbrühe

Schalotten in Butter anschwitzen, alles rein und weichkochen. Dann kommt der Handmixer zum Einsatz und das wär's auch schon.

Achtung, wer den großen Rettich zur Ziehharmonika schneiden will: www.rettichholz.de.

13. JUNI 2020

DIE SAUCE ALS BRIEFBESCHWERER ...

... davon sprach Nietzsche, und in gewissen Landstrichen Teutoniens ist es immer noch Brauch, nein Lebensgrundlage, die Sauce mit der Gabel essen zu können. Von der Stippe zur Tunke war es schon ein gutes Stück und seit man statt Tunke Sauce sagt, steht es trotzdem nicht gut um die Saucen. Als Kind war mir die Soß' der Ersatz fürs Fleisch, das der Vater für sich in Anspruch nahm. Sauce war das Gleitmittel für Beilagen und hatte gefälligst Fleischgeschmack zu haben, was die Industriesaucen-Verbrecher sich nicht zweimal sagen ließen.

In der Grande Cuisine hat sich die Sauce nur um eines zu kümmern: Sie sollte für Harmonie sorgen. Den Wohlgeschmack hat sie zu heben, nicht sich über die Aromen der Fische oder des Fleischs zu legen. Sie ist nicht Domina, sondern graue Eminenz, die ein hochstehendes Gericht in einen wohlproportionierten Rahmen stellt.

Was die französische Küche zur kunstvollsten der westlichen Welt machte, hat auch mit aufmerksamem Saucenkochen zu tun.

Die Franzosen reden über uns selten gnädig, wenn es darum geht, uns „boches" als kochende Kulturmenschen zu akzeptieren. Ihr Hochmut erwuchs aus ihrem Repertoire an Saucen. Hunderte braune, hunderte helle Saucen und dazwischen noch Spezialerfindungen wie die Sauce Béarnaise. Haben die Franzosen mit Recht ihr Savoir Vivre immer an der Sauce festgemacht, so gibt's in Italien so gut wie keine. An Saucen lässt sich durchaus das Wesen einer Nation deuten. Die Sauce als kräftige Glace, obendrein noch „montée au beurre"? Antipodisch dagegen der pure lombardische Fleischsaft. In Frankreich vertrackte Verfeinerung, Artistik und Kulturgut, durchaus auf Augenhöhe zur Literatur. In Italien das pure Produkt ohne Schnörkel, ganz wie das moderne italienische Design. Hier

die Kunst, dort die Logik der Mamma und der geradlinige Gusto.

Mit der Nachkriegszeit wuchs sich das deutsche Soßen-Desaster zur Monströsität aus. Irgendwann gaben die Omas und Tanten in den Gasthäusern und ihren Haushalten den Löffel ab. Die Sauce definiert sich fortan über Tüten.

20. JUNI 2020

DAS IST DER WAHNSINN

Das Geschäft mit der Angst funktioniert optimal. Der Russe Putin, wir müssen uns gegen ihn wehren, so wird gebetsmühlenhaft gedroht. Er ist natürlich ganz und gar kein netter Kerl. Die Situation ist aber folgende: Die Nato-Staaten mit den USA geben im Jahr die unglaubliche Summe von 1.000 Milliarden Dollar für Rüstung aus. Herr Putin schafft nur 60 Milliarden. Es müsste der Dümmste kapieren, dass Russland den Westen niemals mit konventionellen Waffen angreifen wird. Gefährlich sind allein die Atombomben. Herr Putin müsste in die verzweifelte Lage kommen, dass er über uns eine Atombombe abwirft, uns vernichtet, aber am verseuchten Land nichts profitiert. Wird er das tun? Er scheint nicht so wahnsinnig wie sein amerikanischer Kollege.

23. JUNI 2020

BROT

Wer jemals einen Krimi des Schweden Henning Mankell gelesen hat, der weiß, dass bei seinem Kommissar Wallander alle 30 Seiten ein Klappbrot fällig ist. Wer kennt nicht die Stulle und all das deutsche Graubrot, aus dem unsere Mentalität sich formte? Weißbrot gilt in Deutschland als ungesund. Bisher haben aber unsere Artgenossen, die in Weißbrot-Ländern zuhause sind, allen Kassandrarufen zum Trotz ganz passabel überlebt. Da wären die Spanier, Italiener und die Franzosen, die eine höhere Lebenserwartung haben als wir Deutsche.

Es gibt beim Brot einen Unterschied, ob das Rezept aus dem protestantisch-puritanischen Kulturkreis oder aus dem katholischen Kulturkreis stammt. Weißbrot ist, vielleicht mit Ausnahme der Zeit des napoleonischen Empires, eindeutig pazifistischer. Ist Schwarzbrot eine Erfindung des

Militärs? Im Internat bin ich mit hartgebackenem Kriegsgerät aufgewachsen. Es nannte sich Kommissbrot. Die rechteckigen Ziegel wurden in der Klosterküche der Schule gebacken und hätten unters Waffengesetz fallen müssen. Ähnlich wie das unzerstörbare englische Rundbrot namens „Cob", mit Malz und Kleieanteil verfestigt, mit dem man die Kolonien des Commonwealth bedrohte. Gegen „Cob" ist ein olympischer, eisengerändelter Hartholzdiskus ein echtes Friedensangebot. Ganz traumatisch wirkt skandinavisches Knäckebrot, das der humorvolle Philosoph Gerhard Polt immer in die Idylle schiebt, wenn er auf der Bühne geistige Abwürg-Verdrahtung und splittrige Lebensverneinung darstellen möchte.

Um nochmal auf's Konfessionelle zu kommen: Brot ist in katholisch geprägten Ländern ein Symbol für den Leib Christi und dem rückt man nicht mit dem Messer auf die Pelle. In diesen Ländern muss das Brot von einer Konsistenz sein, dass es gebrochen werden kann. Man kann sich mit solchen Broten keine Stulle schmieren, sondern bricht es. Es saugt Flüssigkeiten gut auf, man taucht es in Olivenöl oder reibt den Saucenteller damit aus. Wer sich in der *Wielandshöhe* mit der Butter und dem gereichten löchrigen Brot eine Stulle streichen will, ist garantiert protestantisch oder vom steinigen Katholizismus der Schwäbischen Alb geprägt.

24. JUNI 2020

ACH, DUMMHEIT

Gibt es so blöde Mütter? Die für Ihre Kinder das Mineralwasser von HIPP kaufen. „Durstlöscher" steht hübsch bunt auf der Flasche. Es ist nichts anderes als stinknormales, natriumarmes Mineralwasser. Der Liter kostet 2,60 Euro. Dann mein Beißholz seit Jahren, die Firma Nestlé. Sie verkauft einen „Marrakesh Style Tea". Ein absoluter Scheiß und Betrug. Das Pulver enthält 95% Zucker. Der Grüntee darin ist ein bisschen Extrakt und dann riecht das Zeug noch leicht nach Minze.

Wie hieß es früher im Schwäbischen unter den fahrenden Händlern, die auch vieles verkauften, was niemand benötigte? „Es stehen jeden Tag Dumme auf, man muss sie nur finden!"

26. JUNI 2020

DIE LINSE

Das Grauen meiner Kinderzeit hatte einen Namen: Linse. Sie soll ja aus den Mittelmeergebieten, dem Nahen Osten stammen und man fragt sich, warum sie es über die Alpen geschafft hat. Wie Unkraut auch auf steinigstem Boden, so wächst die ideale Folgefrucht der Schwäbischen Alb: Lehm-Steine-Linsen. Fast ein geeigneter Titel für eine Heavy-Metal-Band. Weit vor der Erfindung der Schrotkugeln wurden in der Steinzeit Linsen angebaut. Wer sich bibelfest wähnt, der weiß auch um den Doofkopf Esau. Jakob kochte ein Gericht. Da kam Esau erschöpft vom Felde heim und sprach zu Jakob: „Lass mich kosten das rote Gericht, denn ich bin müde!" Aber Jakob sprach: „Verkaufe mir heute deine Erstgeburt." Esau antwortete: „Siehe, ich muss doch sterben. Was soll mir denn die Erstgeburt?" Jakob sprach: „So schwöre mir heute!" Und er schwur ihm und verkaufte seine Erstgeburt. Da gab ihm Jakob Brot und das Linsengericht und er aß und trank, stand auf und ging davon.

Ein schlechtes Geschäft, denn die üblichen Linsen stehen im Ruf der Schwerverdaulichkeit. Manche Mediziner sagen, Linsen seien das Schrecklichste, was man seinem Magen antun kann. Und vor fünfzehn Jahren verschwand die Linse fast ganz von den Speisenkarten. Nur im Schwabenland hielt sich das Gericht „Linsen mit Spätzle" recht wacker. Dann entdeckten Gourmetköche die französische kleine „Le Puy"-Linse. Alle Vorurteile waren mit einem Schlag vom Tisch – und die Linse war wieder auf dem Teller. Ähnlich kleine delikate Linsen gab es vor dem Krieg auch in Deutschland. Doch die Ernte der Schoten und das Herauspusseln der Frucht waren aufgrund neuzeitlicher Lohnkosten nicht mehr rentabel. Die Alblinse des Saatgutzüchters Fritz Späth verschwand und ward nicht mehr wiedergesehen.

Doch eines Tages geschah das Wunder, man entdeckte 2006 in St. Petersburg trotz heftigster Recherche nicht das Bernsteinzimmer, aber dafür in der Wawilow-Saatgutbank etwas Wichtigeres. Die alten Linsensorten der 1940er- und 1950er-Jahre, „Späths Alblinse I und II". 2007 bekamen die Bauern der Erzeugergemeinschaft „Albleisa" wenige hundert Linsensamen. Sie wurden von 2008 bis 2010 in mühevoller Arbeit vermehrt. Anfangs in Gewächshäusern, später unter Hagelschutznetzen und letztlich im Freiland. 2011 konnte die Erzeugergemeinschaft schon auf 34 Hektar Späths Alblinse II, „Die Kleine", anbauen und erstmals zum Verkauf anbieten. Die größere Schwester, Späths Alblinse I, kam nach der Ernte 2012 auf den Markt.

Es ist schön, wenn man sich zum Kochen ein ursprüngliches Produkt aus der Region besorgen kann.

2. JULI 2020

LOBBYCONTROL: DEM LOBBYISMUS SCHRANKEN SETZEN

Die Abgeordneten des Bundestages beschließen die Gesetze. Aber im Schatten des Parlaments gibt es noch eine andere Gruppe, die bei der Gesetzgebung ordentlich mitmischt. Tausende Lobbyisten versuchen mit viel Geld und guten Netzwerken, Gesetze, Politik und öffentliche Meinung zu beeinflussen. So steht es auf der Homepage von LobbyControl und dort bin ich Mitglied. Seit Jahren kämpft diese Vereinigung gegen das schleichende Gier-Geschwür der Volksvertreter, das langsam unsere Demokratie erodieren lässt. Kürzlich wurde ein Jungmann erwischt, der aussieht wie ein Bibelverkäufer, aber leider in der Politik angedockt hat. Philipp Amthor hat trotzdem beträchtliche Kenntnisse, wie man an das Bakschisch einer amerikanischen Firma rankommt.

Weiter geht es mit dem fotogenen Dauerlutscher für Pannen, Pech und Pleiten, sein Tätername: Andi Scheuer. Kaum aus dem Misthaufen der Straßenmaut freigekommen, folgt die Ankündigung des Verkehrsministers, dass Raser mit Sanktionen belegt werden sollen. Endlich mal was Vernünftiges, dachte ich. Gestern kam der Widerruf. Herr Scheuer hatte offensichtlich vergessen, dass er irgendeinem Lobbyisten einen Gefallen schuldet. Heute im Radio: Der Gutmensch Siegmar Gabriel als Fürsprecher der Quälfleischfirma Tönnies.

LobbyControl fordert Lobbyregister. Alle Nebeneinkünfte, Vergünstigungen und Schiebereien müssten dort eingetragen werden. Ich kann die Abwehrschlacht der Regierungsbeteiligten gut verstehen. Kommt dieses Register, kann wahrscheinlich die Hälfte der deutschen Politiker in den Vorruhestand gehen.

3. JULI 2020

VERIRREN IST KLINKICH

Jetzt beginnt der angedrohte Dürresommer! Wahrscheinlich wird nichts daraus, denn ich bin der Regenmacher vom Dienst. Sobald ich mich aufs Motorrad setze und um die Ecke biege, öffnet sich der Himmel und unaufhaltsames Nass mariniert mich. Zum Spaß fahre ich schon lange nicht mehr, eigentlich schäme ich mich über die Krachmacher, die das Geknatter benötigen, um ihr Selbstwertgefühl aufzurichten.

Für mich ist, insbesondere im Umkreis von Stuttgart, das Motorrad das Mittel zum Zweck, um möglichst zügig von A nach B zu kommen. Meist geht das schief und ich verirre mich in Umleitungen.

4. JULI 2020

CORONA HAT SOGAR WAS GUTES

In der heutigen Zeit, welche literarisch stark von den kurzen Geisterfahrertexten des blondierten Donald Trump geprägt ist, sind Abwägungen, Zwischentöne oder das Respektieren anderer Meinungen nahezu abgeschafft. Die Welt ist in Liebende und Hasser fraktioniert. Für die einen ist Corona nicht existent, für die anderen eine Horrorbedrohung. Wie so oft liegt die Wahrheit dazwischen. Regeln sind wichtig, noch wichtiger ist die Empathie und Großzügigkeit gegenüber den Mitmenschen. Man nannte das mal Respekt, aber von Jahr zu Jahr nimmt krude Distanzlosigkeit zu.

Das Internet beispielsweise quatscht mir nur noch als Duzfreund in die Idylle.

Immerhin hat durch Corona die Übergriffigkeit im wirklichen Leben erfreulich abgenommen. Insofern hat Corona positive Seiten. Eine davon ist übrigens, dass ich mit vollem Mund hinter der Camouflage der Gesichtsmaske den Gastraum betreten kann, um vergnügt meinen Gästen zuzunicken. Wenn auch Vorschrift und scheinbar wichtig, ist mir die Maske schon lästig. Mein ganzes Leben habe ich unter Dunstabzugshauben fristen müssen und nun dies.

17. JULI 2020

WIENER SAFTGULASCH

Die Krönung der klassischen französischen Küche sind die Ragouts. Sie können von Geflügel, Lamm, Kalb oder vom Rind sein. Sind die Stücke bei einem Rinderragout recht groß, so könnte man mit Rotwein ein Boeuf Bourguignon bereiten. Ehrlich gesagt, das Boeuf Bourguignon ist mir meist zu weinlastig und wird erst richtig gut, wenn man ziemlich teuren, säurearmen Burgunder verwendet. Widmen wir uns fürs Erste also dem Gulasch. Alle anderen Ragouts haben dieselbe Herstellungsweise, nur sind die Gewürze und sonstigen Zutaten anders.

Gulasch wird in Gourmetzeitschriften selten erwähnt. Das Gericht ist seit Jahren auf der Verliererstrecke, weil man davon keine schönen Fotos zeigen kann. Sieht ein Gulasch schön aus, also exakte Würfel ..., dann schmeckt es nicht richtig. Also kochen wir mal eines.

Zutaten für 4 Personen:

1 kg Zwiebeln
2 Knoblauchzehen
1 kg Rindfleisch (Wade oder Schulter)
1/2 Bio-Zitrone
1 Sardellenfilet
1 TL Kümmel
5 EL Schmalz oder Butterschmalz oder Öl
2 EL Tomatenmark
3 EL Paprikapulver edelsüß
500 ml Rinderbrühe
Salz und Pfeffer

Die Wiener sind schnell im Kopf, pflegen jedoch den Alltag als vernünftiges Adagio, grad so, dass man nicht merkt, wie langsam sie sind. Deshalb sind sie effizienter als der deutsche Hektiker. Die Liebe zu stundenlang siedendem Fleisch und vor sich hin schmurgelndem Gulasch ist Teil ihres Lebensstils.

Wer dieses ursprünglich ungarische Gericht zubereitet und den halben Tag lang sanft köcheln lässt, bekommt eine rare Köstlichkeit. Doch wer bewacht seinen Topf schon gern über sechs Stunden hinweg? Genau das ist der Grund, warum für modernes Gulasch gerne zarteres Keulenfleisch oder sonstiges fettarmes und deshalb total trockenfaseriges Fleisch verwendet wird, das nur mit großen Humpen Wein oder Bier durch die Gurgel geschmirgelt werden kann. Um ein vortreffliches Gulasch zu kochen, braucht es eine seltene Ressource: Zeit.

Bei der Rinderhaxe handelt es sich um Fleisch mit extrem vielen Sehnen. Diese sind nach ungefähr sechs Stunden weich wie Gummibärchen und verleihen dem Fleisch, ähnlich wie bei der Kalbs- oder Rinderbacke, unglaubliche Saftigkeit. Es empfiehlt sich, das Gulasch mit massig viel Zwiebeln anzurösten, immer wieder mal mit sehr wenig Wasser den Bratensatz zu lösen und nach 15 Minuten mit einem Deckel versehen bei etwa 180 Grad in den Ofen zu stellen.

Zubereitung:

Die Zwiebeln und eine Knoblauchzehe schälen und fein schneiden. Das Fleisch in etwa fünf Zentimeter große Würfel schneiden. Von der Zitrone etwas Schale abschneiden. Diese mit Sardellenfilet und Kümmel sehr fein zu einer Gewürzmischung zerhacken. In einem Topf mit fünf Esslöffeln Schmalz die Fleischwürfel und dann erst Zwiebeln anbraten. Knoblauch, Tomatenmark, Paprikapulver – alles hinein, was im Rezept steht. Mit der Brühe gehen wir noch sparsam um, immer gerade so, dass nichts anbrennt. Das Gulasch zugedeckt etwa vier Stunden leicht simmern lassen, bis das Fleisch weich ist. Die beste Kontrolle wäre, immer wieder zu probieren, bis womöglich nur noch die Hälfte im Topf ist (so mache ich es, was man mir ansieht). Dann das Fleisch mit einer Fleischgabel ausstechen und die Würfel in eine Schüssel geben. Den Sud so lange einkochen, bis er eine dickliche Konsistenz hat. Fleischwürfel wieder zugeben und eventuell nochmals mit Salz und Pfeffer abschmecken. Das Fleisch darf gern teilweise zerfallen.

29. JULI 2020

BOUILLABAISSE

Bei der momentanen Hitze fühle ich mich ab 11 Uhr morgens matschig und antriebslos. Ich bin überzeugt, hätten wir solche Siedepunkte wie die Südspanier, die Italiener, die Griechen: Wir Deutschen würden nicht viel zustandebringen. Als Koch, notabene Berufsillusionist, kann man sich die Urlaubsstimmung in die Küche zaubern. Am

Mittwoch und Freitag werden die nötigen Fische geliefert, Rotbarben, St. Pierre, Rascasse und kleiner Beifang. So eine Bouillabaisse ist ein Naturereignis für den Koch, der sie bereitet, und für den Gast, der sich damit auf der Terrasse Côte-d'Azur-Gefühle verschaffen kann. Separat kommen noch Rouille, geröstetes Brot und ein Topf Krustentierbrüh hinzu.

1. AUGUST 2020

MASKERADE

Jammern ist erlaubt, denn eindeutig sind die Gesichtsmasken lästig. Wir stehen trotzdem richtig gut da. Die Einschränkung durch die Masken lohnt sich. Bei meinem Servicepersonal will ich mich bedanken. Mit Geduld, bei der Hitze geradezu tapfer, hört man von ihm keinerlei Klagen. Und das noch: Die eigene Freiheit darf nicht zu Lasten des Mitmenschen gehen.

4. AUGUST 2020

CORONABANDWURM

Heute im Netz ein schönes Wort gefunden: „Covidneunzehncoronarvirussicherheitsbestuhlung."

13. AUGUST 2020

VOM RAT ZUR TAT

Auch wegen der Hitze und überhaupt: Man darf sich nicht gehenlassen, besser gleich liegenbleiben!

19. AUGUST 2020

DIE PHANTASIE UND DER SCHWEINSFUSS

Im österreichischen Verlag Brandstätter erschien das Buch des Ernährungspsychologen Klaus Dürrschmid. Darin ist zu erfahren, auf welch hohem Niveau sich die Esskultur vor dem ersten Weltkrieg befand. Zwei Kriege und der Zeitgeistgötze Rationalisierung haben viele sensorische Empfindungen ums Essen herum vernichtet.

Sehe ich ein weiß gestärktes Tischtuch und eine ebensolche Serviette auf dem Tisch liegen, erweckt das in mir Hochgefühle, Erinnerung an die Kindheit. Meine Gedanken schweifen zu Besuchen im kulinarischen Frankreich, was mit den 1970er-Jahren begann. Paul Bocuse, Leon de Lyon, Roger Vergé, Jean Claude Vrinat vom *Taillevent*, Madame Point in Vienne, Louis Outhier, Alain Chapel, Claude Terrail vom *Tour d'Argent*, Paul Haeberlin, Raymond

Thulliers in seiner *Ousteu de Beaumanière* in Les Baux, Marc Menau in Vezeley, Bernard Loiseau in Saulieu, die Troisgrosbrüder in Roanne und der heute noch kochende Bernard Pacaud ... 1974 war das *Maxims* in Paris noch ein Großereignis oder heute die Unternehmen von Alain Ducasse; *Etoile*, das Restaurant *Epicure* im Pariser Bristol, immer noch über allem Michel Guérard in Eugénie les Bains und viele mehr.

Das waren meine Lehrmeister. Diese Besuche haben viel Geld gekostet und waren doch billiger als eine Universität oder jährlicher Skiurlaub. Und ohne diese Visiten wäre ich nicht der, der ich bin. Hatte ich als junger Koch die Grundlagen der Kocherei intus, ging es noch darum, bei Tisch Erfahrung zu sammeln. Hatte ich bei einem Meister mal einen getrüffelten Schweinsfuß oder sonst eine Köstlichkeit genossen, wusste ich, wo der Hammer hängt. Unsere Bouillabaisse kann nur so gekocht werden, weil ich an der Côte d' Azur die zwei besten Bouillabaisseküchen erleben konnte. Wer so etwas nach Rezept kocht und es nicht in Vollendung selbst gegessen hat, tappt letztlich im Dunkeln.

Bevor ich diese richtungweisenden Restaurants betrat, war ich durch Vorfreude schon ein anderer Mensch. Womöglich erlebte ich nicht einmal die Wirklichkeit, sondern die Erwartung und sonstiges Unterbewusstes. Der Wissenschaftler Klaus Dürrschmid nimmt uns mit Akribie bei der Hand und erklärt, warum die Phantasie unseres Geistes soviel Einfluss auf unser Geschmacksempfinden hat. Er schreibt:

„Essen kann man nie isoliert sehen. Die Erinnerung an die Küche der Kindheit entsteht durch die Verknüpfung des sensorischen Erlebnisses mit der damaligen Situation. Also wie die Speise gerochen, ausgesehen und geschmeckt hat, aber ebenso, wie der Tisch gedeckt war, wie unser Verhältnis zur Oma war, die gesamte Situation eines Bratens.“

28. AUGUST 2020

EIN KOCH UND EDLE PRODUKTE

Es ist wie bei den Goldschmieden meiner Heimatstadt Schwäbisch Gmünd: Leute, die Tag für Tag Ein- und Zweikaräter-Diamanten verarbeiten – die Frauen dieser Goldschmiede trugen nur ganz selten einen Schmuck. Alles zu

haben schärft den Blick aufs Wesentliche. Deshalb ist mein Frühstück stets eine Pellkartoffel mit etwas Salz. Wie frugal, denkt so mancher. Weit gefehlt. Die Kartoffel kommt von einem Demeter-Acker und beim Salz handelt es sich um japanisches Algensalz (300 Gramm mit Versand fast 40 Euro). Das leiste ich mir, benötige allerdings nicht mehr viele andere Dinge, um gut zu leben.

2. SEPTEMBER 2020

SALZ GEHÖRT AUF DEN TISCH

Die ultimative Multiple-Choice-Frage: Was mache ich, wenn an meinem Essen etwas Salz fehlt?
Zu schreien anfangen, dass hier alles fad ist.
Die Serviererin an den Haaren ziehen.
Auf Tripadvisor abreagieren (Vier Seiten Vernichtungskritik).
Nach einem Salzstreuer verlangen.
Den in Salzfragen unfehlbaren Koch in den Schwitzkasten nehmen.

Tatsächlich hat jeder ein individuelles Salzbedürfnis. Jüngere Leute, die sich eventuell. auf dem Tennisplatz dehydriert haben, benötigen viel Salz. Senioren im Schildkrötenalter mit entsprechendem Bewegungsmangel brauchen weniger Salz. Meiner Ansicht nach sollte immer Salz und Pfeffer auf dem Tisch stehen. Köche mit dem absoluten Gehör für perfektes Salzrieseln lassen dies oft nicht zu. Tja, mit der Unfehlbarkeit ist es ein Kreuz, nicht nur im Vatikan, sondern auch in gastronomischen Weihestätten.

3. SEPTEMBER 2020

DIE HEIMAT IN DER FERNE

Landschaften entstehen auch im Kopf, der eine sieht in der Fremde die Heimat und umgekehrt. Als der Bildhauer Aristide Maillol, aus den Vorpyrenäen Frankreichs stammend, im Frühling 1908 von der Kunst- und Kulturautorität Harry Graf Kessler nach Griechenland eingeladen wurde, sah er bei Delphi seine Heimat. „Ich glaubte, wieder daheim in meinem Dorf in Banyuls zu sein. Es waren dieselben Häuser, es war dieselbe Windmühle ...“ Griechenland war für den Künstler ebenso eine Heimat wie Südfrankreich.

In Athen gesellte sich Hugo von Hofmannsthal zu den beiden. Der Reisegefährte schrieb in diesen Tagen einen

Brief aus Athen: „ … das Fremde, das absolut Fremde. Fremdes Licht, fremde Luft, fremde Menschen." Der Künstler Maillol hatte eindeutig eine lebendigere Phantasie. Ich selbst stelle mir immer vor, dass ich jeden Tag Urlaub habe. Allerdings ist die *Wielandshöhe* etwas schöner angesiedelt als ein Häuschen mit Blick auf eine Abraumhalde. Vorwiegend hole ich mir den Urlaub aus Büchern.

21. SEPTEMBER 2020

KLEINGEISTER KANN ICH PARTOUT NICHT LEIDEN

Es gibt sicher bessere Brote als unsere eigenen, aber ich habe sie noch nicht gefunden. Trotzdem haben meine Frau und ich am freien Tag auch mal Lust auf etwas anderes. Wir holen uns ein Brot in der Hofpfisterei, die eine Filiale in Degerloch unterhält. Da gibt es nichts zu meckern. Trotzdem betrete ich diesen Laden nicht mehr und der Grund ist folgender: Die phänomenale Großbäckerei, ein Branchenriese von hohem Qualitätsniveau, führt ein Brot im Angebot, das sich „Sonne" nennt. Das Wort „Sonne" ist als Patent angemeldet. Die „Sonne" gehört nicht mehr uns Bürgern, sondern den Teigknetern der Hofpfisterei. Wie kleinkariert muss ein solcher Gigant sein, allen kleinen Bäckern einen Anwalt auf den Hals zu hetzen, nur weil bei der Namensgebung das Wort „Sonne" verwendet wird. Also nix mit „Dinkelsonne", „Erntesonne", „Ökosonne". Solch mickriges, spießiges Geschäftsgebaren widert mich an.

PS: Die schönste Art, Brot zu essen, ist eindeutig die gefüllte Kalbsbrust.

2. OKTOBER 2020

KEIN EINHEITSFRASS

Zum 3. Oktober gibt es Leipziger Allerlei. Das Gericht enthält Krebsfleisch. Man kann die Krebse auch weglassen, wenn die Beschaffung zu schwierig ist. Wichtig ist, dieser Eintopf schmeckt frisch wundervoll, aufgewärmt ist er ein echtes deutsches Eintopfgericht. Manche Hausmannskost treibt den Mann aus dem Haus. Es geht um die Ehre Sachsens, die man nicht zu einem Mampf degradieren darf.

Seit dem Fall der Mauer ist Deutschland vereinigt. Man vermeide allerdings Gefühlsduselei in Richtung Einheitsbrei, denn in allen Bundesländern gibt es verschiedene Dialekte, Mentalitäten und unterschiedliche Küchen. Wenn ich an Thüringen denke, so ziehen Würste durch mein Gemüt und ich glaube, wer solche Würste hervorbringt, kann nicht ganz schlecht sein. Das gilt auch für die Knödelbayern oder die Spätzleschwaben, fürs badische Schäufele, für Mecklenburger Graupensuppe oder Hamburger Aalsuppe. Wir sollten stolz auf unsere Vielfalt sein.

PS: Wer über die Zustände in Deutschland meckert, der war nicht lange genug im Ausland!

6. OKTOBER 2020

DER SCHÖNSTE JAZZCLUB DES LANDES

An meinen freien Tagen mache ich gerne Musik mit meiner Querflöte. Eine besondere Ehre ist es, wenn ich vom Trompeter Thomas Siffling ins Palais Rosengarten in Mannheim eingeladen werde. Für mich ist das der schönste Jazzclub in Deutschland. Gestern war ich mal wieder mit dem Pianisten Patrick Bebelaar unterwegs. Er ist ein grandioser Pianist, der mir in den vergangenen zehn Jahren viel beigebracht hat. Vor allem hat mich der Hochschuldozent den Unterschied von Arthritis und Artistik gelehrt.

17. OKTOBER 2020

DER WAHNSINN UMS TAFELSILBER

Wir erfreuen uns trotz hoher Preise eines regen Zuspruchs, weil der Gast erkennt, manchmal nur unbewusst, dass gründliche Gastronomie nicht billig sein kann und deshalb nicht nur das Essen, sondern auch der Service nicht billig daherkommt. Kürzlich stellte ein Gast die Frage, mit welchem Trick wir unser Silber so unglaublich glänzend polieren?

Silbermäßig ist meine Tochter Eva von beträchtlichem Fanatismus. Folgendermaßen geht sie zu Werke: Tafelsilber und Besteck werden wie vor hundert Jahren mit einer Aluminiumplatte, Sodapulver und Spezialseife ausgekocht. Danach werden sie in frischem Wasser gespült und kommen in eine Umwälztrommel mit vielen Metallkügelchen. Die Silberschmiede nannten das bereits vor 400 Jahren Schüttelfass oder Poliertrommel. Diese rotiert und die Kügelchen behämmern das Silber, bis es glänzt. Abschließend wird jedes Teil in klarem Wasser gespült und trockengerieben. Mittwochs ist Silbertag und zwei Mitarbeiter sind jeweils sechs Stunden mit dieser Prozedur beschäftigt. Rein rechnerisch ist das der Wahnsinn, aber alles, was man zur Kultur zählt, geht über das Notwendige hinaus. Und gerade das macht den echten Humanismus aus.

21. OKTOBER 2020

SUPER FLEISCHKÜCHLE IN ISNY

Am Montag befand ich mich auf Recherche für mein neues Schwabenbuch, also weidete ich das Schwäbische Allgäu ab. Eine schöne Gegend, nur ziemlich vom Billigtourismus versaut. In Isny packte ich mein Fahrrad aus dem Auto und radelte durch die Stadt. Eine vertrauenswürdige Wirtschaft mag es geben, aber ich fand keine. Es ging auf vierzehn Uhr zu, ich geriet in Panik, von Hungerkrämpfen begleitet. In der Fußgängerzone von Isny radelte ich am *Löwen* vorbei. Ich drehte um, eine ältere Dame saß vor dem Eingang in der Sonne. Ich fragte sie, ob ich noch etwas zu essen bekäme. Die Frau grüßte artig, zeigte mir die Tür und bat mich einzutreten.

Ein kleines Bier wurde geordert und die Speisenkarte aufgelegt. Ganz oben angetackert wurden Fleischkücherl mit Spätze (Knöpfle) und Salat angezeigt. So bestellte ich und war auf das Schlimmste gefasst. Meine Augen ließ ich durch die Wirtschaft schweifen und mir dämmerte, dass ich mich keineswegs in einer Kneipe befand, sondern in einem historischen Raum. Dann kam das Essen und der erste Bissen rief bei mir Bewunderung hervor. Bessere Fleischküchle, auch von mir selbst gemachte, habe ich noch nie gegessen. Die wohlschmeckende Sauce kam nicht aus dem Päckle. Den Salat von rohem Krautfleck, roten Beeten und Kopfsalat empfand ich als sehr erfrischend, perfekt! Es war ein Schmaus!

Rumpsteak kann jeder, Fleischküchle fordern Übung und Erfahrung. Bei der Wirtin erkundigte ich mich lobend nach dem Koch, und die Frau antwortete, dass ihr Mann am Herd stehe. Ich nehme mal an, er war ebenso betagt wie die Wirtin. Ihre Lehrzeit absolvierten sie sicherlich in einem Jahrhundert, als man noch von Grund auf die Gastronomie eingebläut bekam.

Was lernte ich aus all dem? Vorurteile sind allgegenwärtig, sollten aber immer überprüft werden!

31. OKTOBER 2020

GIB IHM SAURES (KRAUT)

Das Vergären ist eine der ältesten Möglichkeiten, Nahrungsmittel haltbar zu machen. Gärung gab es schon immer in der Natur. Ich beobachtete einmal Krähen, die sich an meinen vom Baum gefallenen Zwetschgen verlustierten. Die Früchte befanden sich allesamt auf dem Weg zur Kompostierung. Den Vögeln verschaffte das eine fast hysterische Lust. Wankende Gestalten in der Morgendämmerung. Die Tiere waren recht besoffen und fühlten sich prächtig aufgekratzt.

Solcherlei Bewusstseinserweiterung kannten schon die Vorfahren im Neolithikum. Neben dem antiken Weinbau gab es den Met, aus Honig vergoren, der die Germanen dermaßen befeuerte, dass sie mittels dieses Stimulans das Römische Reich überrannten. Es geht nicht nur um den Alkohol, der Name stammt aus dem Arabischen „al khol" und bedeutet „Etwas Feines". Es geht um Verwandlung, indem kleine Tierchen, Bakterien, den Zucker in Milchsäure verwandeln. Um 1650 entdeckte Johann Joachim Becher den Unterschied zwischen der alkoholischen Vergärung und der Essig-Milchsäurevergärung, die von Essigsäurebakterien bewirkt wird. In beiden Fällen löste Zucker die Fermentation aus.

So richtig kapiere ich das nicht und deshalb rufe ich den Winzer Helmut Dolde an. Er betreibt ein Weingut bei Nürtingen am Fuße der schwäbischen Alb. Dieser Mann war in seinem ersten Leben Chemielehrer. Er erklärt mir die unterschiedliche Gärerei in knappen Sätzen und erspart mir stundenlanges Studium.

Trauben vergären zu Alkohol durch Hefebakterien, also Pilze. Kraut vergärt durch Bakterien (Tierchen), nämlich Milchsäurebakterien. Beide Prozesse funktionieren unter Luftabschluss. Die Milchsäurebakterien sitzen wie die Hefen auf den Weintrauben oder aber die Bakterien auf der Frucht, dem Kraut. Wird das Kraut gesalzen, vernichtet das alle Bakterien, nur nicht die Milchsäurebakterien. Die Gärung kommt in Gang, aus Weißkohl wird Sauerkraut und ist haltbar, sofern es immer mit Salzwasser bedeckt ist.

Wir Profiköche befinden uns mitten in der Fermentationswelle. Aber Vorsicht, Nostalgie verschiebt den klaren

Blick. Sauerkraut (durch Milchsäure fermentierter Kohl) riecht oft wie schon mal gegessen. In Besenwirtschaften oder Beizen mit Äppelwoi matscht gern ein Gemenge, von dem behauptet wird, dass es mit jedem Aufwärmen besser schmecke. Eine Schutzbehauptung vieler Köche und Köchinnen. Zu lange gekocht oder aufgewärmt beleidigt das Kraut unsere Nasen und kann obendrein zu gewaltiger Flatulenz führen. In Asien wird viel mehr Kohl gegessen als hierzulande. Frisch oder fermentiert (Sauerkraut), nirgends ist in der asiatischen Küche der Mief zu schnuppern, der Deutsche im Ausland zu „Krauts" machte.

4. NOVEMBER 2020

AUS DER DRUCKWERKSTATT

Was will man machen, wenn das Restaurant geschlossen ist? Ich gehe in meine kleine Druckwerkstatt. Heute habe ich mich dem Monodruck gewidmet, es entstehen Unikate, jeder Druck ist anders, einmalig. Zwei neue Motive.

8. NOVEMBER 2020

ROTKOHL, FEIN UND ELEGANT

In nächster Zeit braucht es eine Beilage zu Wild und Gans, und diese ist ein Klassiker.

Zutaten:
1 Kopf Rotkohl
25 g Preiselbeerkonfitüre
200 g Johannisbeerkonfitüre (echt 200 Gramm???)
2 Lorbeerblätter
8 EL Apfelessig
1/2 Liter kräftiger Rotwein
1 TL gestoßener Wacholder
1 Nelke
1 MS Piment, gestoßen
3 Zwiebeln
3 EL Gänse- oder Butterschmalz
Salz

Der Rotkohl wird geviertelt, vom Strunk befreit und in möglichst feine Scheiben geschnitten. Umso feiner der Kohl geschnitten, desto kürzer wird die Garzeit, ungefähr eine halbe Stunde. Der Kohl bleibt so „al dente" und behält einen frischen Geschmack jenseits des üblichen Gemüffels, das beim Matschig-Kochen unweigerlich die Küche und den Kopf der Köchin vernebelt. Die Zwiebeln genauso fein schneiden (hobeln) wie den Kohl. In etwas Gänseschmalz hellblond anschwitzen. Nun alle restlichen Zutaten in den Topf, nicht aber die beiden Konfitüren. Während des Kochvorgangs immer wieder mit einer Spießgabel die Kohlfäden lockern und das Unterste nach oben heben. Nach einer Viertelstunde die Konfitüren unterrühren und 15 Minuten weiterkochen. Zum Schluss auf größtmöglichem Feuer unter ständigem Umrühren schmurgeln, bis aller Saft eingekocht ist und das Kraut anzubrennen droht. Restliches Gänseschmalz unterziehen.

9. NOVEMBER 2020

MEINE JUGENDERINNERUNG: MARTINSGANS

Der Backofen wurde angezündet, wobei das Gas mit langem Arm und abgewandtem Gesicht in Betrieb gesetzt wurde. Noch nicht lange her, da fuhr Mutter eine Stichflamme ins Gesicht, dass sich für die nächsten Wochen die Rasur erübrigte. Der „Granatenschlag" hatte die Seitenwände des Ofens ausgebuchtet. Das Gerät hatte seitdem keine exakten Abmessungen mehr und wirkte etwas verschoben. Ein Ofen ist eine andere Art von Lebenspartner, gewöhnungsbedürftig. Hat man alle Launen kennengelernt, will man nichts anderes. Der Ofen wurde auf Vollgas geschaltet, die Stufe drei. Das letzte halbe Stündlein der Gans hatte geschlagen. Ein irdener Gänsebräter, fingerhoch mit Wasser gefüllt, wurde mit einigen Zwiebelscheiben versehen und die Gans mitten hinein gesetzt. Der „Sarkophag" wurde mit ritueller Ehrfurcht von meinem Vater ins Rohr geschoben. An die Gans ließ er niemanden ran.

Ab und an durfte Mutter, außer der Reihe, das Vieh mit dem ausgetretenen Fett übergießen. Sie war für den Kartoffelsalat zuständig. Der extravagante Trick dabei war eine Messerspitze Curry. Kaum zu glauben, aber etwas Curry war unverzichtbar, das gab den Maggigeschmack. Für mich heute noch ein Suchtproblem. In den Kartoffelsalat wurden im Sommer Gurken hineingehobelt und im Winter war die Zeit des Endivien, der feingeschnitten kurz vor dem Auftragen untergemischt wurde.

Immer wieder wurde die Gans übergossen. Frau Slonek, die Haushälterin aus Böhmen, richtete das Besteck. Der

Tisch verfügte über das Innenleben einer Ziehharmonika und konnte auf fünfzehn Meter ausgezogen werden. Ein Brett ums andere wurde eingelegt, bis die Zimmerwände Einhalt geboten. Dreizehn Leute nahmen am Weihnachtsfesttag Platz. Niemand sorgte sich um die Unglückszahl, da waren eher Bedenken angebracht, dass die Gans nur für zwölf reichen könnte.

Doch soweit war es noch nicht. Der Spätzleteig ruhte in einer Steingutschüssel und durfte nicht gestört werden, er war mit einem rotkarierten Küchentuch behütet. Der Teig verlor dabei die gummiartige Konsistenz. Er war sehr hart, Vater mochte die weichen, wie er sagte, „nassen Hunde" nicht. Frau Slonek war mit der Suppe beschäftigt. An Weihnachten war das eine Markklößchensuppe, der feine Schnittlauch kam von Töpfen, die auf der Fensterbank warteten und immer wieder geschoren wurden.

16. NOVEMBER 2020

GROKO (GRO SSES K ATASTROPHEN O RAKEL)

Wenn ich an den Talkshowzombie, den Doktor Lauterbach, denke, wird mir ganz anders. Der Ohrenbläser der Regierung hat sicher viel Ahnung von Viren, aber nicht vom bürgerlichen Alltag und von zwischenmenschlichen wie finanziellen Überlebensplagen. Egal welche Talkshow ich zu Corona anschaue (was anderes gibt es ja nicht mehr), es hocken allesamt gescheite, brave Leute herum und unterbrechen sich gegenseitig. Dabei dozieren fast nur Personen, die nie eine Unternehmersteuer gezahlt haben, kurzum: Vollkasko-Existenzen. Und noch was: Es ist eine Schande, dass man von zig Milliarden Hilfsgeldern redet, doch über den Sommer hinweg die eine Milliarde Euro nicht investierte, um die Schulen zu modernisieren.

19. NOVEMBER 2020

EIN MITTEL GEGEN WINTERBLUES

Das Leben ist mir keineswegs eine ständige Juxbude. Gerade in dieser Zeit. Kaum ist man richtig aufgewacht, wird es schon wieder dunkel. Der eine therapiert sich mit Stimmungsaufhellern der traditionellen Art, also Obstler, andere schwören auf Methamphetamine wie Ecstasy, mancher Oldie fährt immer noch auf LSD ab. Ich selbst habe einen Weg ohne jegliche Nebenwirkungen gefunden, der kostet sogar nix. Wenn mir fad ist, starte ich den YouTube-Beitrag über einen schwäbischen Sprachunterricht, den der Pädagoge Harald Schmidt in die Weltgeschichte gedrückt hat. Suchwort: „Harald Schmidt schwäbisch".

20. NOVEMBER 2020

FAULHEIT KANN ZU VERBLÖDUNG FÜHREN

Lockdown, daheimhocken, Kartoffelchips, ein Kasten Bier, Blödsinnsfernsehen gucken: Endlich ist Faulheit systemrelevant. Man darf einfach nicht ans Geld denken, dann kann Lockdown eine wunderbare Faulenzerzeit sein. Aber Achtung: Irgendwo las ich, dass langer Urlaub, also anhaltendes Nichtstun, täglich Hirnzellen sterben lässt. Das Hirn merkt, es wird weniger gebraucht und schaltet in einen Sparmodus.

So kann's einem gehen:
Was hast du gestern gemacht! – Nichts!
Und heute? – Auch nichts.
Oh. – Ja, ich bin gestern nicht ganz fertig geworden!

21. NOVEMBER 2020

NEU ENTDECKT: KANONENVIRUS

Kürzlich verhaspelte sich ein Moderator und sagte anstatt Coronavirus „Kanonenvirus". Dieses Wort finde ich treffender. Es erinnerte mich an eine Zeit, als man Kirchenglocken einschmolz, um Kanonen daraus zu gießen.

25. NOVEMBER 2020

GUT ESSEN KOSTET NICHT VIEL

Wer keine Phantasie hat, braucht Geld. Aber es geht auch so:

Das Nudelgericht. Zwiebelwürfel in Olivenöl andünsten, eine kleine Dose Bohnenkerne (oder selbsteingekochte) und eine Handvoll frisch gekochte Rigatoni dazu. Salz, Pfeffer, etwas hefefreies Brühenpulver und etwas Wasser dran. Lauchwürfel wären gut. Dann mit Muskat und vielleicht etwas Thymian auf großem Feuer einkochen. Bevor alles anbrennt, servieren. Ein ähnliches italienisches Gericht ist weitgerühmt: „Pasta und Fagioli".

Die Brotsuppe. Ich koche mir (auch in der Berufsküche) in Brühe weiße Bohnen weich und fülle sie heiß in Marmeladegläser ab. Dann in die Spülmaschine damit und einen Durchgang laufen lassen. Mit dem Eco-Programm geht das nicht, da muss schon volle Hitze her. Im Kühlschrank sind die Bohnen dann eine Weile haltbar.

Für die Suppe alles dahinwelkende Gemüse aus dem Kühlschrank kleinschneiden und in Bio-Gemüsebrühe weichkochen. Die Bohnen dazu (sind keine Bohnen da, eben ohne Bohnen). Abschmecken nach Belieben, meinetwegen wie oben das Nudelgericht. Altes Brot (nicht zuviel, sonst wird es ein Mampf) in feinen Würfel hinzu und sofort servieren.

29. NOVEMBER 2020

DIE AMIS MEINER JUGEND UND HEUTE

In den USA gibt es alles im Übermaß, Genies wie Idioten. In den 60er-Jahren waren die Amerikaner meine Idole. Schwäbisch Gmünd, kleine Stadt in einem engen Talgrund, 4.000 Amerikaner waren stationiert und jede Menge riesige Straßenkreuzer gab es zu bewundern. Das Verhältnis der eingeborenen Schwaben zu den GIs gestaltete sich nicht immer einvernehmlich. Während des Vietnamkriegs galt Schwäbisch Gmünd als Hochburg des Heroins. Nicht selten ging eine komplette Gaststätteneinrichtung zu Bruch. Die Kerle soffen fürchterlich, der Dollar war viermal soviel wert wie eine D-Mark und die Soldaten verjuxten in den Kneipen ihren ganzen Sold. Gerne tippelte ich als Sechzehnjähriger die Mutlanger Straße hoch. Mitten am Hang fand man selbst in dunkelster Nacht die Tanzbar *Regina*, denn sie war das ganze Jahr über mit Weihnachtslämpchen illuminiert.

Die GIs dienten ihrem Land zum größten Teil als Wehrpflichtige. Das bedeutete, dass vorwiegend übermütige Jungs, mehrheitlich pazifistische Hippies, darunter waren. Von Vietnam hatten sie die Schnauze gestrichen voll. Ganz deutlich drängten sich studierte Musiker in mein Ohr. Im *Regina* wummerte schwärzeste Soulmusic als Orkan aus den Röhrenverstärkern. Es fand sich auch eine Armyband ein, die original „Blood Sweat and Tears“ draufhatten, also Sänger, Bass, Gitarre und Bläsersatz. Nur die tapfersten Mädchen trauten sich in diesen Schuppen, in dem Jim-Beam-Whisky nur in Gallonengebinde auf den Tisch kam. Den spießigen Gmündern war das ein sortenreines Sodom & Gomorrha. Mädchen, die von Soulmusic begeistert waren, galten als Negerschlampen und Huren. Es war aber überhaupt nicht so. Wehe, der Wirt, der eine ziemliche Verantwortung trug, rief die Military-Police. Die war innerhalb von zehn Minuten da und drosch die Soldaten mit Gummiknüppeln zusammen.

Meine Eltern schliefen tief, und ich kletterte aus dem Fenster, denn die Welt des Jazz und des Soul war mein Ding. Alles, was aus Amerika kam, war seligmachend. Heute denke ich an Ketchup und Donald Trump.

9. DEZEMBER 2020

OFENSCHLUPFER NACH TANTE AGATHE

Agathe führte als Haushälterin das Zepter im Haus meines Opas. Im Ries bei Nördlingen, genauer in Zipplingen, war Ihre Heimat. Ihr Bruder Josef betrieb Landwirtschaft und hielt die Esse in der Schmiede unter Feuer. Eine fette Bauerngegend. Bei den Oettles kauften wir unsere Gans für Weihnachten. Von dort kommen gestandene Leute wie Agathe, die Säule unseres Clans. Sie trat mit sechzehn Jahren in die Dienste meines Opas, eines Altphilologen und Privatgelehrten. Sie schied nach sechzig Jahren aus, als der Opa starb, und übernahm noch einige Jahre einen Pfarrhaushalt in Abtsgmünd.

Was ich bin, verdanke ich auch ihr. Sie konnte kochen, imkern, Fensterläden streichen, Autos reparieren, den oft unerträglichen Opa in die Schranken weisen und mir einen neuen Pfeil & Bogen fertigmachen, wenn ich den alten zerbrochen hatte. Ihr Essen war phänomenal, vieles kam aus dem Garten. Für die Winterzeit war jede Menge Obst eingeweckt, Karotten und sonstiges Wurzelgemüse im Keller in Sand vergraben, die Regale lagen voll mit Äpfeln. In ihrem Haushalt merkte man ohne indische Urschrei-Therapie, Encounter oder Selbstfindungsbooklets, welches die wichtigen Dinge im Leben sind.

Fleisch gab es selten und in der Vorweihnachtszeit zierte jeden zweiten Tag ein süßes Hauptgericht den Tisch. Milchsuppe mit Nudeln, eingerührtem Honig und etwas Zimt drauf; oder Pfitzauf, eine kross gebackene Teigkugel, gab es fast jede Woche. Und immer wieder das Wunder des Ofenschlupfers.

Agathes Rezept für 4 Personen:
1 l Milch
7 Eier
4 Eigelb
200 g Zucker
350 g Hefezopf
2-3 Äpfel
3 EL Haselnüsse
2 TL Zimt
2 EL Butter
2 Vanilleschoten
etwas Puderzucker

Haselnüsse grob hacken und mit 20 g Zucker in einer Pfanne karamellisieren lassen. Aus der Pfanne nehmen, auf einem Backbrett auskühlen lassen und nochmals hacken. Die Äpfel schälen, entkernen und in Spalten schneiden; in Zuckerwasser (80 g!) dünsten. Die Eier mit der Milch verrühren, Zimt, ausgekratzte Vanille und 100 g Zucker untermischen. Hefezopf in dünne Scheiben schneiden und fächerförmig mit den Äpfeln und den Nüssen in eine gebutterte Auflaufform schichten. Das Ganze mit dem Ei-Milch-Mix übergießen. Der Auflauf kommt in den auf 200 Grad vorgeheizten Ofen und nach 45 Minuten ist alles fertig. Eine Warnung noch: Wenn der Ofenschlupfer verfrüht braun werden sollte, wird er mit Aluminiumfolie abgedeckt.

9. DEZEMBER 2020

CLAUDE CHABROL

Sie kennen nicht alles von Claude Chabrol? Dann aber fix seine Filme besorgt, sonst ist Ihr Leben ohne Sinn. Er ist mein Lieblingsregisseur. Erfreulicherweise zeigte er sich nie als Hungerhaken. Von ihm stammt der Satz: „Kochkunst ist die einzige Kunst, die nicht lügt!"

19. DEZEMBER 2020

GRÜNE KRAFT (UNPOLITISCH)

Verjus, zu Deutsch eigentlich grüner Saft. Er hat die Wirkung eines fruchtigen Essigs. Beim Verjus werden Weintrauben, grob gesagt, unreif geerntet und ausgepresst. Dieser saure Saft dient der fruchtigen Würzung und ist mit seinem feinen Aroma besonders für Fisch geeignet. Verjus ist bei uns relativ unbekannt, obwohl er schon in der Antike in Gebrauch war. Warnung: Trauben werden chemisch gespritzt, deshalb sollte man auf das Bio-Siegel achten.

19. DEZEMBER 2020

MUSIKMACHEN

Es gab Zeiten, da musste ich üben wie verrückt, denn ich war mit Musikern von europäischem Format unterwegs. Logisch, als Schlechtester war ich oft der Verzweiflung nahe. Es ist aber besser, man hängt sich bei Weltmeistern hinten dran, als dass man als Trottel mit noch größeren Trotteln unterwegs ist. Diese ständige Verliererposition stärkt den Charakter, denn verlieren lernen ist eine der wichtigsten Erfahrungen: Ohne Niederlagen kein geistiger Zugewinn.

Jetzt, inmitten des Coronablues, musiziere ich für mich allein. Das Bassflügelhorn hatte ich 2018 nach den Ludwigsburger Schlossfestspielen aufgegeben. Ich merkte, dass meine Kräfte nachließen. Also kehrte ich zu meinem Jugendinstrument, der Querflöte, zurück. Nun war mir irgendwann der eine Ton zu wenig. Weil ich ein Buch über Griechenland machen wollte, hatte ich begeistert Bouzouki zu lernen begonnen. Dann sah ich im Fernsehen den phantastischen Israeli Avi Avital mit seiner Mandoline. Ich war hin und weg und nun übe ich jeden Tag mindestens eine Stunde Mandoline.

Warum ich das schreibe? Wer sich in seiner Jugend ein bisschen an einem Musikinstrument abgemüht hat, dem rate ich, es wieder zu beginnen. Das motorische Gedächtnis, selbst nach Jahrzehnten, ist faszinierend. Die Parole heißt: Raus aus dem Lehnstuhl! Selbst als Hundertjähriger kann man wieder etwas Neues beginnen.

21. DEZEMBER 2020

FÜR DIE KATZ

Unsere Katze hört auf den Namen Mädi und ist ganz auf meine Frau fixiert. Für mich ist das mental nicht einfach. Seit ungefähr zehn Jahren ignoriert mich dieses Vieh völlig. Was habe ich schon um Anerkennung gebuhlt. Zwecklos. Ich weiß auch, warum. Eine Katze richtet sich zu 99 Prozent nach dem Geruch. Meine Tochter besucht uns nicht oft, sie ist der Katze eigentlich fremd, aber sie

Mandoline
Hommage an Picasso

hat dieselben Duft-Komponenten wie meine Frau. Die Katze liebt Eva, nicht mich, da ich sicherlich mit irgendwelchem Testosteron-Mief behaftet bin. So isses halt.

25. DEZEMBER 2020

QUERDENKEN

Quer ist immer Mist. Wenn man weiß, wo hinten ist, weiß man auch, wo vorne ist. Sind Hindernisse im Weg, geht es für mich auf Nebenwegen dem Ziel entgegen. Wie will man das aber frei entscheiden, wenn schon das Tragen einer Nase-Mund-Maske als Freiheitsberaubung gilt und das Hirn blockiert?

27. DEZEMBER 2020

DAS RICHTIGE WEINGLAS

Prof. Claus Josef Riedel trat 1974 in mein gastronomisches Leben. Im Restaurant servierten wir backsteinschwere Bleikristallgläser, die gleichen, mit denen das englische Königshaus heute noch auftischt. Sie wurden in der Schwäbisch Gmünder Graf Schaffgott'schen Josefinenhütte mundgeblasen. Claus Riedel machte dem ein Ende. Mit ihm kam ich durch den Weinfex und Restaurantjournalisten August Winkler in Kontakt. Der hatte einen Narren an mir gefressen und schleppte mich zu den bizarrsten Weinverkostungen. Dann durfte ich bei Degustationen des Weinsammlers Harry Rodenstock dabei sein. Der Höhepunkt waren einige Tropfen eines Weins von Präsident Thomas Jefferson, Jahrgang 1787. Es war ein Erlebnis. Den Wein konnte man noch als trinkbar bezeichnen, er schmeckte aber heftig nach todkrankem, dunkelbraunem Sherry, also sehr, sehr oxydativ. Später, als immer mehr Flaschen davon auftauchten, gerieten die Weine unter Fälschungsverdacht. Geklärt wurde das nie. Mit von der Partie war auch Prof. Claus Riedel, mit dem ich mich gut vertrug, da er nicht nur die innovativste Glashütte in Kufstein betrieb, sondern auch Motorradfahrer war. So kam ich zu Sensorik-Tests nach Kufstein. Glasformen und die Ränder der Gläser wurden getestet. Es war verblüffend, wie unterschiedlich derselbe Wein aus verschiedenartigen Gläsern schmeckte. Ein nach außen gewölbter Rand lässt den Wein weniger sauer auftreten, da er nicht auf die säureempfindliche Zungenspitze trifft, sondern auf die weniger sensible Zungenmitte.

Für jede Weinart und jede Traubensorte wurde ein extra Glas in den Handel gebracht. Nimmt man es pingelig, lieben verschiedene Weine verschiedene Glasgrößen und Formen, um den Wein optimal zur Geltung zu bringen. Ich mag, zum Unwillen unseres wunderbaren Sommeliers Andreas Lutz, kleine Gläser, spülmaschinengeeignet.

2021

1. JANUAR 2021

WELCOME, NEUES JAHR!

Momentan hört man oft: „Nichts wird wieder so sein wie vorher!“ Ein saublöder Spruch, wo doch schon der vorsokratische Philosoph Heraklit sagte: „Man kann nicht zweimal in denselben Fluss steigen.“ Weil immer ein anderes Wasser vorbeifließt.

Wenn wir im Lockdown denken, ach wie fad, jeden Tag dieselbe Langeweile, so ist dies ein Trugschluss – wir haben nur nicht genau hingeschaut.

2. JANUAR 2021

ICH KANN NICHT ALLES VERSTEHEN

Seit Gaststätten und Kultur geschlossen sind, gehen die Infektionen nach oben.

Mein Freund, der Bassist Dieter Ilg, meint: „Amts(schimmel)stuben schließen, Gaststätten und Konzertsäle öffnen!“ Zugegeben, die Regierung musste sich vorsichtig nach vorne tasten, denn man hatte mit dem Virus ja keinerlei Erfahrung. Mittlerweile ist aber gewiss, dass man den Einzelhandel und die Gaststätten öffnen könnte. Wenn der Lebensmittelladen geöffnet ist, warum nicht das Schuhgeschäft?

Da das von weltfremden Behörden nicht genehmigt wird, trösten sich die Leute im Familienverbund. Oma, Opa, Onkel, Tanten, Cousins, Cousinen, Neffen, Nichten, Papa, Mama, Töchter und Söhne stecken einander an. Ich kann gut verstehen, dass die Leute demonstrieren. Was ich nicht verstehe: Warum Leute mit demokratischer Gesinnung bei einer Demonstration neben Nazis mit Reichkriegsflaggen herlaufen.

24. JANUAR 2021

EINE SCHWESTER IM GEISTE

Ein Fan von Netflix bin ich nicht, zuviel Fantasy, Grusel und Tote. Jetzt will ich aber eine kleine Serie für nervenstarke Leute anpreisen. Es geht um New York. Fran Leibovitz formuliert wie ein Rasiermesser und das mit

Höchstgeschwindigkeit. Beim ersten Mal Gucken hatte ich zuviel Rotwein intus. Also Vorsicht, man muss hellwach sein. Die Dame könnte mir eine Schwester im Geiste sein. Sie ist so alt wie ich. Gegen sie bin ich allerdings ein ziemlicher Schnarcher. Kleine Blütenlese:

1. Wenn man etwas essen kann, ist es keine Kunst, sondern ein Snack.
2. Musiker und Köche sind für das Glück der Menschen entscheidend.
3. Wir leben in einer Welt, in der man den Preis beklatscht, aber nicht den „Picasso".
4. Was ist Wellness? Zusätzliche Gesundheit? Wellness ist für mich Gier. Es reicht nicht aus, nicht krank zu sein, ich muss auch noch gesund sein?
5. In New York bräuchte es nur eine Subway-Fahrt, um den Dalai Lama in einen wütenden Menschen zu verwandeln!
6. Wir leben in einer Welt, in der sich Menschen nicht schuldig fühlen, wenn sie Menschen töten oder Babys an der Grenze in Käfige stecken. Aber ich soll mich schuldig fühlen, weil ich zwei Schüsseln Spaghetti esse?

31. JANUAR 2021

DAS KULINARISCHE QUARTETT

Im Club der kochenden Männer. Einer öffnet die Ofentür. Der Zweite guckt rein, alles dunkel. Der Dritte findet das angekokelte Huhn hinten im Ofen. Er trägt es ins Esszimmer. Der Vierte öffnet das Fenster und wirft das Huhn in den Garten. In der Nacht freut sich als letzte Instanz der Fuchs.

12. FEBRUAR 2021

GUTE ELSE

Am Gemüse-Marktstand der Johanniskirche in Schwäbisch Gmünd, lange ist's her, genoss die Gemüsefrau Else Schaffner eines Tages die Erfindung des Taschenrechners in der Gewissheit, dass Technik und Maschinen unfehlbar seien. 3 Salatgurken = 3 x 40 Pfennig. Das Display zeigt eine Zahl. „Zwölf Mark", kräht Else dem Kunden entgegen. Der meinte, bei diesem Preis solle sie sich die Gurken hinten reinschieben. Sie entgegnete: „Das geht nicht, das sind schon zwei Rettiche für zehn Mark drin."

14. FEBRUAR 2021

DAS IST AUCH EINE LÖSUNG

Alle Pfannen und Töpfe wegschmeißen, dann kann bestimmt nichts mehr anbrennen. So machen es viele Politiker.

16. FEBRUAR 2021

EIN BUCH ÖFFNET MIR DIE KUNST

Die Galerien und Museen sind seit Langem geschlossen und die Sehnsucht nach einem Besuch wächst. Ich kann mit diesen Zeilen etwas Linderung anbieten. Oft ist die Freude an der Kunst etwas Intuitives, das sogar (oder möglichst) mit kindlichem Gemüt gut erfasst werden kann. Grau ist alle Theorie, aber einem wahren Meister über die Schulter zu schauen ist ein Vergnügen und geistiger Gewinn. Da gehen Welten auf, welche in uns schlummernde Regungen zur Kunst (hoffentlich) zum Leben erwecken – oder steigern.

Ein wahrer Leuchtturm künstlerischen Wissens ist Henri Matisse (1869-1954). Er hat seine Malerei kaum in die Abstraktion locken lassen. Er malte bis ins hohe Alter mit juvenilem Feuer, stellte die irrwitzigsten Farben nebeneinander und trotzdem wurde es nie bunt. Da ist Genie dabei, der Künstler hat sich aber auch mindestens 20 Jahre der Ausbildung gewidmet. Im Louvre kopierte er alte Meister, orientierte sich an den großen Bildhauern August Rodin und Aristide Maillol und eignete sich ein vorzügliches technisches Fundament an. So hat er Großes geschaffen, sein maltechnisches Wissen aber in seinem Kopf gelassen und nicht auf die Leinwand gebracht. Man kennt das von anderen Größen: „Du musst alles wissen, um es dann zu vergessen."

Um 1941 führte der Schweizer Kunsthistoriker Pierre Courthion neun Gespräche mit Henri Matisse. Es sollte ein Buch daraus werden, doch der Verleger zierte sich kleinmütig. Freunde von Matisse stellten dem Projekt ständig ein Bein. Irgendwann war die Luft raus und der Staub des Vergessens legte sich darüber.

Vor einigen Jahren wurde das Manuskript im Getty Research Institute ausgegraben und ins Englische übersetzt. 2016 machte sich der Kunst- und Musikmensch Thomas Bodmer ans Lektorat, übersetzte alles vortrefflich aus dem französischen Manuskript. Schon beim Durch-

en face
Matisse

blättern spürt man das Herzblut, das zwischen diese Buchdeckel floss.

Die Kunstwelt ist mir reichlich suspekt, Vernissagen sind mir lähmendes Grauen (die Leute immer mit dem Rücken zum Kunstwerk, das Glas mit warmem Prosecco gefüllt und mit angewinkeltem Zeigefinger die eigene Wichtigkeit dirigierend). Wer aber von Meister Matisse an die Hand genommen wird, der folgt tiefen Erfahrungen. Henri Matisse erzählt in einfachen Worten, wie es diejenigen tun, die wirklich etwas wissen.

Und: Wer zur Kunst bisher nur oberflächlich Zugang empfand, für den beginnt mit diesem Buch ein neues Leben. Oha, sagt nun der kritische Leser, was für ein Pathos, trief, trief … Keineswegs, in dem Buch hat alles Hand und Fuß. Im Titel ist der Begriff „Plaudereien" zu finden. Gemeint ist die zielgenaue, einfache Sprache, nirgends wird die verbale Luftpumpe des Kunstbetriebs etwas blähen.

Eines habe ich von Matisse gelernt: Ich werde bis an mein Ende arbeiten, einfach aus dem Grund, weil ich erst auf halber Strecke angelangt bin und noch lange nichts vollendet habe. Der Künstler sagt: „Deshalb arbeitet man sein Leben lang und will bis zum letzten Moment arbeiten, wenn man nicht aufgegeben hat, wenn man die Neugierde nicht verloren hat, wenn man es sich nicht in der Routine bequem gemacht hat."

Man kann auch einen Spleen pflegen: Modelleisenbahn, Legohäuser, Base-Jumping, Beatboxen, Bauchtanz, Bierbrauen, teuflisches Kochen undsoweiterundsofort. Nichtstun bringt rasant den Tod.

(Henri Matisse: Kunst sollte sein wie ein bequemer Sessel. Plaudereien mit Pierre Courthion, Kampa Verlag, Zürich.)

27. FEBRUAR 2021

FRÜHLING

Meinem Gemüt tut er gut. Gestern Bäume geschnitten und ums Haus herum aufgeräumt. Frühling: Die Sonne steht schräg, aber hell, damit erhellt sich auch mein Dasein. Ich bin so erzogen, dass möglichst niemals gejammert wird. Daran halte ich mich, auch wegen meiner Mitarbeiter. Wer will schon einen jammernden Chef?

3. MÄRZ 2021

DIE PARABEL VOM APFELBÄUMLE

Ein Obstbäuerle steht vor seinem Apfelbaum und bewundert die fast reifen Äpfel, da entdeckt er ein Exemplar mit einem Loch. „Da ist der freche Wurm drin!" denkt sich das Bäuerle. Der Apfel muss weg, sonst werden die Nachkommen des Wurms sich in den anderen Äpfeln breitmachen. Er grübelt: „Soll ich nur den Apfel pflücken oder den ganzen Ast absägen?" Für solche Fragen bietet das Landwirtschaftsamt die absolute Kompetenz. Das Bäuerle ruft dort an, die Antwort des Amtes überzeugt ihn nicht, doch er ist folgsamer Bürger. Das Amt plädierte für Numero Sicher. „Kein Risiko eingehen, Herr Landwirt! Sägen Sie den Baum ab und graben Sie die Wurzel aus."

So macht es dann das Bäuerle und sucht nach getanem Werk die Dorfwirtschaft auf. Die ist zu, geschlossen wegen Corona, zum Wohle der Allgemeinheit, sicher ist sicher.

7. MÄRZ 2021

CUCINA POVERA

Die Italiener sind trotz oft widriger Umstände große Spezialisten des Genusses. Sie sind, gerade im Süden, häufig an allem arm, nur nicht an Sinnlichkeit. Sie schwelgen in kulinarischem Fachwissen. Es gibt in Deutschland viele Menschen, die sich aus Stumpfsinn mit schlechtem Essen abfinden und ohne Not den Löffel an die verbrecherische Nahrungsmittelindustrie abgegeben haben. Dabei haben Gerichte aus preiswerten Zutaten nicht nur in Italien Raffinement. Mit Sorgfalt und Wissen bereitet sind sie ein Triumph der Kreativität.

Pasta e Fagioli sind nichts anderes als ein Mampf aus weißen Bohnen und Nudeln. Herrliches Italien. Dort wird diese Spezialität so lange auf eine höhere Ebene gesungen, bis man fest daran glaubt, eine wahre Delikatesse auf dem Teller zu haben.

Gerichte mit sozialem Prestige schmecken besser, haben sie dies nicht, so beschafft man es ihnen. Die berühmte römische Küche kennt Gerichte, die den Normaldeutschen in den Hungertod treiben würden. Allenfalls könnte er sich mit Rigatoni al pepe trösten, also mit kurzen Makkaroni und grobem schwarzen Pfeffer und etwas Olivenöl. Basta. Pro Person ist man mit etwa fünfzig Cent dabei. Der kleinste gemeinsame Nenner tierischen Eiweißes nennt sich Pajata und ist ein römisches Nationalheiligtum: in Streifen geschnittene Därme (vorzugsweise vom Milchkalb), also Wursthaut, die unter Rigatoni gemengt werden. Dann wären da noch die Tripa Romana, Kutteln, die bei uns allenfalls als Hundefutter durchgehen. Die römische Volksküche schmeckt fantastisch, obwohl es sich in deutschen Augen um Abfall handelt.

Letztlich kennt die gute Küche keinen Abfall. Selbst Blumenkohlstrünke können zu Brühe verarbeitet werden. Kartoffelschalen waren zu meiner Lehrzeit das Futter für die Schweine. Fleischabschnitte werden für Saucen angeröstet, ausgekochte Fischgräten können auf den Kompost.

9. MÄRZ 2021

FALSCHER HASE ODER: BRÄTOHSCHAFFA

Mein absoluter Fastenzeit-Lieblingswitz, dessen Philosophie sehr meiner Lebenshaltung entspricht. Ein Rabbi betritt eine Metzgerei und zeigt auf den Schweineschinken: „Von diesem Fisch möchte ich gerne 300 Gramm." – „Mein Herr", sagt der Metzger, „das ist kein Fisch, sondern ein Schweineschinken." Der Rabbi erwidert: „Welchen Namen Sie diesem Fisch geben, ist Ihre Sache. Ich möchte gerne 300 Gramm von diesem Fisch!"

Wildhasen haben ab der Januarhälfte Schonzeit, deshalb der Falsche Hase. Ich hätte gerne ein Kaninchenrezept geboten. Kaninchen habe ich aber seit Jahren nicht mehr gekocht. Die Tiere werden genauso brutal gezüchtet wie Hähnchen. Es gibt zwar wenige Bauern, die Kaninchen artgerecht aufziehen. Sie lassen sie aber zu groß werden. So kam es zum deutschen Rammler, zäh und staubtrocken.

Deshalb lieber „Falscher Hase", vulgo Hackbraten. Dieses Traditionsgericht wollen wir aus dem Kantinen-Milieu herausholen und ein Kunstwerk daraus machen. Für Hackbraten gibt es auch den Namen „Judenbraten". Erst hielt ich den Begriff für antisemitisch, doch weit gefehlt! In der Zeit der habsburgischen Aufklärung fanden neben zahlreichen Rezepten der Kronländer auch viele jüdische Gerichte ihre Heimat in den Wiener Kochbüchern. Die sollten den Vielvölkerstaat zwischenmenschlich festigen und einen Beleg für die kulturelle Vielfalt des

Habsburgischen Reiches bieten. Leider war die Zeit bis zum Ersten Weltkrieg viel zu kurz. Der Historiker Hannes Etzlstorfer spricht vom„Judenbraterl", der auch Heuchelbraten genannt werde. Mit dem Koscheren nahmen es die orthodoxen Juden genau.

Der in Wien beliebte Hackbraten ist nicht koscher, daher rührt der Ausdruck „Falscher Hase".

Und so mache ich ihn ...

Zutaten:

200 g Schweinehack (nicht vom Quälschwein, sondern beim seriösen Metzger gekauft; mit Kalbfleisch wird's feiner)
1 Zwiebel
2 Eier
1 Knoblauchzehe (kann man weglassen)
2 Brötchen
1/8 l Sahne (ein bisschen mehr?)
1 Messerspitze Muskat
1/2 TL Thymian
Pfeffer, Salz, eventuell etwas Cayennepfeffer

Zwiebel fein schneiden, in etwas Öl bräunen, abkühlen lassen. Brötchen in sehr dünne Scheiben schneiden. In eine Schüssel geben, mit der Sahne übergießen. Wenn wir ein bisschen darin herumfuhrwerken, sollte es einen fast flüssigen Matsch ergeben. Wenn nicht, noch etwas Sahne dazu. Das Fleisch und alle anderen Zutaten hinzufügen und solange kneten, bis aus dem lockeren Teig ein recht zähes Brät entstanden ist, das etwas gummiartig wirkt. Die Kneterei strengt an.

^Der Metzger im Schwäbischen spricht vom „Brätohschaffa". Harte Arbeit, aber unter fünf Minuten wird das nix. Danach können wir die Masse in eine gefettete Kastenbrotform geben und diese im Ofen bei 170 Grad eine Stunde backen. Rausnehmen. Ein kleines Schneidbrett oder einen Teigschaber gegen das Fleisch drücken und davor, mit scharfem Messer, die Scheiben abschneiden. Salat, Kartoffelpüree, Zwiebelsoße, Ketchup – je nach Sozialisation passt vieles dazu.

PS: Immer wieder las ich von einem gekochten Ei in der Mitte, das ist nicht mein Ding.

16. MÄRZ 2021

SÜNDENBÖCKING?

Ich grüble: Gibt es für Sündenbock keine gendergerechte Lösung?

4. APRIL 2021

UNBEGREIFLICHE SCHWABEN

Die Berliner Tageszeitung *taz* hat ein Interview mit mir gemacht, ein kleiner Auszug:

taz: Herr Klink, Ihr Restaurant Wielandshöhe heißt nach dem aufklärerischen und oberschwäbischen Dichter Christoph Martin Wieland. Was kann Essen klären?

Klink: Politik und Essen gehören zusammen. Das fängt beim Tierschutz an und hört beim Humanismus auf. Das gemeinschaftliche Essen, denkt man ans christliche Abendmahl, ist wichtig. Ich selbst bin allerdings überhaupt nicht religiös – und die Apostel, die waren ja anscheinend auch mit trocken Brot zufrieden. (schmunzelt)

Was macht die Schwaben aus?

Dass sie nix gegen die Badener haben, umgedreht die Badener aber schon was gegen uns (lacht) – halt, stopp, nicht wirklich, weil bei den Badenern ordnet sich letztlich alles dem Genuss unter, da ist die leichte Abneigung gegen uns schnell wieder vergessen! Der Schwabe dagegen ist sparsam, aber nicht geizig, Qualität und Nachhaltigkeit sind ihm wichtig. Er liebt sein gutes Essen. Wenn die Welt sich bei Nahrungsmitteln, wie es oft passiert, freiwillig verarschen lässt, dann sind nur wenige Schwaben dafür anfällig, behaupte ich.

Hat der Schwabe denn so gar keine Mängel?

Schlimm ist manchmal, dass die Reichen hier so tun, als wären sie die Allerärmsten. Das ist dann schon ein bisschen peinlich. Ich kenne eine mit vielen Millionen auf dem Konto, aber die halbe Flasche Wasser, die sie bei uns im Lokal nicht ausgetrunken hat, die nimmt sie mit. Auf der anderen Seite: Ist das nicht auch vernünftig? Ich verstehe die Dame irgendwie doch, aber ich komme ja auch von hier. Für Außenstehende sind die Schwaben vielleicht eher unbegreiflich. Wer Geld hat, der oder die zeigt es eben bei uns nicht. Da sitzt einer neben einem Marxisten und ist womöglich noch schlechter gekleidet als der Marxist. Als Wirt muss ich schon wissen, wer wer ist, auch wenn man's nicht sieht.

Ganz diskret bleiben, bloß keinen Neid erzeugen, das ist Schwaben. Diese Haltung schafft hierzulande meist ein recht angenehmes gesellschaftliches Klima.

Die Grünen, sind die Ihre politische Heimat?

Ich bin seit Urzeiten ein Grüner, aber manchmal ist mir das echt zu betulich und betroffen dort, dann kekst mich das an. Andererseits, was macht die CDU? Wie Frau Klöckner, die Agrarlobby und die Nahrungsmittelindustrie hofiert, das ist mein persönlich empfundener Super-GAU. Da tut sich nix – im konventionellen Agrarsektor etwa geht's nur um zig Milliarden Subventionen. Was ich bei vielen Grünen nicht leiden kann, ist ihre Heuchelei: Wer ökologisch und trotzdem richtig gut leben will, der hat Geld. Bitte dankbar dafür sein und nicht verstecken! Auch wenn ich persönlich den Biodiesel Porsche Cayenne nicht in Ordnung finde – aufrichtiger find ich's, mit dem nicht nur nachts inkognito durch Stuttgart zu fahren. Ist hier schon passiert. Heilig's Blechle!

5. APRIL 2021

HEAVY SILVER

In Gmünd brachte ich zu reparierendes Tafelsilber immer zum „Pfannenhans". Hans Wanner am Zeiselberg stellte mit seiner Frau auch neue Leuchter und sonstiges Sterlingsilber her. Der hochversierte Handwerker, eigentlich Künstler, erledigte kniffeligste Reparaturen. Eines Tages erzählte mir seine Frau von den guten Geschäften mit den in Gmünd stationierten amerikanischen Soldaten. Man bedenke, ein Dollar entsprach vier Deutsche Mark. „Es isch a guate Kundschaft, alle wöllets se die Leuchter in ‚heavy silver'. Dann hemmer (haben wir) oifach die Dinger mi Kunstharz g'füllt, ond dann war ällas ‚heavy' ond die Amis häppy."

19. APRIL 2021

ES LEBE DIE FREIHEIT

Es war einmal ein Landei, im Kloster gottgefällig erzogen, das hielt Fellatio für einen italienischen Fußballer. Dann begann der Bub zu lesen, um sich wenig später in eine Kochlehre zu stürzen. Darüber sind 54 Jahre des Kochens vergangen und der Mann ist immer noch nicht ausgeleiert. Das hat seine Gründe. Kein Leben ohne Zwänge, aber sie blieben immer indirekt und Kochen ist ein, lässt man finanzielle Stolperstellen beiseite, sehr freiheitlicher Beruf. Eine Berufung, mit der man, von Talent und Fleiß getrieben, machen kann, was man will, das nenne ich ein gutes Leben. Selbst in der Warteschleife des Lockdowns, der auf alle Fälle irgendwann vorbei sein wird.

20. APRIL 2021

DER SAUSTALL

Um meine Contenance, von wegen altersmilde, ist es nicht gut bestellt. Die Kanzlerin, mittlerweile mit dem Temperament einer Schildkröte, erinnert an die drei Affen. Augen, Ohren und Mund zu = CDU. Sie ist eine integre Frau und ich war ihr immer zugetan. Das ganze Corona-Durcheinander und Impfgestopple kreide ich niemandem an, wer hätte es besser machen sollen? Ganz schlimm aber, was die Kanzlerin in ihrem Partei-Umfeld zuließ und bis heute deckt. Die Kanzlerin ist nicht der Fels in der Brandung, sondern die Wärmedecke charakterschwacher Kollegen und -innen.

Die Regierung gab für ihr Coronamanagement Abermillionen für Consulting aus, obwohl wir Behörden haben, deren Auftrag es ist, diesen Job zu machen. Gesundheitsminister Spahn, ein klasse Mann im falschen Beruf, vergab an die PR-Agentur Scholz & Friends einen 25-Millionen-Auftrag, um Ministerauftritte zu organisieren. Der gelernte Lobbyist Spahn beauftragte auch das Consultingunternehmen Ernst & Young mit dem Kauf von Masken, nachdem Ernst & Young jahrelang die Millionenbetrügereien von Wirecard durchgewinkt hatte. Seit Jahren werden Krankenhausbetten abgebaut, unser Gesundheitssystem wird langsam demontiert und immer mehr privatkapitalistisch organisiert. Wer kein Geld hat, stirbt früher!

Parteispenden gehören komplett verboten, denn die Spender möchten für Zuwendungen an die Politik selbstverständlich etwas zurück. Geschenke sind selbst unter Liebenden oft nicht ohne Hintergedanken. Die Immobilienwirtschaft servierte der CDU 2020 mehr als 1,25 Millionen Euro. So kann es mit dem bezahlbaren Wohnen nichts werden. Dann wäre da noch die Agrarindustrie. Die Süddeutsche Zeitung berichtete über den Bundesausschuss für Ernährung und Landwirtschaft. Von 17 Vertretern aus

CDU/CSU, optimal christlich also, haben 13 mehr als gute Kontakte zur Agrarindustrie. Agrarsubventionen 2020 in Deutschland (größtenteils EU-Gelder) = 4,85 Milliarden Euro. Das meiste Geld geht an Großbetriebe.

PS: Barbara Tuchman, amerikanische Pulitzer-Preisträgerin, sagte mal sinngemäß, wer es soweit bringe, Präsidentschaftskandidat zu werden, habe auf dem Weg dorthin alle charakterlichen Eigenschaften verloren, die eigentlich für das Amt benötigt würden.

26. APRIL 2021

MEIN VATER UND SEINE KÜHLTRUHEN

Meine Eltern litten unter der zwangsneurotischen Vorstellung, den Krieg zwar überlebt zu haben, aber dann doch noch verhungern zu können. Ich selbst wurde als Kind regelrecht zwangsernährt: „Iss, damit was wirsch!“ hieß die Parole, dazu wurden noch Nährbier und Lebertran gereicht. Die Wünsche der Eltern habe ich über die Jahre mehr als erfüllt und dabei gelernt, dass Essen die schönste Sache der Welt sein kann.

Meine Mutter sah das anders: Dauerkochen, von morgens bis abends in Gläser eindünsten, Säfte herstellen, Schweine schlachten, Wurstdosen füllen, Schmalz auskochen, zu all dem noch sechs Kinder aufziehen – das ging an die Substanz. Als die jüngste Tochter das achtzehnte Jahr erreicht hatte, hatte Mutter genug. Sie ertrotzte sich einen verdienten Müttergenesungsurlaub in Spanien – und kam nie mehr zurück. Die exzessive Kocherei hatte ihr den letzten Nerv geraubt; am Familienleben konnte sie nichts mehr schön finden.

Sie hatte ihre Pflicht erfüllt, bis alle Kindlein flügge waren, und den Göttergatten allein in der Küche zurückgelassen. Dieser entwickelte sich vom Gourmet zum Frustkoch und Dauermampfer. Was sollte er sonst im Ruhestand tun, wenn kein Weib mehr da, die Bettstatt freudlos, die Bude leer war und die Kinder nahezu erwachsen waren? Appetit und Durst, die beiden Regungen empfand er als das Zuverlässigste in seiner Restwelt. Er brutzelte, sott und schmorte, schwang die Pfannen und schleppte riesige Töpfe, pflegte weiterhin „Grande Cuisine“ in großen Gebinden, als wäre der Clan noch vollzählig. Der Mann kaufte sich seinen ersten Tiefkühler und so konnte guten Gewissens weitergeköchelt werden. Was nicht in den riesigen Bauch des Ex-Patriarchen reinging, wurde eingefroren, später aufgetaut und als Novität gepriesen.

Oft lud er meine Frau und mich ein, es gab bei Tisch allerhand Kurzweil. Der Alte erzählte spannend und eloquent und unterlegte die sonntäglichen Mittagessen mit seiner ungebrochen fröhlichen Lebensart. Alle Anwesenden, häufig auch mein sehr magerer Bruder Werner (huhnartiger Körperbau, württembergischer Meister im Zehntausendmeterlauf), schaufelten das Essen rein, dass die Schwarte krachte. So ging mancher Sonntagmittag ins Land und was übrigblieb, brachte bald den Tiefkühler zum Platzen. Die Verfallsdaten seines Inhalts hätten gut für die Doktorarbeit eines Historikers herhalten können.

Die Zeichen standen auf Expansion. Ein weiterer Tiefkühler musste her, denn der Nachschub quoll ohne Unterlass. Halbe Schweine wurden gebunkert, der Alte erschoss auf seiner Jagd im Stadtwald Taubental immer wieder mal ums Haar ein Liebespaar, verfehlte aber kaum ein Reh oder eine Wildsau. Solche Edelteile gelangten freilich selten auf den Tisch, sondern wurden für besondere Anlässe aufgespart; diese wiederum waren rar gesät.

Damals betrieben meine Frau und ich bereits das Restaurant Postillion in Schwäbisch Gmünd, meiner Heimat. Vater tönte, er könne nicht zu uns in die Wirtschaft kommen. „Ich habe einfach zuviel Ware!“, jammerte der Alte, der zusehends vereinsamte. Mit der Vielfalt der Rezepte verhielt es sich ähnlich, sein Kochen lief auf eine Art kulinarischen Monotheismus hinaus. Ein-, zweimal hatte meine Frau Elisabeth ein Auge zugedrückt und Anerkennung geheuchelt, wenn der berühmte „Krautsbraten“ im Ofen schmurgelte. Irgendwann gab es nur noch Krautsbraten, denn dieses Küchenwunder erfüllte alle Recyclingvisionen des Vaters.

Das Rezept ist schnell erzählt: Irgendwelches Gefrierbrandfleisch wird durch den Wolf gedreht, ähnlich einer Frikadellenmasse vermengt und kräftig gewürzt, was bei Papa totale Überwürzung bedeutete. Oft musste der antikranzige Geschmack des Gammelfleisches olfaktorisch übertönt werden. Mit Inbrunst werkelte Vater an seiner kulinarischen Resterampe. Der Krautsbraten war für ihn der Inbegriff gottgefälliger Verwertung: „Krautsbraten ist die Wiederauferstehung des Fleisches!“ In eine gebutterte Form wurden aufgetaute Sauerkrautreste und die Hackmasse eingeschichtet und in den Ofen geschoben. Aufs gute Durchgaren achtete er streng. „Eine Stunde bei zweihundert Grad ist das Mindeste!“ Als junger Koch hing ich an seinen Lippen, denn er war gelernter Bakteriologe und Tierarzt und als Veterinärdirektor die oberste Hygiene-Instanz der freien Reichsstadt. Er dehnte seine Erkenntnisse feurig auf die Kochkunst aus, deklamierte ständig und war einer der Ersten in meinem Berufsleben, die sich wissenschaftlich mit biochemischen Vorgängen des Kochens beschäftigten.

Der Mann kannte sich aus, was das Überleben aller Beteiligten garantierte. Im Rahmen seiner Doktorarbeit aß er vor einem großen Auditorium intensiv kauend und einspeichelnd die herausoperierte Riesen-Eiterbeule des Gemeindeebers von Straßdorf, um nachzuweisen, wie gewaltig die Zerstörungskraft von Magensäften sei.

Doch zurück zum „Krautsbraten“: Nach einer Stunde trug Papa sein Spitzenerzeugnis zu Tisch. Müffelte das Konstrukt noch etwas ältlich, streute der Küchenheld soviel groben Pfeffer drauf, dass bei den Essenden der Nasentod eintrat und ihnen fast die Zunge abfiel.

Irgendwann hatte meine Frau Elisabeth die Schnauze voll. Sie hatte schließlich in eine großbürgerliche Gourmetfamilie eingeheiratet und nicht in ein Abfall-Entsorgungsunternehmen. Dass ihr der schöne Hals platzte, kam so. „Kommet doch am Sonntagmittag, es ist erster Advent, und ich koche euch Fasanen.“ Die Einladung wurde vom Vater nahezu im Diskant und wie ein Rezitativ vorgetragen. Wenn er eine Hinterhältigkeit als Humanität zu verkaufen trachtete, verfiel er in eine Art klerikalen Lockton.

Das Mittagessen begann jedoch formidabel mit einer Super-Flädlessuppe, und die Fasanen brutzelten schon im Ofen. Papa bat mich, ihm die Küche etwas aufzuräumen. Ich wischte den Tisch und beförderte welke Salatblättchen in den Abfallkübel. Darin lagen zwei Plastiktüten, die meine Neugier weckten. Auf ihren Papierschildchen stand in Blockschrift: „Fasan, Ortenau, 1974." Mittlerweile befanden wir uns im Jahr des Herrn 1998. Am Tisch würgte ich mit winzigen Bissen an etwas Holzartigem herum und Elisabeth mit ihrer feinen Nase sagte klipp und klar: „Pfui Teufel! Die Fasanen hat noch der Hauptmann von Kafarnaum geschossen!" Nie wieder setzte sie sich den Kochkünsten meines alten Herrn aus. Dass von dem Essen ziemlich viel übrigblieb, war für den Küchenvorsteher kein Problem: „Der Elektro-Feigl hat so viele Kühltruhen, dass er sie sogar billiger verkaufen muss!"

Als wir den Ort der Fasanenschändung verließen, wurde uns erstmals richtig bewusst, was den typischen Geruch der alten Villa ausmachte: Es roch wie in der Grabkammer einer Pharaonenpyramide. Das war wohl die hochbakterielle Abluft der Kühlaggregate, die mittlerweile zu einer Armada von vier Riesentruhen angewachsen waren. Irgendwann wurde es den Tiefkühlern zuviel. Als hätten sie nach dem Motto „Kühlis aller Länder, vereinigt euch!" die Revolution ausgerufen, traten die Geräte in den Streik. Still und tapfer knipsten sie sich aus. Kurzschluss, Stromausfall. Papa befand sich auf einer Südtirolreise. In diesem Land sprach man vornehmlich Deutsch und servierte, für den Alten unwiderstehlich, noch K&K-Portionen und Klodeckelschnitzel „alla teutonica". Als Papa nach vierzehn Tagen seine Kühlerleichen besichtigte, hatten die ausgetretenen Körpersäfte seiner Blechkameraden den Fußboden in ein Bakterienschlachtfeld verwandelt. Der flüssige Mageninhalt der Kühlboliden auf dem Kellerboden erinnerte an einen Teppich von Hühnerkot. Die Natur hatte zurückgeschlagen.

Vater erreichte ein hohes Alter, startete noch einmal voll durch und lebte eine typisch schwäbische Schizophrenie: Er engagierte eine Zugehfrau, welche die Kühltruhen bewachte, und kam zur Erkenntnis, dass die Nachkommen womöglich am Erbe größenwahnsinnig werden könnten. Er kaufte sich einen Mercedes 500, legte sich eine Freundin zu, machte Urlaub im Reids-Hotel auf Madeira und für standesgemäße Unterbringung seiner Leica musste Elisabeth ihm eine Prada-Tasche kaufen. Diese war ihm irgendwann zu weibisch und er vermachte das schöne Stück meiner Frau. Die war sehr angetan, aber als sie ihre Nase ins Innere der Tasche steckte, was roch sie? „Krautsbraten". Eine lange Periode der Entkeimung begann. Kölnisch Wasser, Chanel Nr. 5, Aceton, Odol-Mundwasser ... Nichts half.

Der gourmetmäßige Johannistrieb des Seniors blühte noch einige Jahre. Aber dann: Die Freundin plumpste nach einem üppigen Mittagsmal zu einem letzten Verdauungsnickerchen in den Ohrensessel und wachte nicht mehr auf. Als wenig später Manitou den Großkoch zu sich in die Kombüse holte, fanden wir Kinder nach der Beerdigung in seinem Hause vier wieder gefüllte Kühltruhen vor.

30. APRIL 2021

VÖGEL

Wie war so schön doch Wald und Feld!
Wie ist so traurig jetzt die Welt!
Hin ist die schöne Sommerzeit,
und nach der Freude kam das Leid.
Wir wussten nichts von Ungemach,
wir saßen unterm Laubesdach
vergnügt und froh beim Sonnenschein
und sangen in die Welt hinein.
Wir armen Vöglein trauern sehr;
Wir haben keine Heimat mehr.
Wir müssen jetzt von hinnen fliehn
Und in die weite Fremde ziehn.

Ein Gedicht von August Heinrich Hoffmann von Fallersleben, Germanist, Wissenschaftler, Dichter (2. April 1798 in Fallersleben, Kurfürstentum Braunschweig-Lüneburg, bis 19. Januar 1874 in Corvey). Er wehrte sich Zeit seines Lebens gegen Pressezensur, Fürstenwillkür, Allmacht von Polizei und Militär. Von ihm stammt auch der Text des Deutschlandliedes.

1. Mai 2021

MATSCHEN UND SKALPIEREN

Ein verlorener Tag? Eigentlich schon. In der Frühe arbeitete ich noch an einem Holzschnitt und übte auf meiner Mandoline. Dann setzte ich meinen Mittagessenswunsch in die Tat um und fuhr hinunter in die Liststraße. Die Metzgerei

Wallasch kauft ihre Schweine bei den Schwäbisch Hällischen. Drunter mach ich's niemals. Die Metzgerin drehte vor meinen Augen ein Pfund Hackfleisch durch den Wolf. Beim Bäcker Frank ergatterte ich den letzten Ziegel weißes Kastenbrot.

Wieder zuhause wird ein Viertel davon in feine Scheiben geschnitten und gewürfelt. 20 Prozent der Fleischküchle (auch Frikadelle oder Bulette) sind Brot. Rein in die Schüssel und mit soviel Milch beträufelt, dass es gut durchmatscht. Eine Zwiebel fein geschnitten und in Butter leicht angeröstet, abkühlen lassen. Ein Bund Petersilie wird aus dem Balkonkübel skalpiert und fein geschnitten, mit den Zwiebeln und dem Hackfleisch in die Brotschüssel gegeben. Zwei Eier, Salz, Pfeffer und etwas Muskat hinzu und mantschen, als wäre Kindergeburtstag. Probieren. Salz fehlt? Merke: Warm ist alles salziger als kalt.

Pfanne auf den Herd. Hände nassmachen (gut gewaschen, gell?). Mit dem Suppenlöffel einen Bollen ausstechen und auf dem Handteller zu einer Kugel formen. Ein Bollen nach dem anderen wird in die Pfanne gesetzt und auf der zerflossenen Butter geparkt. Die schwach erwärmte Pfanne wird nun auf mittlere Hitze justiert. Die Bollen mit dem Löffel einigermaßen flach dätschen. Deckel drauf und immer wieder mit dem Schäufele die Flachmänner anheben, ob sie schön braun sind. Wenn ja, umdrehen und nochmal 5 Minuten sanft braten. Herd ausschalten. Der Deckel bleibt drauf, und so lassen wir diese absolute Leibspeise, die jedes Filetsteak in den Schatten stellt, noch 10 Minuten durchziehen.

6. MAI 2021

SPARGEL FÜR WENIGER GELD

Für Artgenossen mit dem Einkommen von Köchen empfiehlt sich beim Spargelkauf Zurückhaltung. Ich ergatterte etwas mehr als ein Pfund vom sogenannten „Bruchspargel". Man soll ja das Edelgemüse nicht in Stücke schneiden, da der Spargel ein Phallussymbol signalisiert und solch Anbetungswürdiges nicht zerhackt sein will. Bruchspargel ist von solchen Mythen frei, da sowieso schon zerbrochen, eine preiswerte Variante des Luxusgemüses. Schälen muss man ihn trotzdem.

Wir geben reichlich Butter in die Pfanne und verstümmeln die Spargelstücke in zwei oder drei Zentimeter große Teile, um sie bei Vollgas in die aufschäumende Butter zu befördern. Etwas Salz drüber, Deckel drauf und sofort auf kleine Flamme stellen. Den Vorgang nennt man dünsten, also bei geschlossenem Deckel den Spargel weichgaren. Anfangs wird er noch vom eigenen Saft vor dem Anbrennen bewahrt, später gibt man ein bis zwei Esslöffel Gemüsebrühe oder Wasser dazu. Etwas geriebene Muskatnuss und einen Hauch Pfeffer darüberstreuen. Wer noch ein bisschen Petersilie hat, kann das Gericht etwas „aufgrünen". Ist der Spargel weich, nach etwa 15 Minuten, kommt der Deckel weg. Mehl und Sahne müssen bereitstehen. Ist jegliche Flüssigkeit verdampft, stäuben wir einen halben Esslöffel Mehl über alles. Sofort durchschwenken und mit Elan umrühren und unverzüglich mit Sahne das Anbrennen verhindern. Wiederum hektisch rühren. Nun haben wir „Spargel à la Creme" vor uns, wenn zu dick, noch Milch oder Sahne dran. Wenn alles zu dünn, das Wunderwerk einkochen, bis eine sämige Béchamel den Spargel umschmeichelt. Übrigens, Béchamel auf Schwäbisch geht so: Bä-schamehl, weil ja Mehl im Spiel ist. Abschmecken mit Salz und wenn der Spargel nach Kunstdünger schmeckt: ein Hauch Zitronenschale dazu. Als Beilage gibt es Kratzete, zerfetzte Pfannkuchen. (Beim nächsten Mal werde ich das Eiweiß etwas steifschlagen. In diesen Zeiten muss alles lockerbleiben, auch der Pfannkuchenteig.)

11. MAI 2021

JENS SPAHN, UNVOLLKOMMENE LEBENSSKIZZE

Ministrant. Mit 15 Jahren in die Junge Union. Banklehrling, 2001 mit IHK-Abschluss. 2002, mit 22 Jahren, Mitglied des Bundestages, also Abgeordnetenbüro, Fahrdienst, Referenten, Diäten, Büro im Wahlkreis, freie Fahrt mit der Bahn ... 2005 bis 2009 im Gesundheitsausschuss des Parlaments. Nebenbei Beteiligung an einer Lobby-Agentur. 2015 bis 2018 parlamentarischer Staatssekretär im Bundesfinanzministerium. Seit 14. März 2018 Bundesminister für Gesundheit im Kabinett Merkel IV. Seit Januar 2021 stellvertretender Parteivorsitzender der CDU.

Ein von Steuern finanziertes Leben.

13. MAI 2021

MITTEILUNGEN AUS DER GUMMIZELLE

Das Hotel Drei Mohren in Augsburg wurde in Hotel Maximilian umgetauft. Landesdelegiertenkonferenz der Berliner Grünen: Spitzenkandidatin Bettina Jarasch wurde nach ihrem Kinder-Berufswunsch befragt: Sie antwortete unbedacht mit „Indianerhäuptling". Im Auditorium rumorte es mit Zwischenrufen: „Rassistin." Sie musste sich öffentlich entschuldigen. Der Sänger Heino kündigt einen „Deutschen Liederabend" an. Das geht ja gar nicht, „deutsch" transportiert Hetze. So ist nun jedes Formblatt beim Zoll und sonstigen (deutschen) Behörden ein Hetzblatt. Die Grünen: Wer Deutsch sagt, grenzt jemanden anderen aus.

An dieser Stelle will ich des Vaters des Tübinger Oberbürgermeisters Boris Palmer gedenken, eines sehr aufrichtigen, warmherzigen Mannes mit einem lästigen Hang zur Wahrheit, die oft unbequem war. Wir haben uns prächtig vertragen. Helmut Palmer besuchte mich oft, auch in der Küche, und ich lernte von ihm, neben der Kunst des Obstbaumschnitts, dass eine Demokratie ohne die Duldung unbequemer Kritik kaputtgeht.

24. MAI 2021

EI, EI … – SONNTAG!

Dass gestern Pfingstsonntag war, habe ich gar nicht realisiert. Seit dem Lockdown ist mir mein Zeitgefühl abhandengekommen. Ich habe extra eine Uhr gekauft, auf der man den Wochentag ersehen kann. Denn seit meiner Kindheit gibt es sonntags zum Frühstück ein weiches Ei. Mittlerweile, da ich mich gewichtsmäßig gut entwickelt habe und einen Schlagschatten werfe wie ein Wochenendhäuschen, bereitet mir Frau Elisabeth zwei kleine Demeter-Eier. Eigentlich haben wir seit dem Lockdown jeden Tag Sonntag. Doch nur, wenn die Frau zum Frühstück ruft und Ei …

25. MAI 2021

GEISTIGE CORONAHILFE

Mir hat ein Mann über die Corona-Zeit gut hinweggeholfen: Georg Christoph Lichtenberg (1. Juli 1742 in Ober-Ramstadt bei Darmstadt bis 24. Februar 1799 in Göttingen. Physiker, Naturforscher, Mathematiker, Schriftsteller und erster deutsche Professor für Experimentalphysik). Er sagte: „Zweifle an allem mindestens einmal und sei es der

Satz: Zwei mal zwei ist vier!“ Solcherlei Gedanken formulierte er über 1000 Seiten. Es genügt das gelbe Heftchen aus dem Reclam Verlag, „Aphorismen“.

5. JUNI 2021

ALLES FLIESST

Ein Lieblingsgedicht, „Der römische Brunnen“
von Conrad Ferdinand Meyer, 1. Strophe:
Aufsteigt der Strahl und fallend gießt
Er voll der Marmorschale Rund,
Die, sich verschleiernd, überfließt
In einer zweiten Schale Grund;
Die zweite gibt, sie wird zu reich,
Der dritten wallend ihre Flut,
Und jede nimmt und gibt zugleich
Und strömt und ruht.

7. JUNI 2021

ICH

„Ich weiß gar nicht, warum die Menschen immer ihre Identität suchen müssen. Mir hat man gesagt, wie ich heiße, das hat mir vollkommen genügt.“ (Gad Granach, gestorben 2011 in Jerusalem)

2. JULI 2021

FARBENBLIND

Als Weißer ist man oft rassistisch, ohne es zu merken. Der Luxusschuhhersteller Christian Louboutin kreierte einen High-Heel mit dem Etikett „naturfarben“, so dass der weiße Knöchel der Frau farblich homogen in den Schuh überging und das Bein optisch streckte. Eine afrikanische Mitarbeiterin ging ihn heftig an, dass aus ihrer Sicht „naturfarben“ etwas ganz anderes sei. Dem Meister ging ein Licht auf und nun gibt es die Schuhe in allen Hautfarben, die der Erdenknödel hat wachsen lassen.

6. JULI 2021

HURRA, WIR LEBEN NOCH

Wir sind wieder am Start, das Restaurant öffnet. Man kann es kaum glauben, aber wir benötigten für die Vorbereitung 14 Tage. Diese Akribie muss man sich leisten können. Zwei Tage Silberputzen, alle Maschinen auseinanderbauen und reinigen, jede Ritze abfummeln, vor allem in den Kühlhäusern, alle Fenster putzen, Boden und Wände sowieso,

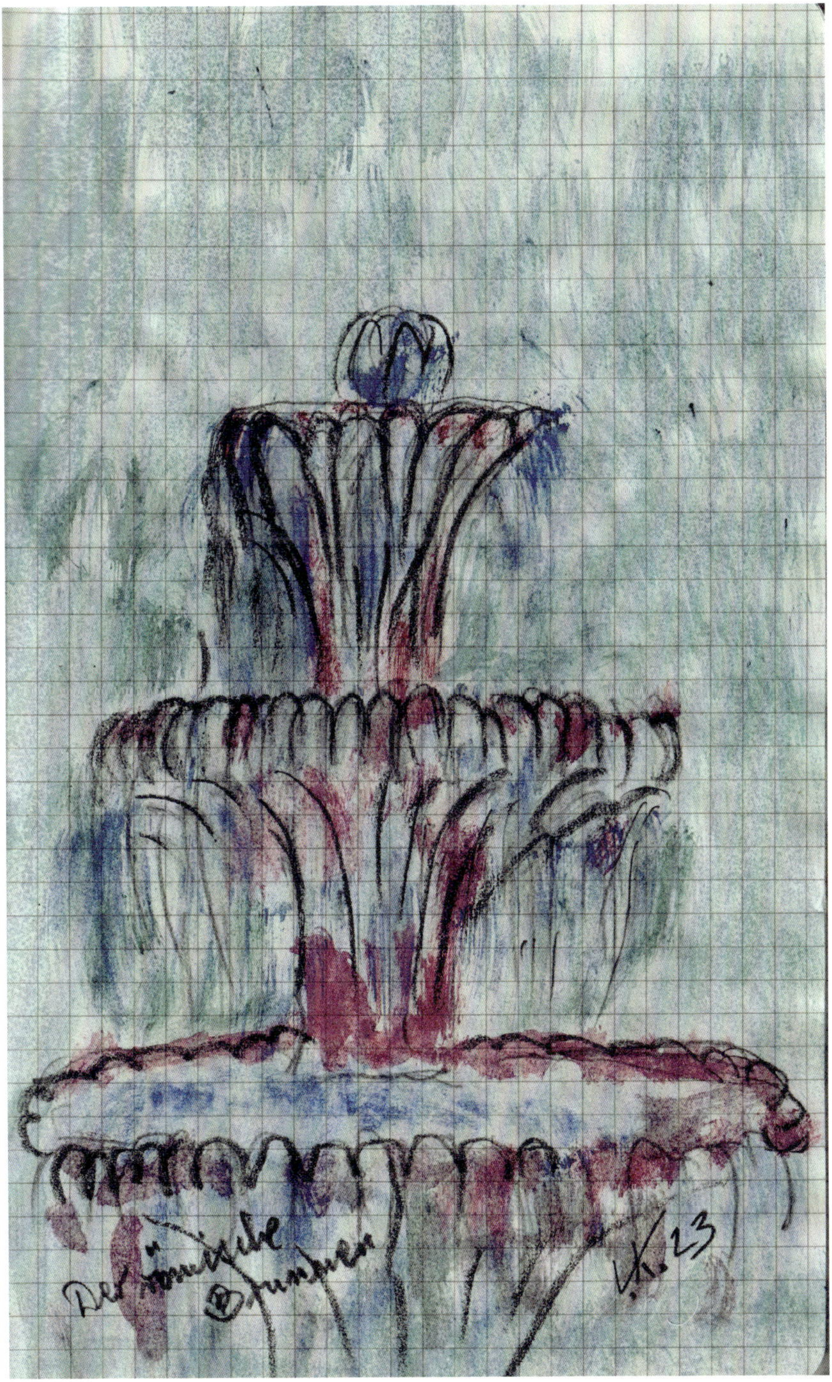
Der römische Brunnen
V.1.23

neue Vorhänge, den Weinkeller sortieren. Vor dem Haus das Entree neu begrünen, die Terrasse abkärchern, neue Topfpflanzen besorgen und einpflanzen. Einen Tag nur Fleisch im Reiferaum herrichten und einlagern. Frischware kaufen und in die Kühlhäuser schaffen. Neue Gerichte ausprobieren, der Gast ist schließlich kein Versuchskaninchen. Speisenkarte entwerfen. Bis der Blumenschmuck arrangiert war, vergingen zwei Tage. Fonds und Saucen vorkochen, Brotteig ankneten. Heute wird das Brot gebacken, die Gäste können kommen.

7. JULI 2021

… FISCHT FRISCHE FISCHE

Es kommt nicht oft vor, dass ich mich freue wie ein Kind. Für meine Euphorie sind zwei tolle Kerle verantwortlich, Andreas Reinhardt & Lars Bäumer. Ihre Firma in Hamburg nennt sich „Frischgefischt". Das sind keine Sprüche. Der Fischhandel versorgt sich in der Regel von großen Trawlern, die erst nach einer Woche wieder den Hafen anlaufen. Täglich aber kaufen meine Fischfanatiker den Fang von kleinen Booten. Mit dem Nachtexpress ist die Ware am nächsten Morgen in der *Wielandshöhe*.

Wir bestellten eine ordentliche Menge wilden Steinbutt (eine echte Rarität) und noch 10 Kilo Beifang dazu. Dieser Beifang ist der Hammer und treibt dem Küchenchef Jörg Neth den Puls ins Unermessliche: große und kleine Flunder, Rotzunge, Makrele, Seeteufel mit Kopf, große Muränen (ähnlich dem Meeraal), Knurrhahn, Petermännchen, Kabeljau, 1 Seebarsch, 2 große Seewolf.

Manche Fische müssen wir erst ausprobieren, der eine wird gebraten, der andere ist in Meeresfrüchtebrühe zu garen. In der Pfanne? Im Ofen? Die Markrelen werden wir nach der venezianischen Methode „Sarde in Saor" sauer einlegen. Auf alle Fälle ist Bouillabaisse angesagt.

PS: Die Petermännchen sind nix für Feiglinge. Sie haben an den Rückenflossen und an den Kiemen einen Giftstachel mit der Wirkkraft einer Kreuzotter.

14. JULI 2021

BLUMEN

Gute Gastronomie braucht Leidenschaft. Wenn die Chefin Blumen kauft, hat das nichts mit vernünftigem Wirtschaften zu tun, sondern mit einem Rauschzustand, mit Freude und Wollust. Oft fassen unsere Gäste in den üppigen Blumenschmuck, weil sie gar nicht glauben können, dass der echt ist. Gastronomie sollte ein Gesamtkunstwerk sein und das hat seinen Preis.

23. JULI 2021

MAL KEINE SCHWÄTZER

Eine Empfehlung ist die wunderbare Homepage kochgenossen.com. Es sind gescheite Leute am Werk, die sich um Essen, Trinken, Musik und bodenständige Rezepte kümmern, verbunden mit knappen, erklärenden Videos, in denen nicht geschwätzt wird. Unverzichtbar für alle, die kochen und Wien besuchen wollen. Auf der Seite finde ich den Spruch von Karl Valentin: „Kunst kommt von Können, denn käme sie von Wollen, hieße sie Wunst."

26. JULI 2021

VENEDIG KANN SEHR HEISS SEIN

Mein nächstes Buch wird von der Küche Venetiens handeln, von der Kultur, insbesondere der Serenissima, der Stadt im Wasser, die seit Jahrhunderten untergehen will. Etwas abseits der Ameisen-Highways dünnen sich die Touristen aus und es lebt, auch durch viele Studenten, eine quirlige Einwohnerschaft. Meine Devise lautet ja: Niemals verreisen im Juni, Juli, August. Vergangene Woche musste es sein. Der Fotograf Gerald von Foris (geraldvonforis.de), ein Crack, trieb mich für den Buchtitel dermaßen durch die Gassen und zu den Ufern, dass ich am Schluss der knüppelharten Arbeit sogar übers Wasser laufen konnte.

Auf einem sieht man einen dicken Kerl neben einem Kurzhosen-Prachtexemplar in gepflegtem Polohemd. Der Dicke bin ich, der schöne Mann ist Beppe. Wir beide sind Koch. Beppe machte vor 20 Jahren nach Venedig rüber, um den bajuwarischen Knödeln zu entkommen. Das ist ihm gelungen. Beppe erklärte mir den Rialto Mercato, den Fischmarkt und die Bio-Gemüse der Insel San Erasmo. Dann lernte ich den Segen einer Ombra mit einer handgeschnittenen Mortadella kennen, die nicht in einer Fabrik zusammengetackert wurde.

Ombra könnte man, ähnlich dem schwäbischen Vesper, ein Vormittags-Zwischenhoch nennen. In erster Linie geht es um ein kleines Gläschen Wein. Normalerweise macht mich so etwas müde – nicht in Venedig! Meine Recherchen zu der Stadt und der Terraferma, dem Umland, sind nun abgeschlossen. Es wird bis Weihnachten nicht mehr verreist, denn der Lockdown ist beendet, der Laden brummt und ich habe gerne ein Auge darauf. Für einen Seniorchef gibt es nichts Schöneres, als den fleißigen Mitarbeitern zuzuschauen.

3. AUGUST 2021

UN BALLO IN MASCHERA

Manchmal reibe ich mir die Augen, wenn ich sehe, wie sich die Menschen in Einkaufsläden, Sportstadien oder selbst in Fußgängerzonen aneinander reiben. Lange litt ich darunter, dass ich als Koch am öffentlichen Leben nur begrenzt teilnehmen konnte. Wenn es richtig menschelt bei Partys und Events, muss ich arbeiten. Mittlerweile ist mir die Arbeit, die *Wielandshöhe*, ein geschützter Raum. Gäbe es keine Zeitung, kein Fernsehen oder die Mobiltelefone, käme ich nie auf die Idee, dass dort „draußen" manches im Argen liegt. Offensichtlich empfindet unsere Kundschaft die *Wielandshöhe* auch als ein friedliches Biotop. Sie verhält sich entsprechend. Seit einem Monat haben wir geöffnet, man geht mit Maske an den Tisch und nimmt diese dann ab. Nicht die geringsten Irritationen gab es. Blöd ist nur, dass die Servicemitarbeiter und ich nicht den optimalen Charme liefern können, unser Lächeln verschanzt sich hinter der Maske.

5. AUGUST 2021

AUF DEM POSTEN

Noch nicht lange her, da galt der Posten des Sauciers, der sich um Fleisch und Fisch kümmert, als die Königsdisziplin. Das ist auch noch ein bisschen so, denn gutes Fleisch verursacht den höchsten finanziellen Aufwand in der Küche.

Die Entremetier-Abteilung, untergeordnet und arbeitsintensiv, erfreute sich wenig Beliebtheit. In den vergangenen Jahren hat sich das sehr geändert. Die klassische französische Küche, die sehr fleischlastig die Speisenkarten anfettete, ist durch viel Vegetarisches erleichtert worden und gesünder erblüht. Die Welt der Pflanzen, Gemüse und

Salate ist um ein Vielfaches abwechslungsreicher als alles, was von Tieren stammt. Der Entremetierposten, also Gemüse, Suppen, Kartoffeln, Nudeln, Spätzle, Knödel, Klößchen, Pilze, Hülsenfrüchte, Obst bis hin zu Mehlspeisen, ist ein äußerst komplexes Arbeitsfeld überall dort, wo Gastronomie nicht in Pommes versackt.

Als Beweis unser Jahreszeitenkalender:

JANUAR

Chicoree, Trevisano, Feldsalat, Grünkohl, Kardy, Kresse, Lauch (grün), Lauch (gebleicht), Rosenkohl, Sellerie, Schnittsalat, Schwarzwurzeln, Stachys, Stangensellerie, Topinambur, Winterportulak

Lagersaison:

Chinakohl, Endiviensalat, Kartoffeln, Knollensellerie, Möhren (Karotten), Randen (Rote Bete), Rotkohl, Schalotten, Weißkohl, Weißrüben, Wirsing, Zuckerhut, Zwiebeln

FEBRUAR

Chicoree, Trevisano, Feldsalat, Grünkohl, Kresse, Lauch (gebleicht), Portulak, Rosenkohl, Schwarzwurzeln, Stachys, Topinambur

Lagersaison:

Chinakohl, Endiviensalat, Kartoffeln, Knollensellerie, Möhren, Rote Bete, Rotkohl, Schalotten, Weißkohl, Weißrüben, Wirsing, Zwiebeln

MÄRZ

Chicoree, Trevisano, Endiviensalat, Gartenkresse, Feldsalat, Kohlrabi, Kopfsalat, Krautstiele, Lauch (gebleicht), Löwenzahn, Portulak, Rettich, Rhabarber, Rosenkohl, Schnittsalat, Schwarzwurzeln, Spinat, Topinambur

Lagersaison:

Kartoffeln, Knollensellerie, Möhren, Rote Bete, Rotkohl, Schalotten, Weißkohl, Wirsing, Zwiebeln

APRIL

Bataviasalat, Chicoree, Trevisano, Tardivo, Endiviensalat, Eisbergsalat, Feldsalat (Ackersalat, Nüsslisalat), Frühlingszwiebeln, grüner Salat, Kohlrabi, Kopfsalat, Krautstiele,

Kresse, Lattich, Lauch (grün), Löwenzahn, Möhren, Portulak, Radieschen, Mangold, Radieschen, Rettich, Rhabarber, Schnittsalat, Spargel (Grün- und Bleichspargel), Spinat, Topinambur
Lagersaison:
Knollensellerie, Rote Bete, Rotkohl, Weißkohl, Wirsing, Kartoffeln

MAI
Bataviasalat, Blumenkohl, Bohnen (Busch- und Stangenbohnen), Broccoli, Chicoree, Trevisano , Eisbergsalat, (Früh-)Kartoffeln, Frühlingszwiebeln, Kohlrabi, Kopfsalat, Krautstiele (Stielmus), Kresse, Lattich, Lattughino, Lauch (grün), Mangold, Möhren, Portulak, Radieschen, Rettich, Rhabarber, Schalotten, Schnittsalat, Spargel (Grün- und Bleichspargel), Spinat, Spargel, Tomaten, Weißkohl (Weißkabis), Weißrüben, Zucchini
Lagersaison:
Knollensellerie, Rote Bete

JUNI
Bataviasalat, Blumenkohl, Bohnen (Busch- und Stangenbohnen), Broccoli, Catalonia, Eisbergsalat, Endivie (Frisée), Erbsen, Fenchel, Gurken, Möhren, Kartoffeln, Kefen (Kaiserschoten), Kohlrabi, Kopfsalat, Krautstiele, Kresse, Lattich, Lattughino, Lauch (grün), Paprika, Patisson, Radieschen, Rettich, Rhabarber, Schalotten, Schnittsalat, Spargel (Grün- und Bleichspargel), Spinat, Stangensellerie, Tomaten, Weißkohl, Weißrüben, Zucchini, Zwiebeln

JULI
Auberginen, Bataviasalat, Blumenkohl, Bohnen (Busch- und Stangenbohnen), Broccoli, Endiviensalat, Eisbergsalat, Endivie (Frisée), Erbsen, Fenchel, Gurken, Möhren, Kartoffeln, Kefen, Knoblauch, Knollensellerie, Kohlrabi, Kopfsalat, Krautstiele, Kresse, Lattich, Lauch (grün), Melonen, Paprika, Patisson, Pilze, Radieschen, Rote Bete, Rettich, Rotkohl (Rotkabis), Schalotten, Schnittsalat, Salat, Spinat, Stangensellerie, Tomaten, junger Weißkohl, Weißrüben, Zucchini, Zuckermais, Zwiebeln

AUGUST

Artischocken, Auberginen, Bataviasalat, Blumenkohl, Bohnen (Busch- und Stangenbohnen), Broccoli, Catalonia, Chinakohl, Cicorino, Endiviensalat, Essiggurken, Eisbergsalat, Endivie (Frisée), Erbsen, Fenchel, Gurken, Kartoffeln, Möhren, Knoblauch, Knollensellerie, Kohlrabi, Kopfsalat, Krautstiele, Kresse, Lattich, Lauch (grün), Mangold, Melonen, Paprika, Patisson, Pilze, Radieschen, Rote Bete, Rettich, Rotkohl, Schalotten, Schnittsalat, Stangensellerie, Tomaten, junger Weißkohl, Weißrüben, Zucchini, Zuckermais, Zwiebeln

SEPTEMBER

Artischocken, Auberginen, Bataviasalat, Blumenkohl, Bohnen (Busch- und Stangenbohnen), Broccoli, Catalonia, Chinakohl, Cicorino (Radicchio), Endiviensalat, Essiggurken, Eisbergsalat, Endivie, Feldsalat, Fenchel, Gurken, Kartoffeln, Knoblauch, Knollensellerie, Kohlrabi, Kopfsalat, Krautstiele, Kresse, Kürbis, Lattich, Lauch (grün), Mangold, Melonen, Möhren, Paprika, Patisson, Pilze, Radieschen, Rote Bete, Rettich, Rosenkohl, Rotkohl, Schnittsalat, Schwarzwurzeln, Spinat, Stangensellerie, Tomaten, Weißkohl, Weißrüben, Wirsing, Zucchini, Zuckerhut, Zuckermais, Zwiebeln

Lagersaison:

Schalotten

OKTOBER

Artischocken, Auberginen, Bataviasalat, Blumenkohl, Bohnen (Busch- und Stangenbohnen), Broccoli, Catalonia, Chinakohl, Cicorino, Endiviensalat, Eisbergsalat, Endivie, Feldsalat, Fenchel, Gurken, Kartoffeln, Knoblauch, Knollensellerie, Kohlrabi, Kopfsalat, Krautstiele, Kresse, Kürbis, Lattich, Lattughino, Lauch (grün), Lauch (gebleicht), Mangold, Melonen, Möhren, Paprika, Patisson (umgangssprachlich: Ufo-Kürbis) Portulak, Radieschen, Randen, Rettich, Rosenkohl, Rotkohl, Schnittsalat, Schwarzwurzeln, Spinat, Stachys, Stangensellerie, Steckrüben, Tomaten, Weißkohl, Weißrüben, Wirsing, Zucchini, Zuckerhut, Zuckermais, Zwiebeln

Lagersaison:
Schalotten

NOVEMBER
Bataviasalat, Blumenkohl, Broccoli, Chicoree, Chinakohl, Cicorino, Endiviensalat, Eisbergsalat, Endivie, Feldsalat, Fenchel, Kardy, Knoblauch, Knollensellerie, Kohlrabi, Kopfsalat, Krautstiele, Kresse, Kürbis, Lattich, Lauch (grün), Lauch (gebleicht), Patisson, Portulak, Radieschen, Rote Bete, Rettich, Rosenkohl, Rotkohl, Schnittsalat, Schwarzwurzeln, Spinat, Stachys, Stangensellerie, Steckrüben, Topinambur, Weißkohl, Weißrüben, Wirsing, Zuckerhut, Zuckermais, Zwiebeln
Lagersaison:
Kartoffeln, Möhren, Schalotten

DEZEMBER
Bataviasalat, Chicoree, Cicorino, Endiviensalat, Eisbergsalat, Endivie, Feldsalat, Kardy, Kastanien, Kresse, Lattich, Lauch (grün), Lauch (gebleicht), Portulak, Rosenkohl, Schnittsalat, Schwarzwurzeln, Stachys, Stangensellerie, Topinambur, Steckrüben, Wirsing, Zwiebeln
Lagersaison:
Chinakohl, Knollensellerie, Kartoffeln, Möhren, Rote Bete, Rotkohl, Schalotten, Weißkohl, Weißrüben, Zuckerhut

12. AUGUST 2021

ICH HABE DEN BOGEN RAUS

Mein morgendliches Bogenschießen im heimischen Garten befreit mich nicht nur körperlich, sondern auch mental. Sogar meine Rückenschmerzen saniere ich damit.

Ich habe allerdings auf die asiatische Daumentechnik umstellen müssen, da mein Mittelfinger nicht mehr richtig mitmacht. Der Anfang war schrecklich, aber jetzt, nach zwei Wochen, ziehe ich den Bogen mit dem Daumen und treffe wieder einigermaßen.

Ich habe eine wertvolle Bogensammlung, die ich leider wegen Kräftemangels und wegen der Daumentechnik (die nur bei asiatischen Bögen funktioniert) nicht mehr schießen kann. Egal, manche Behinderung zwingt zu neuen Methoden und zum Dazulernen.

12. AUGUST 2021

IMMER WIEDER THOMAS BERNHARD

Der österreichische Schriftsteller Thomas Bernhard, leider viel zu früh verstorben, begleitet mein Leben seit Jahren. Immer wieder lese ich ihn. Er gewährte zu Lebzeiten nicht vielen Menschen Zugang. Einer davon war der Kunsthistoriker Wieland Schmied. Zum langjährigen Freund pflegte er zeitlebens ein amikales „Sie“.

Schmied beschreibt ihn so: „ … immer auf das Einfache gerichtet: ein einfaches Schnitzel, ein einfacher Tisch, also auf das, was die Menschen heute verlernt haben.“ Heute wird alles noch komplizierter und verfeinerter, bis zum Schluss gar nichts mehr funktioniert. Dies prangerte Bernhard immer wieder an, und Schmied war ähnlicher Ansicht. Der „Per-Sie“-Freund” weist auch darauf hin, dass sich Bernhard selbst keineswegs als klassischer Geistesmensch verstanden habe. „Thomas Bernhard hat alles Intellektuelle abgelehnt und eher ironisiert.“

20. AUGUST 2021

IM LAND DER AUFGEREGTEN

Mein geschätzter Kollege, mit dem ich seit über 30 Jahren verbunden bin, der Weinhändler und Gastronom Bernd Kreis, wird gerade schwer beschimpft, weil er nur Geimpfte und Genesene in seine neue Weinbar *High Fidelity* reinlässt. Besser kann man den Schutz seiner Gäste nicht handhaben. Warum er das so macht, geht niemanden etwas an. Wir machen es etwas anders, was allein unsere Angelegenheit ist. Wir sind ein freies Land, weshalb es auch keinen Impfzwang gibt.

PS: Verdammt, ich möchte gerne Ballett tanzen, aber niemand lässt mich mitmachen, weil ich dick bin. Echte Diskriminierung. Damit gehe ich demnächst zum Bundesgerichtshof.

22. AUGUST 2021

PREIS-LEISTUNG-KALKÜL

Wenn uns sparfreudiges Publikum mit Liebe zum Preis-Leistungs-Verhältnis mit anderen Betrieben vergleicht, dann bitte auch die Bezahlung der Menschen ins Kalkül einbeziehen. Eine Auszubildende bekommt bei uns nie weniger als 2.200 Euro. Die Gäste sind ebenfalls sehr großzügig, die Mitarbeiter (alle, auch die Azubis) genießen ein gutes Trinkgeld, das dem Nettolohn einer Reinmachefrau nahekommt.

23. AUGUST 2021

VOLL INFORMIERT

Platon hat die Situation des Menschen mit der von gefesselten Höhlenbewohnern verglichen. Sie sehen nur auf den Höhlenhintergrund projizierte Schatten und halten das Schattenspiel für die wirkliche Welt.

Heute ist unser Höhlenhintergrund die Mattscheibe. Wir gucken in die Röhre und halten uns für informiert. Nicht nur informiert, sondern obendrein in unseren moralischen Urteilen gefestigt. Wer sind die Guten und wer die Bösen? Früher hat das die Bibel den Menschen gesagt. Heute sagen es uns die *Bild*-Zeitung oder der Deutschlandfunk im Autoradio. Und der Abendgottesdienst? Der heißt Tagesschau. Der Kopf wird aber nur frei, wenn man die richtigen Bücher liest.

27. AUGUST 2021

KRIEGSLYRIK

Zwischen 1839 und 1919 führten die Engländer in Afghanistan drei Kriege. Es ging ihnen um die Vormachtstellung und das Zurückdrängen Russlands. Alle drei Kriege wurden verloren. Den Krieg 1842 überlebte nur ein einziger Europäer. Mit Kriegen folgten die Russen, dann die US-Amerikaner und die EU. Alles für die Katz. Einziger Profiteur: die Waffenindustrie. Die toten Soldaten werden als Helden besungen, sind aber Betrogene. Dazu ein Gedicht von Theodor Fontane.

Das Trauerspiel von Afghanistan

Der Schnee leis stäubend vom Himmel fällt
Ein Reiter vor Dschellalabad hält,
„Wer da!“ – „Ein britischer Reitersmann,
Bringe Botschaft aus Afghanistan.“
Afghanistan! Er sprach es so matt;
Es umdrängt den Reiter die halbe Stadt,
Sir Robert Sale, der Kommandant,
Hebt ihn vom Rosse mit eigener Hand.
Sie führen ins steinerne Wachthaus ihn,
Sie setzen ihn nieder an den Kamin,

„Lerne zuhören, und du wirst auch von denjenigen
Nutzen ziehen, die dummes Zeug reden.“ [4]

Wie wärmt ihn das Feuer, wie labt ihn das Licht,
Er atmet hoch auf und dankt und spricht:
„Wir waren dreizehntausend Mann,
Von Kabul unser Zug begann,
Soldaten, Führer, Weib und Kind,
Erstarrt, erschlagen, verraten sind.
Zersprengt ist unser ganzes Heer,
Was lebt, irrt draußen in Nacht umher,
Mir hat ein Gott die Rettung gegönnt,
Seht zu, ob den Rest ihr retten könnt."
Sir Robert stieg auf den Festungswall,
Offiziere, Soldaten folgten ihm all',
Sir Robert sprach: „Der Schnee fällt dicht,
Die uns suchen, sie können uns finden nicht.
Sie irren wie Blinde und sind uns so nah,
So laßt sie's hören, daß wir da,
Stimmt an ein Lied von Heimat und Haus,
Trompeter blast in die Nacht hinaus!"
Da huben sie an und sie wurden's nicht müd',
Durch die Nacht hin klang es Lied um Lied,
Erst englische Lieder mit fröhlichem Klang,
Dann Hochlandslieder wie Klagegesang.
Sie bliesen die Nacht und über den Tag,
Laut, wie nur die Liebe rufen mag,
Sie bliesen – es kam die zweite Nacht,
Umsonst, dass ihr ruft, umsonst, dass ihr wacht.
Die hören sollen, sie hören nicht mehr,
Vernichtet ist das ganze Heer,
Mit dreizehntausend der Zug begann,
Einer kam heim aus Afghanistan.

29. AUGUST 2021

MEIN BREIMAUL LOB ICH MIR

Einer sagte mir, dass Heimat der Ort sei, an dem man sich bevorzugt aufhängt. Ein anderer war sich gewiss, dass dort, wo die Rechnungen in den Briefkasten kommen, die Heimat betoniert sei. Dann kam einer mit der Einsicht, die Heimat sei durch den Geburtsort bestimmt.

Mein Vater studierte in Gießen an der Lahn Tiermedizin und in dem Haus, in dem er seine Studentenbude bezog, wohnte ein hübsches Mädchen. Die beiden hatten wenig

Ahnung von Verhütung und so blieb nicht aus, dass ich in die Welt geworfen wurde. Deshalb ist Gießen an der Lahn längst nicht meine Heimat, denn ich habe die Segnungen dieser Stadt nur solange erleben dürfen, wie meine Mutter das Wochenbett hütete. So wundert es nicht, dass ich kein Hessisch sprechen kann.

Danach ging es nach Schwäbisch Gmünd, doch bevor ich geradeauslaufen konnte, verfrachteten mich meine Eltern ins Internat. Zwölf Jahre Jugend im Schwäbischen bescherten mir ein suebisches Breimaul, welches ich nie mehr losbekam. Mit heftigem Bemühen versuchte ich bei einer Logopädin, Hochdeutsch zu lernen. Das war ganz gut gediehen, nur als ich mir auf einem Tonband selbst zuhörte, merkte ich, dass die harte, kristalline Mundart nicht zu mir gehörte. Ich empfand es, als spräche ein Fremder, und ich lief ständig Gefahr, mir den Kiefer auszurenken. Am schlimmsten war, dass sich mein Bemühen verlogen anhörte. Seitdem ist meine Heimat dort, wo Schwäbisch gesprochen wird.

3. SEPTEMBER 2021

DENUNZIANTENTUM, EIN DEUTSCHER MAKEL

Der Homepage des geschätzten Kollegen Mook in Frankfurt entnehme ich diese Entrüstung:

„Leidenschaftliche Denunzianten aufgepasst! Die Grünen haben in Baden-Württemberg ein wahrlich innovatives Pilotprojekt gestartet! Ab sofort kann jeder besorgte Bürger über ein völlig anonymisiertes Internetportal Steuervergehen anzeigen. Damit kann man endlich aus der geborgenen Anonymität heraus seine Freunde, Nachbarn und Kollegen sicher und komfortabel beim Staat anschwärzen. Was für eine geniale Idee, die legendäre deutsche Blockwart-Mentalität zu nutzen, um dem Fiskus entgangene Steuereinahmen doch noch in die Kassen zu spülen. Die Lorbeeren für diesen grandiosen Einfall gebühren übrigens dem grünen Finanzminister Danyal Bayaz!“

Ich nehme mal an, der neue Finanzminister wollte vor der Wahl noch einen Knaller abfeuern. Es sieht geradezu so aus, als müsste man den Hassmailern und Facebook-Twitter-Idioten Tür und Tor öffnen. Jetzt noch eine Geschichte aus meinem Bekanntenkreis.

Ein freischaffender Musiker mit Minimaleinkommen hatte eine Steuerprüfung hinter sich. Der Musiker fragte den Beamten, der sich sehr fair verhielt, warum er (der Prüfer war mindestens zwei Wochen beschäftigt) soviel Zeit verschwende, gäbe es nicht größere Fische zu angeln? Antwort: „Wisst's, wenn i a größere Firma kontrollier, dann kau es sei, die kommen mir anschließend mit am Heer von Anwält' auf die Pelle. So an Prozess ka dr Staat an Haufe Geld koschte, wenn mer verlierat krieg i an gewaltiga A'schiss."

13. SEPTEMBER 2021

HONIGERNTE

Das Frühjahr war gar nicht ergiebig, dann kam die Lindenblüte. So konnte ich für jeden Mitarbeiter ein Gläschen Honig ernten. Nur die Hälfte ihres Schaffens wird bei uns den Bienen genommen. Meine Frau bestand darauf, dass man den Bienen keinen Honig stiehlt. Aber unsere Bienen sind Kulturtiere und ohne den Imker nicht überlebensfähig. Würden sie über den Winter nur den eigenen Honig essen, wären sie sehr gefährdet. Die Tiere können im Winter mindestens drei Monate nicht aus dem Bienenstock raus, also wird dieser vollgekotet. Füttert man Zuckerwasser, so scheiden sie fast nichts aus und ersticken nicht in ihrem eigenen Dreck. Das Optimale liegt wahrscheinlich dazwischen, deshalb mache ich es fifty-fifty.

Übrigens, wenn vom Bienensterben die Rede ist, so hat das nichts mit den Imkerbienen zu tun; es ist die Rede von den Wildbienen, denen es wegen Umweltgiften gar nicht gutgeht.

24. SEPTEMBER 2021

GEISTREICHER REICHER KAPITALIST

Dieser Satz von Robert Bosch ist bemerkenswert und von einem Geist, der heute noch über dieser Firma schwebt: „Ich zahle nicht gute Löhne, weil ich viel Geld habe, sondern ich habe viel Geld, weil ich gute Löhne zahle."

25. SEPTEMBER 2021

KOCHEN IST MEHR ALS HERDANWERFEN

Alles redet von Nachhaltigkeit, als wäre dieser Gedanke erst kürzlich in die Weltgeschichte geblubbert. Nachhaltigkeit ist im Grunde eine total logische Angelegenheit. Zuge-

geben, als ich mein Geschäft 1974 gründete, ging es erst einmal darum, nicht unterzugehen. Es waren unsensible Zeiten.

Seit mindestens 20 Jahren prägen die Wielandshöhe jedoch folgende Merksätze:
Saisonale Produkte aus der Umgebung.
Lebensmitteltourismus verhindern.
Natürliche Landwirtschaft unterstützen, welche die Böden schont. Große, schnelle Erträge führen zu ausgelaugten Böden und ausgelaugten Bauern.
Flexiblere Speisenkarte, geringe Lebensmittelbevorratung.
Exotische Früchte: im Winter nur Ananas und Mango.
Abfallmanagement, Biogasproduktion, Altfettentsorgung.
Bewusster einkaufen, weniger wegschmeißen.
Gemüseabschnitte sind für Gemüsebrühe.
Wenn Fleisch, dann from nose to tail.
Weniger Fleisch, keine Massenzucht.
Mit Erzeugern und Lieferanten nicht feilschen.
Sorgsamer Umgang mit Leitungswasser, weg von Flaschen und Plastik.
Ernte unter Berücksichtigung der Regenerationsfähigkeit: Pilze, Wald.
Förderung des Handwerks.
Fairer Handel, um in Entwicklungs- und Schwellenländern die Einkommen zu festigen.
Auf die Regenerationsfähigkeit der Meeresbewohner achten.
Milch in Flaschen.
Biospülmittel.
Textilien, Arbeitskleidung: deutsche Fertigung.
Alternativen zu Verpackungsmüll.

Die Bewegung „Friday for Future“ finde ich ganz wunderbar. Mit Freibier for Future hat sich die mir nachfolgende Generation nicht begnügt. Meine Gier-Generation hat den Planeten ausgebeutet wie in zigtausenden Jahren keine andere davor. Wir haben uns wirklich schuldig gemacht.

30. SEPTEMBER 2021

VINCENT KOCHT PRIVAT: KRAUTSCHNITZEL

Wenn ich für meine Frau und mich koche, muss es schnell gehen. Ich will mir meine wenige Freizeit nicht mit Pfannenschwenken verdödeln. Also haue ich ein Krautschnitzel in die Pfanne. Große Kohl- oder Wirsingblätter werden blanchiert, so dass sie fast weich sind. Raus aus dem Salzwasser, trockentupfen und das dicke Ende des Strunks herausschneiden. Eine große Handvoll Lammhack (oder Kalb mit Rind gemischt) oder Schweinehack (Biometzger) mit Pfeffer, Salz und zwei Esslöffeln Milch gut durchkneten. Wenn das Fleisch top ist, braucht es keine weitere Würzung. Wer will, gibt etwas Muskat dazu, eventuell Thymian. So ein Kohlblatt hat zwei Hälften, die eine wird mit dem Brät wie ein Butterbrot bestrichen und die andere Hälfte darübergeklappt. Olivenöl in die Pfanne und beide Seiten bei großem Feuer tüchtig bräunen. Eine Minute in der Pfanne genügt.

30. SEPTEMBER 2021

WHAT ARE YOU DOING, WILLI?

Alle Weicheier dieser Welt wollen echte Kerle sein. Damit niemand merkt, dass sie keine sind, lassen sie sich einen Bart wachsen und zerreißen ihre Jeans. Einer der von mir bewunderten echten Kerle, ein Wahnsinnsmachertyp, hat nun ein Buch geschrieben. Es handelt von der irrsinnigen Drehzahl des Formel-1-Rennsports. Meine Frau mag keine Formel 1, trotzdem hat sie das Buch mit Begeisterung gelesen. Seit gestern komme ich nicht los davon. Der Autor heißt Willi Weber. Dieser Mann hat Michael Schumacher großgemacht, beide haben als geniales Tandem einen Haufen Geld verdient, aber überhaupt nichts geschenkt bekommen. Wo Thomas Mann oder Martin Walser drei Seiten benötigt, um etwas zu beschreiben, knallt Willi Weber mit einem hammerharten Satz auf die Zwölf. Mag sein, dass eine sehr gute Lektorin (oder ein Geisterautor) ihm die Sätze geradegebogen hat. Er schreibt mit enormem Witz, britischer Lakonie, offener Selbstironie und Logik. Alle Kapitel des Buchs fräsen sich mit gewaltigem Mutterwitz über die Knüppelpiste seiner Niederlagen und Siege. Ich habe noch nie so ein Autorennen angeschaut, es interessierte mich nicht. Nun aber sage ich, wer in diesem Business überlebt, ist Lebenskünstler und eine Hochbegabung. Klar, als Pfarrer wäre Herr Weber eine Fehlbesetzung.
Einige Kostproben:

„Woran erkennst du einen Mann, der den Verstand verloren hat? – Er schreibt Liebesbriefe."

„Pass auf, ich sage dir jetzt mal, wo der Frosch die Locken hat!“

„Praktisch denken, Särge schenken.“

Über das Sparen und die penible Korrektheit des Michael Schumacher: „Du kannst einen Jungen aus Kerpen holen. Aber du kriegst Kerpen nicht aus dem Jungen.“

Dann wird Flavio Briatore erwähnt: „Goldketten, Leopardentangas, Brustflaum, Sprühsahne und ganz viel Amore im Angebot.“

Flavio palavert immer heftig gestikulierend. „Ich sage immer: Ein einarmiger Italiener ist sprachbehindert.“

Briatore ist Teamchef bei Benetton und Renault, auch ein 1000-PS-Mann. Er trinkt gerne 500-Euro-Weine. „Der Sommelier kredenzt mit viel Brimborium. Am Korken schnuppern, Probeschlückchen mit Gurgeln, in Karaffe umgießen. – Kaum ist der gute Tropfen im Glas, greife ich zur Mineralwasserflasche und mache eine Schorle draus. Der Sommelier ist kurz vor dem Herzinfarkt, auch Flavio verschlägt es kurz die Sprache. „What are you doing?!“, ruft er fassungslos. „Flavio! Don't worry!“, besänftige ich ihn. „Ich mache das nur mit gutem Wein. Der schlechte hat eh schon genug Wasser.“ Dass ich auch Schampus auf diese Art verdünne, behalte ich dann besser für mich.

7. OKTOBER 2021

MIT SAFT GEFÜLLT

Ein Leser dieser Homepage schickte mir dieses Gedicht von Carl Zuckmayer (Autor des „Hauptmann von Köpenick“), das ich als ganz wunderbar empfinde.

DAS ESSEN

Der Mensch beim Essen ist ein gut Gesicht,
wenn er nichts denkt und nur die Kiefer mahlen,
die Zähne malmen und die Blicke strahlen
von einem wunderbaren Urweltlicht.
Vorspeisen sind wie Segel über Buchten,
schlank und zum Hafen schnellend in erregter Fahrt,
indes die schweren Fleischgerichte wuchten
gewaltig über Wiesen von Gemüsen zart.
Welch ein entzücktes Spiel: zu hohen Festen
erlesner Bissen Liebreiz zu erfliehen,
und welche Lust: sich mächtig vollzumästen,

satt und mit Saft gefüllt vom Hals bis zu den Zeh'n.
Fischfleisch ist weiß und heilig oder rosen
und manchmal rauchgebeizt und lauchgewürzt.
Auch kleine Fische gibt´s in blanken Dosen,
die man wie Schnäpse jach hinunterstürzt.
Wildbret: Du Perle Cumberlands, von edler Fäule,
und nackter Horden rohgebratner Fraß!
Wohl dem, der Schneehuhn oder Rentierkeule
(gespickt, mit Sahne) hoch im Norden aß.
Beefsteak tatare ist fast so stark an Gnade
wie ein am Grill gebratenes Lendenstück,
und viele Götter leben im Salate,
saftrot und samenkerngeschwellt das Weib Tomate,
und grünes Kraut im Frühling ist ein kühles Glück.
Wenn du Kartoffeln oder Spargel isst,
schmeckst du den Sand der Felder und den Wurzelsegen,
des Himmels Hitze und den großen Regen,
die kühlen Wasser und den warmen Mist.
Lasst mich hier schweigen vom Besoffensein,
vom tiefsten, tödlichsten Hinübergleiten,
vom hellsten, wachsten Indiewinde-Reiten,
die Welt ist groß und unser Wort ist klein.
Lasst mich hier schweigen von dem Blutgericht
geheimster Liebe in verrauschten Zeiten –
lasst mich nur essen, dankbar und bescheiden –
der Mensch beim Essen ist ein gut Gesicht.

12. OKTOBER 2021

ZEIT DEM GEDENKEN DER TOTEN

Der November naht und fordert durch die Feiertage Allerheiligen, Allerseelen und den Totensonntag zum Nachdenken auf. Denkmäler für die „Helden" der vergangenen Kriege gibt es in fast jedem Dorf. In Frankreich haben diese Monumente einen besonderen Stellenwert. Dort gedenkt man derer, die sich der deutschen Eroberer erwehren mussten.

Wir erinnern uns:

Erster Weltkrieg: 10 Millionen tote Soldaten. 8 Millionen tote Zivilisten.

Zweiter Weltkrieg: 65-80 Millionen tote Soldaten und Zivilisten.

Beide Kriege waren, von Deutschland ausgehend, Eroberungs- und Vernichtungskriege. Wer heute noch, nach all der Aufarbeitung, die alte Wehrmacht verherrlicht, ist ein Idiot.

Kriegerdenkmäler bei uns sind Verklärungen und Umdeutungen. Ein deutsches Kriegerdenkmal verherrlicht letztlich Mörder, denen ich allenfalls Verirrung einräume. Bis heute werden die Denkmäler in weihevollen Ritualen von Bundeswehr, Veteranenverbänden, Trachten- und Schützenvereinen sowie Politikern mit Kränzen geehrt. Das ist Kriegspropaganda. Trotzdem, die Denkmäler müssen stehenbleiben, aber eine Tafel mit erklärendem Text wäre für ein Geraderücken der Geschichte, auch für unsere Jugend, sehr hilfreich.

14. OKTOBER 2021

GUTER HONIG HAT SEINEN PREIS

Honigbienen werden von Milben geplagt. Bekämpft der Imker diese nicht, stirbt das Volk unweigerlich. Bienen sind also ohne Imker nicht lebensfähig. Vorsichtige Gaben von Ameisen- oder Oxalsäure sind in Deutschland vorgeschrieben, andere Schädlingsmittel verboten. Dem fertigen Produkt darf man in der EU nichts mehr hinzufügen oder entziehen, so will es die Europäische Honigverordnung. Laut Berufsimkerverband kostet es hierzulande mindestens sieben Euro, ein Kilogramm verordnungsgerechten Bienenhonig herzustellen. Dieselbe Menge Fassware aus dem größten Honig-Exportland China ist für 1,25 Euro zu haben. Wer solchen Honig isst, tut sich nichts Gutes.

21. OKTOBER 2021

EPIKUR, EIN ARZT DER SEELE

Wenn die Künste nicht halfen, rief man bei den alten Griechen die Götter an. In vorderster Front des Praktikablen rumorte Dionysos, die Römer nannten ihn Bacchus, Gott der Lebenslust, dem drängenden Leben und dem Rauschhaften zugetan. Unmäßiges Trinken war also sozusagen gottgewollt und heilige Handlung.

Für erfolgreichen Ackerbau und erfolgreiche Viehzucht sorgte bei den Griechen die Göttin der Fruchtbarkeit, Demeter, von der auch Homer und Hesiod erzählen. Demeter hatte nach ihrer Überlieferung die Menschen das

Pflügen gelehrt. Jede Mahlzeit galt als religiöse Handlung und das Brot wurde nicht geschnitten, also verletzt, sondern gebrochen. Der antike Historiker Athenaios, Grieche in römischen Diensten, zählte in seiner Heimat zweiundsiebzig Brotsorten.

Als genießerischer Philosoph der griechischen Antike steht Epikur in hervorragendem Ruf. Als intelligenter Genießer könnte man sich jederzeit auf ihn berufen, denn er korrigierte die Essensgier in den Bereich der Vernunft: dass Genießen die Grenze zum Hedonismus nicht überschreiten sollte. Er sah als wesentlichen Sinn des Daseins, dass sich jeder möglichst viel Glück verschafft. Dies ist letztlich leicht zu erreichen, wenn man seine Grenzen kennt und nicht nach den Sternen greift. Epikur verstand sich als Arzt der Seele und empfahl begrenzte Leidenschaft, ausbalanciert von Vernunft. Für Epikur bedeuteten Reichtum, Ehre und Einfluss keinerlei Versuchung, er isolierte sich trotzdem nicht als Eremit. Anstelle der Öffentlichkeit legte er Wert auf Freundschaft. Als idealen Ort wählte er dafür seinen Garten. Er meinte, „die Fähigkeit, Freundschaft zu erwerben, ist unter allem, was Weisheit zum Glück beitragen kann, bei weitem das Wichtigste“.

24. OKTOBER 2021

HÖHERE MATHEMATIK

In Rechnen war ich schon immer super. Ich habe selbst das noch hingekriegt: Insgesamt sind drei Leute in einem Bus. Fünfe steigen aus. Es müssen zwei zurück in den Bus, dann ist der Bus leer. Irgendwie so müsste die Lösung sein.

27. OKTOBER 2021

C-CHRISTEN LASSEN TIERE QUÄLEN

Schonend schlachten hört sich ein bisschen komisch an, fast so, als warne der Revolverheld: „Ich will dich jetzt human und artgerecht erschießen.“ Trotzdem macht es einen Unterschied, ob man Tiere quält oder nicht. Was uns die EU an Schlachthöfen beschert hat, sind Quälanstalten. Die kleinen Schlachthöfe wurden geschlossen.

Beispielsweise hat das ganze Elsass, inmitten die wunderschöne Stadt Straßburg, keinen Schlachthof mehr. Alles muss stundenlang nach Lothringen gekarrt werden. Für die Tiere ein unglaublicher Stress.

Was die CDU und die meist unerträgliche CSU in den vergangenen Jahrzehnten an Tierschutz verhindert haben, treibt einem mitfühlenden Menschen die Tränen in die Augen. Für mich ist es das größte Glück, dass die C-Christen nicht mehr das Ministerium für Ernährung und Landwirtschaft lahmlegen oder vom Bauernverband und von der Agrarindustrie lahmlegenlassen können. Dieses Ministerium war ein Ausbund an Infamie, Charakterlosigkeit und Gewissenlosigkeit, eine Schande der Menschheit.

Die neue Regierung wird auf alle Fälle einen besseren Tierschutz ankurbeln, was kein Kunststück ist. Die diversen Tönnies-Fleischverbrecher werden in Polen oder Rumänien schlachten, die lebendigen Tiere dorthinrumpeln und das Quälfleisch wieder zurückspeditieren. Da müssen Strafzölle drauf, so viele, dass sich der Verbraucher gleich Biofleisch kaufen kann. Es gibt kein Recht auf billiges Fleisch, kein Recht auf Ausbeutung der Metzger, kein Recht, Tiere zu peinigen.

28. OKTOBER 2021

CASANOVA, GERADEGERÜCKT

Momentan beschäftige ich mich mit Giacomo Casanova, einem wahren Geistesgiganten, der leider auf den Verführer reduziert wurde. Mit siebzehn Jahren war er als Violinist konzertreif, promovierte in Padua in Rechtswissenschaften, erlangte die vier niederen Priesterweihen, kannte sich in Philosophie und Astronomie aus und las freigeistige, verbotene Bücher, die der Kirche nicht in den Kram passten. Dies wurde denunziert und er landete in den Bleikammern des venezianischen Dogenpalastes. Später schrieb er auf Schloss Dux, im heutigen Tschechien, sein zwölfbändiges Werk „Geschichte meines Lebens“. Einen Kernsatz will ich weitergeben, der sich an die Adresse der Querdenker und Impfverweigerer richten könnte: „Falschwissen ist schlimmer als Nichtwissen!“

30. OKTOBER 2021

BOUDIN BLANC VOM RHEINZANDER

Unsere Fischer vom Rhein, die Familie Kuhn, liefert uns die Fische noch frischesteif ins Haus. Waller, Barsch, Schleie und unvergleichlichen Zander aus den Rheinaltwassern. Wir braten die Filets oder servieren sie als Vorspeise auf

Rahmwirsing. Aus den Abschnitten der Fische machen wir eine Boudin Blanc, letztlich eine Weißwurst, aber geschmacklich viel reizvoller.

PS: Die Fischer sind heutzutage sonntags nicht im Boot. Montag wird gefangen, Dienstag der Fisch hergerichtet und per Nachtexpress versendet. Mittwoch gibt es bei uns das volle Programm. Die einzigen Fische, die wir daher dienstags anbieten, sind Bachforellen oder Saiblinge aus dem Calmbacher Würztal.

30. OKTOBER 2021

REISENDE HÜHNER

Nach vielen Jahren haben wir unseren Hof für Eier gewechselt. Man glaubt ja gern, man habe mit Demeter das Beste, aber eines Tages entdeckt man, dass es noch ein bisschen besser geht. Jörg Neth, unser Küchenchef, ist zu dem Hof hingefahren und wurde überzeugt. Ein Demetersiegel ist für uns nicht wichtig, wenn wir uns persönlich überzeugen können. Unsere Kontrollen mit Augen und Zungen sind strenger als die der Demeterbürokraten. Demeter ist ein überzeugendes Qualitätssiegel, keine Frage, aber kleine Bauern können sich oft die Gebühren und den Papierkrieg für die Zertifizierung nicht leisten. Unvergleichlich ist der Geschmack von Eiern, wenn die Tiere auf frischer Wiese picken können (bei Demeter nicht vorgeschrieben). Wie man weiß, ruinieren Hühner eine Wiese in kürzester Zeit zu Ödland. Es ist naheliegend, dass man die Wiese zeitig wechseln muss. Wie könnte das besser geschehen als mit einem fahrbaren Stall? Dann braucht es nichts weiter als gutes Futter. Genauso macht es unser Eierkönig Klaus Schädel aus Ohmden (eier-vom-weidehuhn.de). Wer kann, fahre mal wenigstens zu seinem Automaten. Es gibt über die Eier hinaus noch andere Köstlichkeiten.

6. NOVEMBER 2021

BUMM!

Mit dem Dynamit ist es wie mit dem Hirn: völlig harmlos, aber wehe, man entzündet es.

11. NOVEMBER 2021

LIÈVRE Á LA ROYAL MIT BLUTSAUCE

Ludwig XIV. erlag dem Wahn seines Arztes, der behauptete, alle Krankheiten kämen von den Zähnen. Also wurde dem

Herrscher der „Gartenzaun“ komplett rausgerissen, auch ein Teil des Kiefers ging zu Bruch. Logischerweise kamen nur noch butterweiche Gerichte auf den Tisch. So wie Lièvre á la royale. Die Rezeptur dokumentierte 1898 der Journalist einer Jägerzeitung, Aristide Couteaux, in seinem Tagebuch. Die Garzeit beträgt vier bis sechs Stunden. Hasenblut wird verwendet, was eine bittere Note bringt. Herz und Leber werden zu einem Brät vermengt. An Gewürzen kommt alles rein, was bei Wild üblich ist, vielleicht eine kleine Dosis mehr Piment. Schwerer Rotwein und, wie gesagt, das Blut für die Sauce müssen sein.

Meine Vorbilder Paul Bocuse und Joël Robuchon retteten das Festtagsgericht in unser Jahrhundert hinüber. Und jetzt sind wir, wie im vergangenen Jahr, wieder voll dabei. Es verbietet sich, dieses Gericht eleganter zu machen; es wird zubereitet, wie es die Tradition vorgibt. Die Hasen bringt uns der Jäger Egon zur Saison, sie kommen aus dem Dachauer Moos, im Schwabenland ist leider mit Hase nix los.

12. NOVEMBER 2021

SCHILLER NATIONALMUSEUM

Mein Lieblingsdichter heißt Peter Rühmkorf, er starb 2008. Einige Male konnte ich ihn treffen, besuchte ihn auch in seinem Kapitänshäuschen in Hamburg-Övelgönne. Ich erinnere mich gut an seinen feinen Humor.

Irgendwann schickte er mich zum Einkaufsladen in die nahe Altersresidenz Augustinum am Museumshafen. Ich sollte Tüten-Kartoffelpüree, Rotkraut in Dosen und Klopapier besorgen. Er rief mir nach: „Klopapier, bitte kein Recyclingpapier, zwei alte Sachen sollten nicht zusammenkommen!“

Momentan ist im Schiller-Nationalmuseum eine große Ausstellung über ihn. Mit Elisabeth hingefahren, waren wir die einzigen Besucher. Schade, denn die Ausstellung ist umfassend und klug inszeniert.

Kostprobe aus Selbst III/88:

Mit den Jahren auch nicht mehr ganz in dem Zustand, daß man sich seine Liebhaberinnen noch persönlich aussuchen kann

– Wahrlich, so ist es, Freunde, keine widerspricht.

Schillermuseum Marbach
U.K. 23

Noch Seher oder schon Spanner, das ist die Frage.
Von meinem Augenhintergrund her steh ich
unseren Herrenmagazinen
eigentlich doch etwas näher
als den Zielen der Frauenbewegung
(Phosphoreszierende Strumpfbänder – Arschzeigehosen –
Tittenspitzen steif wie Radiergummis)
Na, mal abwarten erst
wenn der Kopf gegen Mittag endgültig durch die Tabletten bricht …
undsoweiter.

12. NOVEMBER 2021

GELDREGEN VERSICKERT

179 Milliarden Euro mehr Steuereinnahmen als erwartet. Damit sich keiner zu früh freut. Von dem Geldregen wird unten nicht viel ankommen. Kaum etwas für Schule und Bildung, für den Nahverkehr und bessere Infrastruktur. Für Alten- und Krankenpflege sowieso nichts. Diese Menschen sind so weit unten, dass auf dem Weg dorthin alles zwischen Bürokratenschreibtischen verdampft sein wird. Ein Teil wird vielleicht übrigbleiben, den braucht die Regierung für Gutachter und für Gutachter, die Gutachter begutachten.

12. NOVEMBER 2021

AUGEN AUF BEIM ZWIEBELKAUF

Die weltbesten Zwiebeln sind die Roscoff- und die Tropeazwiebeln. Normale Zwiebeln, wie sie fast jedes Gasthaus zum Rostbraten gibt, haben auf meine Verdauung eine verheerende Wirkung. Danach produziere ich mehr Gas als Russland. Es muss mit dem Stickstoffdünger zusammenhängen. Die Zwiebeln, die wir beim Biogroßhändler Willmann kaufen, sind mir völlig bekömmlich, ich kann sie in Mengen essen wie Gemüse. Geschmacklich und an Süße nicht zu übertreffen sind allerdings die beiden obengenannten Sorten aus Frankreich und Italien, die meist zu Zöpfen geflochten werden.

13. NOVEMBER 2021

WINTERBLUES

Wenn alles bleiben soll wie jetzt, wenn wir weiterhin so sicher und gut leben wollen, dann muss sich vieles ändern.

18. NOVEMBER 2021

DER TOLLE KARTOFFELTRICK

Das Kochen am freien Tag darf nicht in Arbeit ausarten. Kartoffeln zu schälen ist langweilig. Warum nicht so: Kartoffeln in den Topf, Wasser drauf, weichkochen. Das Wasser abschütten, den Topf ins Waschbecken stellen und Kaltwasser drauf. Es muss schnell gehen. Eine Kartoffel in die Hand nehmen, drücken, die Haut quietscht weg und die Kartoffel ist in einer Sekunde geschält, der ganze Topf ist in einer Minute erledigt. Sofort das kalte Wasser abschütten, damit die Kartoffeln heiß bleiben. Die Schalen herausklauben. Jetzt kann man mit den geschälten Erdäpfeln machen, was man will. Ich gebe reichlich Butter in die Pfanne, lasse sie heiß werden, gebe die Kartoffeln dazu, zerdrücke sie mit einer Gabel, mache großes Feuer, Pfeffer und Salz drüber. Das G'röstl ist schnell gebräunt und fertig.

24. NOVEMBER 2021

HIRNINSUFFIZIENZ DER STADTVERWALTUNG

Noch nie habe ich einen Weihnachtsmarkt besucht, bin aber trotzdem richtig wütend. Mein Herz schlägt für jeden Kleinunternehmer, denn ich bin selbst einer. Diese ziehen in Deutschland den Karren und können nicht in Steuerparadiese ausweichen.

Der Weihnachtsmarkt findet statt, so die Meldung vor einigen Tagen. Man lässt die Betreiber der Stände ihre Ware einkaufen, ankarren, aufbauen, eine Riesenschufterei, und zwei Tage später heißt es „Kommando zurück!“ Ich bin ebenfalls der Ansicht, dass der Weihnachtsmarkt in der gewohnten Form nicht stattfinden sollte. Offensichtlich leidet aber die Stadtverwaltung an Hirninsuffizienz. Es wäre ein Leichtes gewesen, zuallererst den Alkohol zu verbieten und die Ausschankzeit zu verkürzen. Man hätte die Stände weitgestreut in der Innenstadt verteilen können. Man hätte schon vor einem Jahr die Anzahl der Stände verringern oder vor vier Wochen einen Plan B entwerfen können. Hätte ich auf dem Weihnachtsmarkt einen Bratwürstelstand, ich würde die verdammten Würste mit viel Senf ins Rathaus kippen.

PS: Vor Jahren war der Weihnachtsmarkt nett und überschaubar. Mittlerweile ist die Gegend so zugestellt, dass zwischen die Stände kein Glas Glühwein passt. Warum? Ich nehme an, die Stadt verlangt saftige Standmieten und die Gier verhindert die Beschränkung der Stände.

26. NOVEMBER 2021

WAS DER AMI NICHT KENNT …

In den Achtzigerjahren arbeitete ich mal als Gastkoch im Hotel Ritz-Carlton in Atlanta. Das Thema war: deutsche Küche. Ich brachte gekochte Ochsenschulter auf den Teller. Die Amis rührten das Fleisch nicht an. „What a shit, the german chef is a fool. He doesn't know how to grill the beef!"

27. NOVEMBER 2021

AUSFLUG IN DIE KOSCHERE WELT

1. Mose 1,29-30: Und Gott sprach Sehet da, ich habe euch gegeben alle Pflanzen, die Samen bringen, auf der ganzen Erde, und alle Bäume mit Früchten, die Samen bringen, zu eurer Speise. Aber allen Tieren auf Erden und allen Vögeln unter dem Himmel und allem Gewürm, das auf Erden lebt, habe ich alles grüne Kraut zur Nahrung gegeben.

1. Mose 9,3-4: Alles, was sich regt und lebt, das sei eure Speise, wie das grüne Kraut habe ich euch alles gegeben. Allein esset das Fleisch nicht mit seinem Blut, in dem sein Leben ist.

Wasser hatte seit Menschengedenken einen zweifelhaften Ruf. Eine Vielzahl der Seuchen und Krankheiten früheren Zeiten rührte vom verunreinigten Nass her. Die Mär von den jüdischen Brunnenvergiftern entstand zu einer Zeit, da schmutziges Wasser und mangelnde Hygiene weit verbreitet waren. Den Juden war das Benutzen der christlichen Brunnen verboten und das war ihr Glück. Sie hatten ihre eigenen Brunnen und achteten darauf, dass keine Fäkalien, Abfälle und sonstig Unreines in den Brunnen fiel. Die mosaischen Hygienegesetze sorgten für penible Sauberkeit, und man kann das Christentum durchaus als eine schmutzige Religion betrachten.

Reinlichkeit war nämlich von der obersten Kommandostelle im Vatikan nicht gerne gesehen. Beispielsweise hatte der Hohenstaufenkaiser Friedrich II. (13. Jh.) schwersten Ärger mit dem Papst, weil er in geradezu heidnischer Art ein tägliches Bad nahm. Hygiene hatte er von den Arabern gelernt. In gotteslästerlicher Verfehlung legte er sich sogar sonntags in parfümiertes Wasser, schließlich war auf Castel del Monte (Apulien) in jedem Stockwerk mindestens ein Bad mit fließendem (!) Wasser installiert. Das gründliche Waschen des Körpers galt im Christentum als unsittliche Berührung. Tatsächlich kam, was man aus den Brunnen schöpfte, oft in leicht angejauchtem Zustand in die Eimer, die womöglich auch noch schlecht gespült waren.

Die koschere Küche, auch die damit verbundene Haushaltführung, war dem christlichen Schlendrian haushoch überlegen. Bis in die heutigen Tage haben mosaische Speisegesetze Gültigkeit, auch wenn viele Belange auf rituellen Grundlagen fußen und uns heute seltsam erscheinen. Sie dienen mit ihrer Symbolik der Eigenständigkeit, der Identität und geben dem über die ganze Erde zerrissenen Volk die Anbindung an die Vergangenheit, sorgen für spirituelle Atmosphäre und Symbolik. Es gilt nicht nur für Pfannen und Töpfe, auch der Hantierende muss rein und gottgefällig sein. Im mosaischen Glauben mit seinen komplizierten Regeln bedeutet die Reinheit zentrales Bestreben. Die mosaischen Speisegesetze kann man etwa in der Thora, den fünf Büchern Moses, nachlesen.

Die wichtigsten Grundregeln wären:

1. Alle Pflanzen der Erde sind Nahrung für Mensch und Tier. Es gibt keine Einschränkungen.
2. Land-, Luft- und Wassertiere unterliegen Einschränkungen.

Auf die Frage, wie gegessen werden soll, sagt die Halacha (aus der Bibel abgeleitete verbindliche Auslegung der Thora) folgendes:

1. Tiere müssen nach bestimmten Regeln, unter rabbinischer Aufsicht, geschlachtet werden.
2. Blut darf in keiner Form gegessen werden.
3. Verendete Tiere, ob im Kampf oder durch einen natürlichen Tod gestorben, dürfen nicht gegessen werden.
4. Fleisch und Milch dürfen nicht zusammenkommen. Eine bekannte Regel besagt: „Du sollst das Zicklein nicht in der Mutter Milch baden."

Milch genoss einen besonderen Schutz, da sie für die Aufzucht der Tiere Vorrang hatte. Fleisch und Milch oder Sahne und Käse müssen nicht nur getrennt gekocht, sondern auch in separaten Kochgefäßen aufbewahrt werden, die Kochgeschirre dürfen nicht durcheinanderkommen. Die Hausfrau hat küchentechnisch sozusagen eine doppelte Buchführung. Zwei Kühlschränke, zwei Garnituren Töpfe und Pfannen, Schüsseln, Besteck... Das alles muss in unterschiedlichen Schränken aufbewahrt werden. Einer für die Gerätschaften der Fleischbereitung, einer für die Utensilien, die mit Milch und Käse in Berührung kommen. Das Töten und Zubereiten von Tieren unterliegt besonders strenger Aufsicht: Da geht es beispielsweise ums Schächten als eine schwierige und hohe Kunst, ein Tier zu töten. Ungeachtet, was Tierschützer dagegen ins Feld führen: Das Fleisch des Tieres entblutet dabei optimal und wird haltbarer, in heißen Ländern eine ganz und gar sinnvolle Vorgehensweise. Den Metzger kann man getrost als Priester ansehen, denn ursprünglich war Schlachten immer Opferritual zur Ehre Gottes, oder aber umgekehrt, indem Gott dem Menschen ein Tier schenkte. Tiere dürfen nur in Gegenwart Gottes geschlachtet werden. Würde man diese spirituellen Inhalte auf unsere zentraleuropäische Fleischproduktion anwenden, gäbe es für viele hierzulande keinen Grund für Vegetarismus.

Orthodox betriebene Koscherküche macht viel Arbeit, so dass viele Juden sich von diesen strengen Regeln verabschiedet haben. Für die gläubigen Juden haben diese Vorschriften aber zentrale Bedeutung, eine rituelle Dimension, sie ermöglichen ein Leben auf höherer geistiger Ebene. Gerade Letzteres mag man für überflüssig halten in den heutigen modernen Zeiten – die uns aber seelisch in gewisser Weise verarmen ließen. In diesem Verlust sind die Gründe zu suchen, warum wir für Scharlatanerie so empfänglich sind, von Himalaya-Salz angefangen bis zu den Wunderwirkungen von Aloe Vera und links-rechts-drehenden Joghurts.

Von einer einheitlichen jüdischen Küche kann man kaum sprechen. Trotz ritueller Vorschriften und gemeinsamer Ethnie kochen beispielsweise die ostischen Juden ganz anders als die Juden des Orients. Genauso wie wir uns zur mediterranen Küche hingezogen fühlen, ist die Küche der sephardischen Juden (spanischstämmig) für mich die wohlschmeckendste. So interessant die Küche des Ostens sein mag, die sonnendurchfluteten Ingredienzien aus den Ursprungsländern der Sephardim, die Zutaten des Orients, haben größten Reiz. Reis, Couscous, Bulgur, Nudeln, Auberginen, Artischocken, Mandeln, Olivenöl, Tomaten und Lammfleisch. In den Ländern Nordafrikas bis hoch in den Iran wird auch Gastfreundschaft besonders intensiv gepflegt, Hochzeiten können bis zu zwei Wochen in Anspruch nehmen.

2. DEZEMBER 2021

SCHNELL LERNEN

Der Küchenchef im Münchner Restaurant *Humplmayr* war einer der besten Köche, die ich kennengelernt habe. Als Pädagoge muss man ihn allerdings zum Totalversager erklären. Watschen waren in der Branche üblich, er aber machte es nicht unter einem Kinnhaken. Wer das alles überstand, hatte (wie ich) genügend Rüstzeug, um Karriere machen zu können. Er sagte in seiner unverwechselbaren Rhetorik: „Klink, du bist ein Arschloch, aber du lernst schnell."

Bei dem Satz kommt mir die zukünftige Außenministerin in den Sinn. Einfach so von der Schulbank weg in die höchste Staatskunst? Die Sorge um ihre Unerfahrenheit relativiert sich jedoch, wenn man die festbetonierte Unfähigkeitsroutine der vergangenen GroKo aufrechnet.

Der größte Außenminister aller Zeiten war Charles-Maurice de Talleyrand-Périgord (1754-1838). Von kleinem Wuchs, den Fuß verkrüppelt, machte er keineswegs Bella Figura. Seine Ausstrahlung bezwang aber jeden Vorbehalt. Als Adeliger kam er ungeschoren durch die Französische Revolution, was schon als Lebensleistung ausgereicht hätte. Napoleon betrat die Weltbühne und an seinem Aufstieg hatte Talleyrand als sein Außenminister großen Anteil. Napoleon kam in Verbannung und Talleyrand überstand auch das. Er führte für die Republik Frankreich die Verhandlungen beim Wiener Kongress (1815), bei dem Europa neu geordnet wurde. Frankreich war völlig im Eimer. Talleyrand beherrschte in Wien jedoch die diplomatische Szene dermaßen souverän, dass Frankreich der Star der Veranstaltung war und Kaiser und Könige ganz vergaßen, wer eigentlich den Krieg verloren hatte.

Außenminister Talleyrand bediente sich keinerlei Repressalien, hatte keinerlei Trumpf in der Hand, den er seinen Gegnern entgegensetzen konnte. Keine Kanonen, keine Bomben, aber er hatte die schärfste Waffe der Außenpolitik im Gepäck. Es war der beste Koch der Welt (bis heute), sein Name: Marie-Antoine Carême.

Ich habe alle seine Kochbücher im Regal und wer solche Werke liest, der empfindet moderne Kochbücher als Hanswursterei.

Marie-Antoine Carême (1784-1833) begründete den Weltruf der „Grande Cuisine" Frankreichs. In eine arme Familie hineingeboren, umringten ihn 15 Geschwister. Mit zehn Jahren musste er als Hilfskraft in einer Gaststätte arbeiten. Mit 15 Jahren fand er Arbeit beim bekannten Patissier Bailly, der die höchsten Kreise der Pariser Nobili bediente. Ab 1804 bis 1814 arbeitete er als Hofkoch bei Außenminister Talleyrand. Er diente auch dem englischen König Georg IV., Zar Alexander und Kaiser Franz I. von Österreich.

Einige Sätze von Talleyrand zur Politik und zur Härte des Lebens:

- Außenpolitik ist die Kunst, einem anderen so lange auf den Zehen zu stehen, bis dieser sich entschuldigt.
- Ich lüge nie, doch niemand kann mich zwingen, die Wahrheit zu sagen.
- Macht ist eine Mahlzeit, die wachsenden Appetit verursacht.
- Sich hinzusetzen und nachzudenken ist eine echte Knochenarbeit.
- Opposition ist die Kunst, so geschickt dagegen zu sein, dass man später dafür sein kann.
- Treu bis in den Tod sind nur die Dummköpfe. Die Treue hat ihre Grenze im Verstand.
- Wer eine Wahrheit verbergen will, braucht sie nur offen auszusprechen, sie wird einem ja doch nicht geglaubt.
- Unwandelbarkeit in der Politik ist nur ein anderer Ausdruck für Mangel an Verstand.
- Ein Diplomat, der „ja" sagt, meint „vielleicht", der „vielleicht" sagt, meint „nein" und der „nein" sagt, ist kein Diplomat.

4. DEZEMBER 2021

ZUR GESCHICHTE DES RESTAURANTS

Im 16. Jahrhundert begannen englische Inns und Tavernen zu festgelegten Zeiten und zu einem Einheitspreis ein Tagesgericht anzubieten, an einem gewöhnlichen Tisch und mit speziellem Geschirr. Das Gericht wurde „ordinary" genannt.

Bis ins frühe 18. Jahrhundert aß man in Paris öffentlich nur in Gasthöfen und in den Läden von „traiteurs". In den Gasthöfen saßen die Übernachtungsgäste mit am Tisch des Gastherrn. Die „traiteurs" verkauften hauptsächlich Fleisch, Ragouts und Pâtisserie über die Straße, also Speisen, die man mit Holzfeuer, ohne die Möglichkeit einer genauen Kontrolle der Temperatur, zubereiten konnte.

Der Begriff „Restaurant" wurde erstmals 1765 in Paris benutzt. Ein Suppenverkäufer namens Boulanger verkaufte Schafsfüße in weißer Sauce. Er nannte seinen Suppen „restaurants" oder „restoratives", weil sie zur Wiederherstellung der Körperkraft dienen sollten. In seinem bescheidenen Restaurant konnte man erstmals innerhalb bestimmter Öffnungszeiten aus einer Anzahl von Speisen eine individuelle Auswahl treffen (à la carte) und eine sich aus der Addition der Preise einzelner Gerichte ergebende Rechnung (l'addition) begleichen. Bereits 1651 hatte François-Pierre de la Varenne (1615-78) in seinem Kochbuch „Le Cuisinier François" die Kochpraktiken in den Häusern des französischen Adels dargestellt. Im Lexikon von Trévoux von 1771 findet sich erstmals eine Definition der Betreiber von Restaurants. Restaurateure sind solche, die die Kunst beherrschen, Consommés und Bouillons zuzubereiten. Und sie haben das Recht, alle Sorten von Saucen und Suppen herzustellen.

1782 eröffnete mit *La Grande Taverne de Londres* ein erstes Luxusrestaurant in Paris. Der Besitzer Antoine Beauvilliers avancierte zu einer gastronomischen Autorität und schrieb 1814 das Buch „L'art du cuisinier", ein Standardwerk der französischen Kochkunst. Jean-Anthelme Brillat-Savarin (1755-1826), ein häufiger Gast, bescheinigte ihm, der Erste gewesen zu sein, der die vier Essentials postulierte:

- eleganter Raum,
- freundliche Bedienungen,

- gepflegter Weinkeller und
- überragende Küche.

Nach der Französischen Revolution (1789-1799), viele Adelige waren geköpft worden, eröffneten zahlreiche der arbeitslos gewordenen Küchenchefs von Adelshäusern ein eigenes Restaurant oder fanden in einem eine Beschäftigung, sowohl in Paris als auch im Exil, vor allem im reichen London. *Rules*, Londons ältestes Restaurant (1798), existiert noch heute. 1804 gab es in Paris bereits mehr als 500 Restaurants.

Vor der Französischen Revolution speiste man überwiegend mittags zwischen 13 und 15 Uhr. Wegen der Deputiertenversammlungen, die üblicherweise bis 17 Uhr dauerten, verlagerte sich die Hauptessenszeit der Volksvertreter und ihnen folgend die der meisten Bürger auf den Abend.

Mit der Veröffentlichung des „Almanach des gourmands“ im Jahre 1803 erfand Alexandre Balthazar Grimod de la Reyniere (1758-1838) die Gastronomiekritik. Der neue „Literaturableger“ fand bald ein starkes Echo bei gebildeten Leuten, die der elitären mondänen Salons überdrüssig waren und sich mit Freude in diese neue soziale Kultur stürzten, die in den Restaurants auflebte.

Das während der napoleonischen Ära bedeutendste Restaurant *Véry* führte auf seiner Speisenkarte ein Dutzend Suppen, zwei Dutzend Fischgerichte, 15 Fleischgerichte und Unmengen an Beilagen. Honoré de Balzac verschlang im Véry ungeheure Mengen von Austern, Fisch, Fleisch, Früchten, Wein und Spirituosen. Das Véry wurde 1869 von dem benachbarten Restaurant *Le Grand Véfour* übernommen, welches bis in die Mitte der 90er-Jahre des letzten Jahrhunderts bewirtschaftet wurde.

Ein weiteres überragendes Etablissement im 19. Jahrhundert war das *Café Foy*, später *Chez Bignon* genannt, in dem der englische Schriftsteller William Makepeace Thackeray und der italienische Komponist Gioacchino Rossini verkehrten. Am 23. April 1893 eröffnete der Kellner Maxime Gaillard in der Hauptstadt ein Lokal, das bald zum kulinarischen Zentrum von Paris und 1979 als erstes Restaurant der Welt unter Denkmalschutz gestellt wurde: das luxuriöse *Maxim's*.

Bereits nach den Befreiungskriegen 1812/13 wurde das Bistro „erfunden". Die Pariser Gastronomen boten den hungrigen Kosaken, die 1814 Paris besetzt hatten, geschäftstüchtig eine günstige kleine, schnelle Mahlzeit an. Das russische Wort „bystro" bedeutet „schnell".

Frankreich brachte viele der besten Küchenchefs hervor, wie Georges-Auguste Escoffier (1847-1935), der die Küche im Luxushotel von César Ritz organisierte und dort die „brigade de cuisine" einführte, welche sich aus geschulten Köchen mit klar definierten Aufgabengebieten zusammensetzt. Diese Brigade unterteilte sich je nach Aufgabengebiet in Saucier, Entremetier, Patissier, Gardemanger...

Bedient wurde, indem der Kellner die Platte oder die Schüssel hinhielt und der Gast sich etwas davon nahm. „Service à la francaise": Der Gast bedient sich selbst. Heute wird nach dem „grand service à la russe" serviert: Die Gerichte werden den Gästen gezeigt, bevor sie an einem kleinen Beistelltisch auf Teller gelegt und diese den Gästen serviert werden. Die primitivste Form ist infolge Personalsparens und Personalknappheit die momentan gängige, man nennt sie Tellerservice; dabei wird der Teller bereits in der Küche angerichtet.

11. DEZEMBER 2021

SCHWEIZER HÄRTE

Die Belper Knolle ist ein Käse, so hart, dass man ihn hobeln muss. 1989 kreierte der Käsemeister Peter Glauser aus Belp im Berner Oberland ihn aus der Rohmilch der Kuh. Frisch hat er die doppelte Größe. Eingetrocknet und geschrumpft verdichtet sich sein Aroma, das mir lieber ist als weißer Trüffel.

21. DEZEMBER 2021

ESELEI

Eine Weile her. Nördlich von Verona fuhr ich mit Frau Elisabeth ins Valpolicella. In irgendeinem Dorf gab es ein Restaurant, aber auch eine Kirche. Die Kirchtüre stand offen. Wir traten ein, der Duft des Weihrauchs drang in uns und tauchte uns in besinnliche Stimmung. Wir zündeten eine Kerze für unsere Tochter an. Der Abend dämmerte noch nicht, fürs Essen schien die Zeit noch nicht gekommen. Ein Spaziergang zeigte uns den schönen Ernst des

Dorfes. Nach dem Rundgang erreichten wir wieder die Kirche und wollten an unserer Kerze ein Stoßgebet loswerden: „Herr, lass das Töchterchen in der Schule nicht durchfallen." Doch die Kerze war verschwunden. Die Messnerin hatte sie vor weiterer Dezimierung gerettet, um sie für eine spätere Verwendung aufzubereiten. Endlich öffnete das Restaurant. Ich bestellte Eselsbraten. Frau Elisabeth wand sich mit Grausen ab. „So liebe Tiere isst man nicht." Ich entgegnete, ein Koch müsse alles wenigstens einmal probiert haben. Das halte ich heute noch so und nenne es Wissenserweiterung.

25. DEZEMBER 2021

WEIHNACHTSGRUSS

Ein Textfetzen von Wolfgang Abel:

„Im großen Duden vom guten Leben, der immer noch nicht lieferbar ist, müsste irgendwo zwischen den Wörtern Lebensgefährte, Lebensgeister und Leberwurst das Stichwort Lebenskunst auftauchen. Die Gabe, mit dem Leben fertig zu werden und sich obendrein noch darüber zu freuen, ist ein Geschenk des Himmels. Alle wollen wir Lebenskünstler sein. Aber die Gabe Lebenskunst kann weder gelehrt noch erlernt, weder gelikt noch gepostet werden. Auch alle Gebrauchsanleitungen zur Lebenskunst sind dysfunktional, weil sich ein Lebenskünstler gerade dadurch auszeichnet, daß er einen besonderen Tag auch ohne Teileliste, Montageplan oder digitalen Beifall komponieren kann …"

(Der Autor Wolfgang Abel befeuert den feinen Verlag „Oase Verlag" in Badenweiler. In Zeiten, in denen Fernurlaub nur noch Ignoranten lockt, ist sein Programm hochaktuell.)

27. DEZEMBER 2021

VENEDIGS FRIEDHOFSINSEL UND EZRA POUND

Mein Buch über Venedig kommt im Frühsommer in den Handel. Darin findet die Friedhofinsel San Michele ausgedehnt Erwähnung. Dort begraben sind Igor Strawinski, Sergei Diaghilev, der große Ballettmeister, der Komponist Luigi Nono, der Nobelpreisträger für Literatur Joseph Brodsky und der Dichter Ezra Pound. Dieses Kapitel habe ich aus dem Buch gestrichen, es ist eine ziemliche Abschweifung:

San Michele

Der Spaziergang führt nun zum protestantischen Friedhof. Würde Igor Strawinski noch leben, hätte er mich bestimmt freudig begleitet.

Strawinski verehrte den amerikanischen Dichter Ezra Pound bis zu seinem Tod.

Pound (1885-1972) gilt für mich als Exempel für die Balance von Ästhetik, Kunst, Moral und Politik. Seine „Cantos", seine lyrischen Gesänge über fünfhundert Seiten, sind eine Dekodierungsreise durch fremdsprachliche Zitate, durch Mythologie, antike Philosophie und politische Polemik. Fünfzig Jahre arbeitete er an diesen Gedichten. Pound, ein Avatar der Moderne. Obwohl er auch Lenin schätzte, verfiel er dem Mummenschanz von Benito Mussolini. Er bejubelte ihn im Radio. Vor Kriegs-ende verrannte er sich in Huldigungen für den Faschismus und wurde dafür von den Amerikanern grausam bestraft. In Pisa sperrte man Pound mit mittelalterlich anmutender Rohheit in einen Käfig und stellte ihn wochenlang aus. Er hatte eine Holzpritsche und einen Kloeimer, alles öffentlich.

Der 1885 geborenen Ezra Pound litt an einem Trauma, nämlich der Teilnahme der USA am Ersten Weltkrieg und den Verlusten seiner Generation, für welche die Schriftstellerin Gertrude Stein die Metapher „Lost Generation" fand. Pound beschuldigte sein Heimatland, das ihm nie Heimat wurde, für das Massensterben in Europa, verursacht durch Geld, Finanzwirtschaft, Kreditwesen und Börse. Was heute die Bürgerbewegung Attac anklagt oder was Gegner des heutigen Raubtierkapitalismus auf die Barrikaden treibt, das nahm er vorweg. Er verdammte fast hellseherisch das Banken(un)wesen, das Gewinne privatisiert und Verluste auf die Allgemeinheit abwälzt.

Während ich diese Zeilen schreibe, steht in der *SZ*, Siemens-Chef Roland Busch fordere angesichts des technologischen Wandels eine „massive" Umverteilung der Kosten. Mit anderen Worten, die horrenden Gewinne der Vergangenheit sind Angelegenheit von Siemens, die Kosten für Modernisierung sind Angelegenheit des Steuerzahlers? Dieser Siemens-CEO hat wirklich nicht mehr alle Zeiger an der Uhr.

Als eines der größten Werke angloamerikanischer Poesie gilt T. S. Eliots Gedicht „The Waist Land". Eliot hat bis zu seinem Tod zu Pound gehalten, er war eng mit ihm befreundet. Er verdankte den Kürzungen und der korrigierenden Hilfe Pounds, dass ihm „Das wüste Land" den Nobelpreis einbrachte. Thomas Stearns Eliot hat dies ein Leben lang mit Dankbarkeit betont. Auch für Ernest Hemingway war Pound ein Mentor. Manch ein Leser oder eine Leserin wird mir Blauäugigkeit des Fans vorwerfen, was ich gar nicht zurückweisen will.

Es ist ambivalent, ein künstlerisch großes Werk von den persönlichen und politischen Fehlern eines Künstlers zu trennen.

Ezra Pound, in gewissem Maße auch ein starrsinniger Verschwörungstheoretiker, wurde von Allen Ginsberg, dem berühmten Dichter der Beat-Generation, verehrt. Ginsberg besuchte Pound in Venedig. 1967 gestand Pound dem jüdischen Ginsberg, der eng mit Bob Dylan befreundet war, dass der schlimmste Fehler seines Lebens sein dummer Antisemitismus gewesen sei. Die italienische Rechtsaußenpartei „Lega Nord" um den unerträglichen Politiker Matteo Salvini bietet in ihrem Schwarzhemden-Kometenstreif einem Naziverein namens „Casa Pound" eine Heimat. Es bereitet mir geradezu körperliche Schmerzen, dass der Dichter von solchen faschistischen Dunkelmännern missbraucht wird. Missbraucht werden auch Südtiroler, die es ertragen müssen, dass „Casa Pound" mit ihren SA-ähnlichen Metaphern wie „Südtirol reinigen" den schönen Landstrich verschandelt.

Bevor ich vollends in Rage komme, muss erwähnt werden, dass weltweit viele Intellektuelle, insbesondere Ernest Hemingway, gegen Pounds Pisaner Käfighaltung protestierten, was letztendlich Wirkung zeigte. Der Dichter entging der Todesstrafe, da er, sozusagen als humaner Ausweg, für irre erklärt wurde. In den USA wurde er in der Anstalt St. Elizabeths für kriminelle Geisteskranke festgesetzt. Die ersten 15 Monate litt er in einer Zelle ohne Tageslicht. Nach zwölf Jahren kam er mit Hilfe Hemingways frei. Am 1. November 1972, einen Tag nach seinem 87. Geburtstag, verstarb er. Seinen Lebensabend hatte er mit der berühmten Violinistin Olga Rudge verbracht, die an seiner Seite beerdigt ist, auf der Friedhofsinsel San Michele in Venedig.

31. DEZEMBER 2021

TISCHSITTEN UND AUFGEBLASENHEIT

Bisweilen beobachte ich unsichere Gäste, die rätseln, welches Besteck sie nehmen sollen, und darüber, was sich so alles auf dem Tisch an Geräten mausig macht.

Damit alle Zweifel rasch beigelegt sind, sage ich: Sie müssen schauen, wie Sie alles schadlos in den Mund reinbekommen, ohne dass es spritzt.

Es ist darauf zu achten, dass andere bei Tisch nicht infolge Ungeschicklichkeit erstochen werden. Sollte noch Sauce auf dem Teller sein, lässt man sich einen Löffel geben, nimmt diesen und eiert nicht mit der Gabel herum.

Also immer so bequem wie möglich, denn es geht ums Genießen und nicht um „Getue". Alles ist letztlich ganz logisch. Die Tischsitten dienen einem geordneten Ablauf und alles, was darüber hinausgeht, geschieht, um Status zu signalisieren. Klar, ein Staatsbankett läuft anders ab, hat aber auch nichts mit Genießen zu tun. Krawattenzwang und sonstiges Gedöns haben ebenfalls nichts mit Wohlfühlen zu tun. Ungezwungen, das ist mein Credo.

Was mir am Herzen liegt: Warum hat ein Weinglas einen Stiel? Damit man es nicht oben am Kelch in den Würgegriff nimmt, sondern am Stiel ergreift. Und dann noch: Wenn ich mit meiner Frau auswärts esse, ist bei mir grundsätzlich die Tischdecke verkleckert. Wer mit Leidenschaft isst, macht halt Flecken und in einem guten Gasthaus wird das Tischtuch mit jeder Belegung sowieso frisch gewechselt. Don't worry, be happy!

2022

6. JANUAR 2022

SILVESTERHYPE

Ich hatte den Auftrag, zu Silvester für die *Süddeutsche Zeitung* über Feiern und Luxus zu berichten. Der Redakteur wählte den Titel „Protzdem", der Artikel sollte von Kaviar, Hummer und anderen weitgereisten Lebensmittelpreziosen handeln. Ich habe einen ganz anderen Begriff von Luxus und den wollte ich vermitteln: Frisches Holzofenbrot, Bauernbutter, ein Gockel von der Wiese, eine selbstgefangene Forelle und so weiter. Klar, Kaviar darf auch mal sein, selbst ein Hummer, wer noch nie einen probiert hat. Die *Süddeutsche* wollte mich überreden, dass man es an Silvester krachen lassen muss. Muss man nicht.

22. JANUAR 2022

UNSER CARPACCIO IST EINMALIG

Im Spätsommer besuchte ich mit dem Fotografen Gerald von Foris *Harry's Bar* in Venedig. Venedig ohne *Harry's Bar* gibt's bei mir nicht. Wenn man bedenkt, wieviel Geld man übers Jahr zum Fenster hinauswirft, ist ein teurer Restaurantbesuch ein Schnäppchen. Carpaccio vom Rinderfilet wurde dort in den 1950er-Jahren erfunden. Der Rest ist Geschichte. Vom Rest der Welt wurde es umgewandelt und unnötig verziert, überhaupt wird mittlerweile alles, was dünn geschnitten ist, zu Carpaccio. In *Harry's Bar* wird es immer noch klassisch, mit einem Salat dazu gereicht.

Man kann selbstverständlich Olivenöl darübergeben, alles andere ist Augenwischerei. Das Carpaccio auf der Wielandshöhe ist einmalig und ich wüsste nicht, wo es besser schmeckt, auch nicht in *Harry's Bar*. Eines meiner Vorbilder war Paul Bocuse, den ich öfter aufgesucht habe. Mitarbeiter, die bei ihm einen Rationalisierungsvorschlag machten, wurden zusammengeschrien, denn alles, was man in der Küche rationalisiert, wird schlechter. Weltweit (auch in *Harry's Bar*) wird das Rinderfilet aus rationellen Gründen in gefrorenem Zustand mit der Aufschnittmaschine dünn gehobelt und gefroren auf den Teller gelegt, wo es sofort auftaut. Doch das auftauende Zellgewebe verliert Flüssigkeit, der Geschmack ist gemindert. Die Mayonnaise reißt es dann raus.

Spezial-Mayo geht so: Eigelb und Dijonsenf, schwarzer Pfeffer mit Sonnenblumenöl (kein Olivenöl) zu einer Sauce rühren und mit ganz wenig Coleman's Mustard verfeinern. Frisches, nicht abgehangenes Rinderfilet mit dem Sushimesser dünn schneiden, zwischen Folie höchstens einen Millimeter flach plattieren und auf dem Teller verteilen. Dann die Mayo darüberzittern. Es schmeckt wahnsinnig gut, das sage nicht nur ich, das sagen auch die Gäste.

25. JANUAR 2022

VOLKSPHILOSOPHIE

Max, der Entremetier, machte mir ein Schinkenbrot mit dick Mayonnaise darunter. Er meinte: „Wenn'd Wurst ao dick wie's Brot is, is es wurscht, wie dick's Brot is!"

1. FEBRUAR 2022

GESCHWOLLENE ZEITEN

Der Wunsch zu herrschen ist in unseren demokratischen Zeiten vielleicht nicht mehr so ausgeprägt wie im Feudalismus. Aber Herr sein will man doch. Und das Herrentum, früher in die Machtzentren der Höfe eingekapselt, scheint sich nach deren Öffnung als eine seltsam dünne Soße über das ganze Volk ergossen zu haben, um Abertausende kleine Herren sprießen zu lassen: Die Bohne heißt „Prinzess", die Kartoffel „Herzogin", das Rasierwasser „Prestige", der Sekt „Fürst", der Kühlschrank „Monarch", das vom Investor zusammengenagelte Altenheim ist eine „Residenz": Das hausbackene Lebensgefühl unserer rechtschaffenen Republik droht in einem Abgrund von Vornehmheit zu versinken. (Diese Zeilen habe ich in meinem Tagebuch von 1992 gefunden.)

4. FEBRUAR 2022

JUGEND HILFT

Der Lockdown hat mich verändert. Schlechte Stimmung, Depression oder beunruhigende Träume kannte ich bis dahin nicht. Momentan ist mir eine positive Lebenseinstellung erschwert. Ich stehe mit trüben Gedanken auf, denke an die Perversität, in welche der olympische Gedanke mit dem IOC abgerutscht ist, wie wenig echter Kakao in Billigschokolade drin ist, die obszönen Machenschaften der FIFA und des deutschen Fußballbundes, den Gefälligkeits- und Korruptionsjournalismus, vor allem im Internet, das Raubrittertum im Wohnungssektor, das Speichellecken bei Diktatoren, Pushback und Pullback von Flüchtlingen … Eigentlich ist es zum Heulen.

Die Alten schimpfen gern auf die Jugend. Sie behaupten, früher sei alles besser gewesen. Von wegen, nichts war besser, Pfeifendeckel, und in Deutschland schon ganz und gar. Damit ich nicht trübsinnig werde, brauche ich jeden Tag einen Stimmungsaufheller. Betrete ich morgens die Küche, bin ich schlagartig glücklich, dass es die Wielandshöhe mit meinen jungen Mitarbeitern gibt. Bin ich unter diesen oder denke ich an die protestierende Friday-Jugend, könnte ich mich über meine Altersgruppe ärgern. Die Generation unserer Väter und meine Generation, wir haben es verbockt und das Geldraffen zur Religion erhoben. Die Erde wird ausgemostet. Den jungen Leuten sei Dank, ich bleibe eine Frohnatur, die manchmal wackeln darf.

19. FEBRUAR 2022

HEISSE KNIE

Mit der Kickerei war bei mir nie viel los. Irgendwie liefen nach fünf Minuten meine Knie heiß. Kein Schmierstoff im Scharnier, dafür in der Birne. Das hat mich zum Außenseiter gestempelt. Zugeschaut habe ich gerne. Fernseher hatten meine Eltern keinen. Also „live" gucken bei „Normannia" Schwäbisch Gmünd. Das war noch Basisfußball, Leidenschaft, Sport jenseits allen Kommerzes. Wenn ich an die Weltmeisterschaft in Katar denke, wird mir schlecht.

24. FEBRUAR 2022

IMPFEN

Die Stadt hat mich um eine Stellungnahme zum Impfen gebeten, um diese auf ihrer Homepage zu verbreiten. Ich habe folgendes gesagt: „Mein Vertrauen in die Wissenschaft und in unsere Regierung ist sehr groß. Alle geben sich Mühe, wir auf der Wielandshöhe auch. Wir haben 26 Mitarbeiter, alle geimpft, meine Familie und ich sind geimpft, die meisten Gäste sind geimpft. Das wird der Grund sein, dass in der Coronazeit von Anfang an alles glatt verlief. Dafür sind wir dankbar. Sicher haben wir auch Glück gehabt, aber Glück hat viel mit Vernunft zu tun." Anzumerken wäre, dass für alle das Impfen oder Nichtimpfen Privatsache ist und Gäste mit tagesaktuellem Test in der *Wielandshöhe* willkommen sind.

28. FEBRUAR 2022

PAZIFISMUS

Wegschauen gilt nicht. Die Umsätze der Wirtschaft brechen ein, aber Geld kommt irgendwann einmal wieder. Tote bleiben für immer weg. Pazifismus ist eine edle Weltanschauung, aber nur solange, bis man angegriffen wird.

PS: Das russische Volk ist von bewundernswerter Kultur. Unterdrückung begann mit dem Geheimdienst und der Mördertruppe der zaristischen Ochrana, gefolgt von Stalins Chefkiller Lawrenti Beria, Breschnews KGB, der vom FSB abgelöst wurde. Daraus ging der „Musterschüler" Wladimir Wladimirowitsch Putin hervor. Der Mann ist für Schurkerei hervorragend ausgebildet. Desinformation ist sein Spezialgebiet und er setzt damit die Tradition fort, das russische Volk mit einem Mehltau von Unwissen gepaart mit Angst zu überziehen.

4. MÄRZ 2022

SANFT IST DAS GEHEIMNIS

Tante Gene schmorte jeden Sonntag einen Schweins- oder Kalbsbraten, ab und an mal ein Hühnchen. Onkel August brauchte das, sonst hätten Depressionen gedroht. Sie nahm 700 Gramm Kalbs- oder Schweineschulter, etwas Butterschmalz oder Öl kam in den Topf, ordentlich Salz und Pfeffer ans Fleisch, das wurde sanft angebraten. Gerade so, dass nicht die ganze Küche von Fettspritzern gesprenkelt war. Das Fleisch nahm Bräune an, eine Hand voll Zwiebelwürfel wurde darangeworfen.

Mit dieser Unternehmung startete sie sonntagmorgens gegen neun. Bei sehr geringer Energiezufuhr wurde der Topf mit einem Deckel dicht verschlossen. Tante Gene hatten einen ganz simplen Emailtopf, aber immerhin mit einem soliden Deckel. Der ist das Geheimnis, ganz optimal wäre ein Eisentopf mit schwerem Deckel. Nun dünstete das Fleisch bei „Slow Motion" vor sich hin. Die Hitze war so gering, dass der Braten nach und nach seine Flüssigkeit abgeben konnte. Am Inneren des Deckels kondensierte der

Dampf, was das Fleisch ständig betröpfelte. Alle Viertelstunde wurde zur Kontrolle der Deckel gelupft. Wenn man die Hitze richtig dosiert, muss man vorerst nicht ablöschen, sondern nur den Braten drehen und am Topfboden gucken, dass nichts ansetzt. Geschah dies, gab Tante Gene (eigentlich: Regina) ein oder zwei Esslöffel Wasser dazu.

Der Antikoch von heute setzt das ganze Wunderwerk unter Brühe oder Wasser, gibt Vollgas – und mit dem Schmoren ist finito. Im Topf eiert bestenfalls braunes Siedfleisch. Man gewinnt dadurch eine gute Sauce, doch das Fleisch wird strohtrocken. Tante Genes sanfte Art des Bratens ist letztlich nichts anderes als Niedrigtemperaturgaren. Es kommt nicht zum energiefressenden Gluthauch, sondern wir bewegen uns, durch den Dampf unterm Deckel, ungefähr in einem Hitzebereich von 140 Grad. Bis diese geringe Hitze ins Innere des Fleischs vordringt, braucht es mindestens eineinhalb Stunden und dann noch eine Stunde, um das Fleisch weich zu bekommen. Mit einem Schaschlikspieß aus Holz ist der Garzustand gut zu prüfen. Lässt er sich leicht herausziehen, ist der Braten weich.

18. MÄRZ 2022

DIE NEUE LEIDENSCHAFT

Ein Koch hat auch mal Freizeit und da ich momentan mein Wielandshöhen-Areal nicht gerne verlasse, beschäftige ich mich im und rund ums Haus. Gerade lerne ich das Fotografieren mit der Großformat Fachkamera Arca-Swiss und genieße die unschätzbare Hilfe zweier Profis.

23. MÄRZ 2022

DER KINDHEITSTRAUM: EINE WURSTWELT

Die 2016 gestorbene Autorin Fanny Müller habe ich sehr geschätzt, und damit sie nicht vergessen wird, hier einer ihrer Texte:

„Im November ging das Schlachten in meinem Heimatdorf los, und wir Kinder zogen von einem Bauernhaus zum nächsten, um uns dort ungerührt die quiekenden Schweine anzuhören, was uns deshalb nicht weiter störte, weil man als Landkind zu Tieren eine eher pragmatische Einstellung hat. Schweine, Rinder und Schafe waren zum Wurstmachen da, und auch unseren Stallhasen gegenüber waren wir nicht zimperlich: Als Sonntagsbraten waren sie herzlich willkommen. Außerdem waren es dieselben Schweine, die wir im Sommer mit Luftgewehren beschossen hatten; eigentlich sollten wir die Ratten treffen, die damals immer noch in den Schweineställen hausten und sich sauwohl fühlten, aber die waren zu schnell. ... Meistens trafen wir doch eine Sau, und so waren wir das Quieken schon gewohnt.

Dann ein dumpfer Schuss. Und kurz danach hing das Schwein schon an der Scheunenwand, nachdem es ausgeblutet war. Für die Blutwurst rührten die Männer stundenlang das Blut, damit es nicht gerinnen konnte. Wir standen dann in einer Reihe, denn wenn der Schlachter, der nacheinander von den großen Bauernhöfen bestellt wurde, in großen Kesseln die Innereien kochte, kriegten alle einen dampfenden Lappen in die Hand geklatscht: gekochte Leber!

Wird mir heute noch schlecht, wenn ich daran denke. Wir zogen uns auf den Heuboden zurück, was streng verboten war, und mampften das Zeug weg. Etwas später gab es dann die Leberwurst, von der alle Nachbarn was abkriegten; grobe, feine und fast rohe, die gebraten mit Sauerkraut auf den Tisch gebracht wurde. Dazu gab es noch Grützwurst; zuerst musste die Grütze eingeweicht werden, während der Schlachter die Därme reinigte, und später wurden die Würste ganz kurz geräuchert, bis sie verspeist werden konnten. Blutwurst war außer Leberwurst und Grützwurst die Dritte im Bunde. Wegen der kleinen Speckstücke nannten wir sie schlimme Augen-Wurst.

Wir lungerten immer noch ein bisschen herum, weil es dann und wann noch einen Happen gab. Die Frauen schnitten das Fleisch in kleine Stücke für die Sülze, und ab und zu reichten sie ein paar Stücke nach hinten ‚för dat lütte Kroppzeuch', ohne sich umzudrehen. Sie wussten, dass immer mindestens ein Kind hinter ihnen stand. In der Waschküche banden sie dann die Würste ab und ließen sie vorsichtig im Waschkessel sieden, damit keine platzen konnte. Sollte das doch mal der Fall sein, so standen wir jedenfalls Gewehr bei Fuß daneben und fraßen, was uns zugeworfen wurde. Das darf man Vegetariern heute gar nicht erzählen, da kriegen die ja gleich einen Ausschlag.

Auch die Mettwurst war nicht ohne, aber die gab es erst ein paar Wochen später, wenn sie geräuchert war, allerdings musste sie ein paar Tage ‚aushängen' und kam erst dann in die Räucherkammer. Mettwurst musste erst sehr lange geknetet werden, was wiederum Aufgabe der Frauen war. Vorher wurde sie noch gesalzen, gepfeffert, mit Senfkörnern versehen und mit ein paar Gläsern Rum getränkt, den der Schlachter mitgebracht hatte. Gegen Abend wurden die Bauern immer sehr fröhlich. ... Meine Mutter war auf die Mettwürste besonders scharf, aber für die Bauern gehörten sie zum täglich Brot, und bei Hochzeiten, Kindstaufen, Beerdigungen und ähnlichen ausgelassenen Festivitäten wurde ‚Aufschnitt' vom Schlachter aus der Stadt geholt, weil der Bauer sich nicht lumpen lassen wollte. Der schmeckte zwar nicht entfernt so gut, war aber ‚feiner'.

Als ich einem Freund schrieb, dass ich gerade beim Verfassen eines Artikels zum Thema ‚Wurst' sei, schrieb er gleich zurück, dass ihm ‚spontan' eine Zeitungsmeldung eingefallen sei, nämlich aus der Deutschen Zeitung vom 18.11.1918 (wieso ihm das spontan einfiel, weiß ich auch nicht, denn er wurde erst etwa 50 Jahre später geboren): ‚Zwischenfall im [Berliner] Dom. Als gestern Oberhofprediger D.V. Dryander im Dom den Gottesdienst abhielt, unterbrach ihn ein besser gekleideter Herr mittlerer Jahre und hielt von der Empore herab eine Ansprache, die mit den Worten schloss ‚Jesus Christus ist uns Wurst'. Pfuirufe ertönten, viele Frauen brachen in Tränen aus, der Geistliche barg das Gesicht in Händen. Die Gemeinde stimmte aber sofort in den Choral ein ‚Ein feste Burg ist unser Gott!' Der besser gekleidete Herr mittleren Alters war (nicht d e r !) ein Oberdadaist, der später von Berlin nach Hamburg floh und von dort 1943 wg. Bombardierung in die niederbayerische Kleinstadt Landau an der Isar umquartiert wurde, wo er den Rest seines Lebens zubrachte.

Fragt sich nur: Eine welche Wurst ist unser Gott? Mettwurst? Leberwurst? Blutwurst? Gammelfleisch? Und wo ist der Choral, der diese blasphemische Betrachtung niedersingt? Ist doch logisch – ‚überall ist Gott zugegen' (Koran): ‚Wem Gott will rechte Gunst erweisen, den schickt er in die Wurstfabrik, dehen lässt er in die Wurst reinbeißen und wünscht ihm guten Appetit.' Ein leicht verfälschtes Lied von Eichendorff, das wir Nachkriegskinder mit Inbrunst schmetterten. Von der weiten Welt hatten wir keine Ahnung, aber in unseren Träumen waren wir in einem Himmel, der voller Würste hing."

Zur Autorin: Fanny Müller (eigentlich Ingeborg Glock, 1941–2016) wohnte im Hamburger Schanzenviertel. Bevor sie bekannt wurde, arbeitete sie unter ihrem bürgerlichen Namen als Lehrerin. Zwischen 1986 und 1987 vertrat sie als Abgeordnete die Grün-Alternative Liste in der Hamburger Bürgerschaft. Weiterhin betätigte sie sich in der Gewerkschaft Erziehung und Wissenschaft, dem Verein Graue Panther e.V. in Hamburg, sympathisierte mit der Bunten Liste und zählte zu den Gründungsmitgliedern der Alternativen Liste. Unter dem Pseudonym Fanny Müller schrieb sie ihre Geschichten von Frau K., die zuerst im Satiremagazin Kowalski und in der *taz* erschienen. 2005 wurden ihre „witzig-bösartigen Glossen" mit dem Ben-Witter-Preis ausgezeichnet.

30. MÄRZ 2022

RUSSEN BEWUNDERN

Gestern, am freien Tag, kam mir in den Sinn, mir mal wieder einen russischen Dichter einzuverleiben. Ich kam darauf, weil es in Deutschland unzählige Dumm- und Bösköpfe gibt, die Wladimir Wladimirowitsch Putin mit seinem Volk verwechseln. Also habe ich mein Russen-Bücherregal sortiert und mir den Schriftsteller Iwan Bunin, ganz nebenbei ein Nobelpreisträger, gegriffen. Man hat mit russischer Literatur hochkarätigen Lesestoff für viele Leben.

Diesen Literaten zu Ehren höre ich im Bett „Krieg und Frieden" von Leo Tolstoi. Auch Nikolai Gogol, Fjodor Dostojewski, Ivan Turgenjew, Kusmin, Maximowitsch, Ossip Mandelstam, alles meine Lieblinge, müssen unbedingt wieder gelesen werden. Mit der modernen russischen Literatur kenne ich mich nicht gut aus, das muss geändert werden. Befasst man sich mit der Intelligenzija, könnte man ehrfürchtig werden. Die Musik von Rimsky-Korsakow, Tschaikowski, Schostakowitsch, Diaghilev, das Ballett, die Kunst, beispielsweise Kasimir Malewitsch. Auf diese Kulturleistungen können sich die Russen etwas einbilden.

31. MÄRZ 2022

GERMAN ÄNGST

Die (sozialen) Medien gehen mir unglaublich auf den Keks. Dauerbombardement, wie schlecht es uns bald gehen wird. Die Heizung! Hoffentlich kommt bald Schnee, damit wir uns ein Iglu bauen können. Das Speiseöl geht aus, na und? Dann kochen wir halt mit Schmalz weiter. Die Rezession wird uns ersticken. Egal welche Einschränkungen uns aber ins Jenseits schicken könnten, es wird nicht dazu kommen, weil wir schon vorher vor Angst tot umfallen.

16. APRIL 2022

GEDANKE ZUM KARFREITAG

Blos Fisch isch au nix. Jetzt bin ich mir gar nicht sicher, ob Boeuf Stroganoff unter die Sanktionen fällt. Ob man das noch kochen darf?

2. MAI 2022

ÜBER SCHWEINEKOTELETT UND KARTOFFELSALAT

Damit es nicht ganz in Vergessenheit gerät, wie ein Schweinekotelett aussehen muss: mit Fettrand und gut marmoriert. Ist es mager und so, wie die Ärzte anraten, war das Schwein nicht glücklich. Man hüte sich davor, etwas Unglückliches in sich hineinzustopfen. Wer das tut, dem sehe ich es von Weitem schon an. Findet man marmoriertes Fleisch nicht, dann lässt man es einfach bleiben, denn selbst Ähnliches ist nicht dasselbe. Dann esse ich lieber Kartoffelsalat ohne Kotelett, vielleicht mit einem Spiegelei.

PS: Kartoffelsalat kann man getrost im Kühlschrank ein bis zwei Tage aufbewahren und bei Bedarf futtern. Was auf den Tisch kommt, wird schnell mit etwas geriebener Zwiebel gewürzt. Ich nehme gerne viel Schnittlauch. Doch sind diese Liliengewächse erst im Kartoffelsalat, kann man ihn nicht mehr deponieren und sollte ihn binnen einer halben Stunde essen.

4. MAI 2022

EIN RICHTIGER LUMP

Der Fotograf David Douglas Duncan, ein US-Amerikaner, besuchte immer wieder Picasso, war quasi dessen Hoffotograf. Der Mann war nicht arm und eines Tages kam er mit seinem Dackel „Lump“ über den Atlantik, um einen Mercedes 300 SL zu erstehen. Er reiste nach Stuttgart und

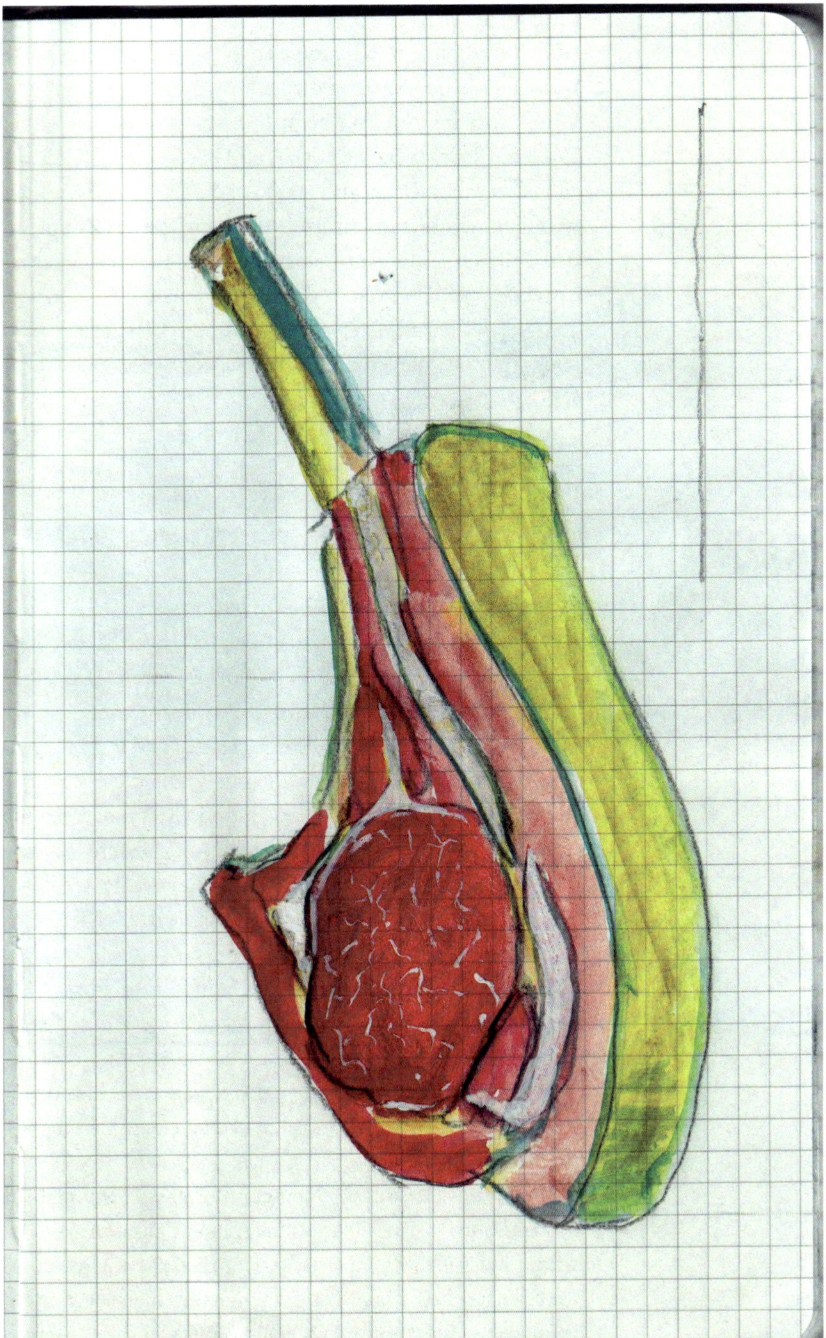

Picasso, der sich für alles interessierte, war mit von der Partie. „Lump" verliebte sich sogleich in Picasso. Duncan reiste mit seiner neuen Karre in die USA zurück und „Lump" entschied sich fürs Bleiben beim Künstler. Fortan saß er bei Tisch auf seinem eigenen Stuhl und hatte seinen Teller vor sich. Das war auch so, als Picasso in die Ehrenlegion aufgenommen wurde und Ministerpräsident Georges Pompidou den Orden vorbeibrachte. Normalerweise macht sich ein zu Ehrender auf den Weg in den Elysée-Palast. Der Künstler aber weigerte sich, nach Paris zu reisen. Vielleicht war es auch „Lump", die größte Liebe Picassos, der keine Lust hatte.

(Das Buch dazu: „Picasso & Lump, A Dachshund's Odyssey", Bulchfinch Press New York.)

6. MAI 2022

GRUSS VON DER KÜCHENDUNST-ABZUGSHAUBE

Lieber R …,

vielen Dank für Deine Mail. Den berühmten Koch in New York kenne ich nicht, aber gute Köche wie auch Modeköche gibt es mittlerweile massenhaft. Viele werden schnell berühmt und verschwinden wieder. Das liegt daran, dass sie nicht kochen, was sich aus ihrer Herkunft und ihrem Leben entwickelt hat. Viele pflegen ihr Ego und wollen Künstler sein. Es kommt so zu einer suchend-nervösen Kocherei, die dem Zappen beim Fernsehen ähnelt. Auch unsere Stammkundschaft will Abwechslung, sucht aber in erster Linie eine Heimat und keine hektische Vielfalt. Der echte Feinschmecker besucht immer mal wieder ein gutes Lokal, will jedoch kein anstrengendes Event, sondern geruhsam Erwartungen erfüllt haben. Deshalb kocht die *Wielandshöhe* altmodisch, doch stets mit moderner Weiterentwicklung, mit dem Blick auf Gemüse, sogar rein vegetarisch, verbiegt nicht die Natur und serviert höchstens einen Fleischgang im Menü.

Tochter Eva besuchte vergangene Woche ein Sternelokal in Straßburg und fand die Klage von Alain Ducasse bestätigt, dass sich die klassische französische Küche kaum weiterentwickelt. Das Mittagsmenü: Entenleber gebraten, gefolgt von Hummer und als Hauptgang Kalbsbries. Gemüse fand nicht statt. Alles mit guten Sößchen, es hat sehr

geschmeckt, aber die Schwerverdaulichkeit hielt lange an. Liebe Grüße von – Old Vincent

7. MAI 2022

RICOTTA AUS HEUMILCH

Sehr wahrscheinlich gibt es so etwas zu kaufen, nur muss man es finden, was mir nicht gelungen ist, also mache ich Ricotta selbst. Mascarpone wird übrigens genauso hergestellt, nur nimmt man anstatt Milch einfach Sahne. Beides mache ich selbst, weil ich den Fertigprodukten nicht über den Weg traue. Dass Selbstgemachtes besser schmeckt als das Industriezeugs, ist eh klar. Und so geht es:

Zutaten:

1 l	Heumilch oder Biomilch
1/2 TL	Salz
4 EL	Zitronensaft, durch ein Tuch filtriert

Milch und Salz vermengen, auf 80° erhitzen, also tunlichst nicht kochen. Zitronensaft einrühren, bis die Milch gerinnt. Eine Minute lang rühren und aufpassen, dass wir nicht über 80° kommen. Die Milch müsste jetzt ausgeflockt sein. Deckel drauf und für zehn Minuten zur Seite stellen. Nun alles in ein Sieb gießen, das mit einem sauberen Tuch ausgelegt ist. Zuvor eine Schüssel für die Molke darunterstellen. Nach einer Stunde eventuell den Ricotta noch auspressen oder so saftig lassen, wie er ist. Die Molke ein wenig salzen und trinken. Bestreut man den Ricotta mit Zucker oder serviert ihn mit Früchten, gibt das ein phantastisches Dessert ab. Gesalzen hat man ein wunderbares Vesper. Man kann Peperoni darunterhacken oder Kräuter darangeben, ganz wie es beliebt.

22. MAI 2022

HELGOLÄNDER HUMMER …

… war fast ausgestorben, als nach dem Krieg die Engländer den Felsbrocken Helgoland vor der Haustüre ihres so großen Britanniens auseinandersprengen wollten. Am 18. April 1947 zündeten sie fast 7000 Tonnen Sprengstoff. Die Rauch- und Aschesäule war hunderte Meter hoch und verseuchte das Gebiet. Es war die größte nichtatomare Explosion bis heute. Logisch, dass bei diesem WUMMS auch die Meeresbewohner dezimiert wurden.

Bis 1939 holten die Fischer pro Saison noch circa 80.000 Tiere aus dem Gewässer, mehr als 100 Fischer konnten davon leben. Mittlerweile hat eine Initiative den Helgoländer Hummer mühsam wieder aufgepäppelt. Er gilt geschmacklich dem Bretonischen überlegen, ich kann das bestätigen. Forscher der Biologischen Anstalt Helgoland des Alfred-Wegener-Instituts (AWI) verweisen darauf, dass die Tiere vor der Insel eine genetisch eigene Population bilden. Der Helgoländer Hummer kann nur überleben, wenn sich verantwortungsvolle Fischer darum kümmern. Wenn ich recht gezählt habe, sind nur noch zwei Capitanos am Start. Für ein 1,5-kg-Tier zahlt der Kunde etwa 200 Euro. Die Fischer können trotzdem kaum davon leben und brauchen eine Zusatzbeschäftigung.

Eigentlich ist Hummerkochen nicht mein Ding und der sogenannte Maine-Hummer aus den USA kommt mir schon seit langem nicht ins Haus. Der Helgoländer ist aber eine kulinarische Rarität, man muss verantwortungsvoll damit umgehen. Ganz schlimm, geradezu grauenhaft ist das Rockland Hummerfestival in Maine zwischen Portland und Bangor. Man lese den aufrüttelnden Essay des Schriftstellers David Foster Wallace „Am Beispiel des Hummers".

Nach dieser Lektüre ist wirklich „ausgevespert".

Ein klein wenig habe ich von unserem Hummer probiert, denn (berechtigt) teuere Ware darf der Wirt nicht selbst aufessen, es bringt ihn ins Armenhaus. Die vier Tiere sind am Samstag verkauft worden. Sie waren alle um die zwei Kilo schwer, ungefähr 14 Portionen zu jeweils 60 Euro wurden als lauwarmer Salat dankbar verspeist. Da heißt es, die Schwaben seien geizig.

26. MAI 2022

O SOLE MIO

Demnächst gibt's eine Lesung (mit Musik) aus meinem Buch „Ein Bauch spaziert durch Venedig". Zur Aufführung kommt auch der musikalische Dauerlutscher „O Sole Mio" von Eduardo Di Capua. Was ich lange nicht wusste: Der Neapolitaner komponierte das einzige Lied, das die Gondolieri Venedigs singen können, in der Ukraine, genauer: in Odessa.

26. MAI 2022

HYGIENE KANN EINFACH SEIN

Mein Vater, Amtstierarzt mit freier Praxis, amtete auch als Chef des Wirtschaftskontrolldienstes und als Chef des Schlachthofs von Schwäbisch Gmünd. Vater war Hygienefanatiker, arbeitete jedoch nie mit Gummihandschuhen, sondern pflegte extrem kurze Fingernägel mit der Nagelbürste. Darüber hinaus drehte sich bei ihm alles um die Nase. An den Gerüchen erkannte er genau das Was und Wo des Stinkens. Gemüffel kommt nicht von ungefähr, oft sind Bakterien im Spiel oder es ist schlichtweg Unsauberkeit. „Wasser-Seife-Handtuch“, das war Papas Dreifaltigkeit, was er bei den Bauern gleich nach der Begrüßung im Befehlston über den Hof brüllte.

Er war gelernter Bakteriologe und betrachtete die Mikroorganismen als Teil unserer Welt, als Tierchen, die nur um ihr Leben kämpfen. Seine Promotion erlangte er auch nach Einnahme von Sulfonamiden, als er die Eiterbeule des Gemeindeebers von Waldstetten vor einem Auditorium verspeiste. Er hat an den Siegeszug des Penizillins geglaubt und dessen Wirksamkeit bewiesen. Vor vierzig Jahren schon hat er vor der leichtsinnigen Verwendung von Antibiotika gewarnt und davor, dass sich die Tierchen den durch Antibiotika erschwerten Bedingungen anpassen würden.

Besser Vorbeugen statt Heilen war seine Devise. Seine wichtigste Hygieneregel, wie gesagt: kurze Fingernägel. Mir brachte er den Sinn dafür im Schlachthof von Schwäbisch Gmünd bei. Ich war etwa zwölf Jahre alt, als er mich vor das Elektronenmikroskop setzte. Ich hatte dreckige Fingernägel, musste diese putzen und ein Staubkorn Nageldreck auf einen Objekträger legen. Ein zweites Glas kam auf den Objektträger und dann wurde alles in das Mikroskop geschoben. Was ich sah, habe ich nie vergessen. Es war vor lauter wuselnden Bakterien geradezu der Teufel los. Ich lernte schnell das für mich schwierige Wort „Hügenie“ richtig auszusprechen.

Heute pflegen wir scheinbar optimale Hygiene, überall Hauben, Mundschutz, Gummihandschuhe und Desinfektionsmittel ohne Ende. Gummihandschuhe und Plastikschneidbretter bieten für Bakterien allerdings ideale Lebensbedingungen. Deshalb empfehle ich geschrubbte Holzbrettchen, die ich leider in der gewerblichen Küche nicht verwenden darf. Und dann: weg mit den Fingernägeln. Alleine durch gestutzte Nägel und die Wasser-Seife-Handtuch-Regel hat man 90 Prozent der Hygieneprobleme gelöst.

8. JUNI 2022

… UND AB AN DEN LAGO MAGGIORE!

Man kann verreisen, in alle Richtungen den Hals drehen, glotzen und staunen. Es ist mir einmal passiert, dass der Nachbar auf die Frage, ob es in Antalya schön war, mit der hammerharten Meldung rüberkam, es sei klasse gewesen „ond es hot fascht koine Türka ghet (gehabt)!“ Reisen dient der Befriedigung von Neugierde, dem Dazulernen, doch gerade Letzteres ist nicht jedem gegeben. Mancher kommt blöder nach Hause als er abreiste. Gewiss, es gibt erschöpfte Leute, die stundenlang in der Sonne herumliegen und vom Beruf so ausgepowert sind, dass totalen Bewegungsmangel sogar der Arzt empfiehlt.

Wer es gar nicht mehr vom heimischen Sofa herunterschafft, davon bin ich nicht weit entfernt, könnte ein Buch erwandern. Es gibt Werke, mit denen man lesend auf Reisen gehen kann. Sie sind so lebendig und inhaltsreich verfasst, dass ich keinen Grund verspüre, mich den Unfähigkeiten der vergangenen Bundesverkehrsminister zu widmen. Reisen hat auch mit Kondition zu tun und wer es im Stuttgarter Umbaubahnhof (Wanderschuhe sind zu empfehlen) bis ins Abteil schafft und anschließend von der Haltestelle Flughafen Frankfurt die gefühlten sechs Kilometer zu seinem Abfluggate erlatscht hat, der weiß, dass Reisen sich anfühlen kann, als bezöge man Prügel.

Das kann niemals passieren, wenn man sich in Wolfgang Abels Buch versenkt und nach Stunden erst wieder auftaucht: „Lago Maggiore. Leiser Luxus am großen See”. Nach den 370 Seiten weiß man über das langgestreckte Seen-Paradies und die angrenzenden Hänge mehr als so mancher Einheimische. Oft besuchte ich die Ufer dieses Gewässers. Es war schön, aber das war schon alles, was ich wusste. Mit diesem Buch hat sich das geändert. Letztlich hat es mich aus der heimischen Horizontalen gerissen. Ich kann jetzt nicht weiterschreiben, ich muss mich ins Auto schwingen – und ab an den Lago!

28. JUNI 2022

EIN MANN DES FRIEDENS

Erasmus von Rotterdam, 1466 in Rotterdam geboren, starb 1536 in Basel. Von allen Gelehrten anerkannt, wirkte er als größter Denker seiner Zeit. Er schrieb und lehrte in England, Frankreich, Deutschland, lebte lange in Straßburg. Gegen Ende wohnte er im liberalen schweizerischen Basel, denn es dräute immer die Gefahr, dass er auf dem Scheiterhaufen vatikanischer Eiferer landen könnte. Für die Reformen der Kirche setzte er sich ein, wengleich ihm sein radikaler Zeitgenosse Martin Luther zu weit ging. Dieses zukunftsweisende Vaterunser mit Kommentaren ist von ihm:

Ein Soldatenvaterunser ist nichts als eine große Lüge
‚Vater unser'
du wagst ihn Vater zu nennen, der du deinem Bruder an die Kehle willst?
‚Dein Name werde geheiligt'
kann Gottes Name mehr entheiligt werden als durch gegenseitigen Krieg?
‚Dein Reich komme'
so betest du, der du deine Herrschaft auf Blutströme gründest?
‚Dein Wille geschehe'
Frieden will Gott, du aber rüstest zum Krieg.
‚Unser täglich Brot gib uns heute'
darum bittest du den Vater unser aller, der du die Saaten deines Bruders versengst und auch deine Saat lieber zerstörst, als für den Nutzen des Bruders verbraucht sehen möchtest?
‚Und vergib uns unsere Schuld, wie auch wir vergeben unseren Schuldigern'
wie kannst du das sprechen, der du zum Morde eilst?
‚Und führe uns nicht in Versuchung'
deinen Bruder führst du geflissentlich in Gefahr!
‚Sondern erlöse uns von dem Übel'
wie willst du das beten, der du darauf sinnest, dem Bruder das Schlimmste zuzufügen?"

Westportal
Basler Münster
Hier ruht Erasmus

Die Theologen sollen sich zusammenschließen, gegen den Krieg eifern, öffentlich und privat den Frieden predigen; können sie ihn nicht erwirken, so sollen sie wenigstens den Krieg nicht billigen, denn Evangelium und Krieg vertragen sich wie Feuer und Wasser.

Soweit der immer noch aktuelle Erasmus von Rotterdam. Nahezu alle Humanisten der Renaissance schlossen sich den Gedanken des „Erasmo" an. Sie machten allerdings keinen Unterschied zwischen angreifenden und abwehrenden Soldaten, zwischen Angreifern und Verteidigern. Was letztlich den totalen Pazifismus zu einem zweischneidigen Schwert macht.

PS: Diese Zeilen wurden für alle Christen geschrieben, so auch für die orthodoxe Fraktion. Was den Moskauer Patriarchen Kyrill nicht gut aussehen lässt.

19. JULI 2022

FEELIN' ALRIGHT

Bei dieser Hitze fällt mir eine Platte von Joe Cocker ein: „Only mad dogs and Englishmen go out in the midday sun!" Darauf einer meiner Lieblingssongs, „Feelin' Alright", obwohl ich ansonsten Hardcore-Jazzer bin. Vor Jahrzehnten lief diese Soulnummer in Überschall-Lautstärke in der Bundeswehrkantine. Ich war so begeistert, dass ich im Übermut einen Schuss aus einer Walter-PPK an die Decke abfeuerte. Es war nur eine Platzpatrone, aber was heißt „nur"? Die 9-mm-Patrone entlud sich im geschlossenen Raum unglaublich ohrenbetäubend, ich war selbst total erschrocken. Fast der ganze Saal fiel vom Hocker und ich wurde degradiert (wieder einmal, insgesamt viermal). Heute könnte ich angeben und mich zum Pazifisten stilisieren. Dabei war ich als junger Kerl nur langanhaltend völlig bescheuert.

21. JULI 2022

DER WEIN IST EIN GEDICHT, WARUM NICHT?

Aus einem schön gebundenen Versebuch den Geladenen an der gedeckten Tafel ein Gedicht vorlesen, das fände ich eine gute Idee. Oft ist es doch so, dass man sich zum Essen einfindet, und die ersten Minuten des Zusammentreffens geraten etwas ungelenk. Oder die Vorspeise ist noch nicht fertig, in der Küche herrscht Verzweiflung. Wenn es nicht

allzusehr aus der Küche scheppert und die Flüche der Gastgeberschaft nicht im Fortissimo tönen, da könnte doch einer zu einem Buch greifen, für alle einen Segen spendieren und eine harmonische Umarmung starten.
Als geeignet dafür empfehle ich von Thilo Bock „Du bist für misch wie Camembert. Verfressene Verse."
Verlag Eulenspiegel, 2022.
Etwa über die Salami:

Salami – lächelnd, locker, leicht,
mit spitzer Gabel dargereicht
in die verklebte Kinderpranke.
Und Mama flüstert noch: „Sag Danke!"
Salamifachverkäuferinnen,
bemüht, uns früh schon zu gewinnen,
auf dass ihr Stoff zur Sucht uns treibe.
Umsonst ist bloß die erste Scheibe.

30. AUGUST 2022

NEWS

Zwischen Information und Wissen liegt ein weites Feld!

1. SEPTEMBER 2022

ENDLICH DIE RICHTIGE GUSSEISENPFANNE GEFUNDEN

Nun bin ich genau 55 Jahre Koch und in all diesen Jahren habe ich noch nie einen Pfennig für Werbung genommen. Wenn aber etwas richtig gut ist, sage ich es weiter. Gusseisenpfannen gibt es unzählige, meist grob gegossen mit einer Oberfläche wie Schmirgelpapier. Das ist genau die Textur, welche diejenigen erfreut, die über einen schweren Hammer verfügen, um das Bratgut vom Eisen zu befreien. Was ich bis jetzt ausprobiert hatte, backte dermaßen fest, dass man zu Kriegsgerät greifen musste, um einen Pfannkuchen in den Müll zu kratzen.

Ich bin doch fündig geworden, und das Schöne ist, die Sturpfannen (www.sturcookware.de) glänzen auch noch schwarz. Ich nenne Sie meine „Black Beauties" (hoffentlich ist das jetzt nicht rassistisch in diesem wahnsinnig gewordenen Genderdeutschland). Man muss sie allerdings vorbereiten, ehe sie zum Einsatz kommen. Ein bisschen Öl in der Pfanne erhitzen, bis es etwas raucht, dann vom Herd ziehen und mit Küchenkrepp so ausreiben, dass noch ein Fettfilm antrocknen kann. Etwas abkühlen lassen und wiederum mit etwas Öl ausreiben. Sanft erhitzen, ausreiben. Trocknen lassen und los geht's mit dem Spiegelei. In fünf Minuten war alles geritzt.

PS: Es gibt Videos, in denen dieses Procedere genau erklärt wird.

24. SEPTEMBER 2022

ENERGIE SPAREN

Nach einem halben Jahrhundert als Koch bin ich die fleischgewordene Ungeduld. In einem guten Restaurant müsste alle 15 Minuten irgendetwas serviert oder Wein eingeschenkt werden. Das wäre der Idealfall, länger als 20 Minuten darf keine Pause sein. In ganz feinen Restaurants, die ich nur noch ganz selten aufsuche, bin ich manchmal von der Wartezeit auf das Amuse Gueule und dem dadurch entstehenden Frusttrinken schon beschickert. Weshalb ich privat, am freien Tag, meist einen Eintopf mache und dafür ist ein Dampfkochtopf unentbehrlich. Die Dinger sind heute idiotensicher und sparen enorm Energie.

Vom Stromverbrauch frisst am meisten der Ofen, weshalb meine Oma, die Haushälterin Agathe oder die Tante Gene, dessen teure Energie nur für den Sonntagskuchen oder an Festtagen nutzten. Selbst das „Göggele" wurde im Topf gebraten, immer mit Deckel drauf. Nichts ist fürs Kochen wichtiger als der Deckel, der Duft zieht so nicht zum Nachbarn hinüber, den womöglich Magenkrämpfe schütteln, da er gerade eine Hungerkur zu überstehen hat.

Den optimalen Duftgeiz liefert der Dampfkochtopf, der lässt nichts raus. Darin bastele ich einen „Westfälischen Pfefferpotthast", ein herrliches, für die Food-Fotografie unbrauchbares Gericht. Sehniges, preisgünstiges Rindfleisch wird in breite Streifen (mit der Faser) zerlegt, danach gegen die Faser in dünne Flecken geschnitten. Viel Pfeffer drauf und ordentlich Salz. Möglichst mehr geschnittene Zwiebeln als Fleisch und rein in den Dampfkochtopf. Ein Achtel Wasser darüber, Deckel schließen. Garzeit in einem normalen Topf: bis zu zwei Stunden. Bei mir war der Spuk nach zwanzig Minuten beendet. Der Topf kommt nach dieser Zeit unter Druck in die Spüle und dann kaltes Wasser darüber. Der Druck fällt in sich zusammen, der Deckel lässt sich leicht öffnen. Solange der Topf aus deutscher Fabrikation ist, ist es unmöglich, damit einen Unfall zu bauen. Abschließend ausdauernd umrühren, damit die Zwiebeln die Bindung übernehmen. Ein bisschen Mehl in Rotwein angerührt dazu. Aufkochen, mit Salz abschmecken und fertig. Ein anständiges Brot dazu wäre nicht schlecht. Mein Topf kostet ungefähr 150 Euro. Über die Jahre hat man einen Energie- und Zeitgewinn, der womöglich in die Millionen Euro und Stunden geht.

11. OKTOBER 2022

RATATOUILLE AUF DEUTSCH

Gemüse wird fast immer in Salzwasser gekocht. Es geht schnell, das Gemüse behält seine Farbe und sieht schön aus. Doch alle Inhaltsstoffe bleiben erhalten, wenn man das Gemüse mit Deckel darauf dünstet und gerade soviel Flüssigkeit beigibt, dass es nicht anbrennt. Das erfordert etwas Aufmerksamkeit. Der Deckel muss dicht schließen. Vier Esslöffel Wasser beigeben. Egal ob viel Energie oder wenig, kocht die Flüssigkeit, haben wir 100 Grad erreicht. Bei Vollgas wird nichts heißer oder geht schneller. Es verdunstet nur die Flüssigkeit rasch und alles brennt an. Bei niedrigster Hitze passiert das nicht. Das Gemüse selbst gibt Wasser ab und im Topfboden bildet sich ein konzentrierter Fond.

Auf diese Art bereiten wir nun ein Ratatouille aus Auberginen, Zwiebeln, Zucchini, Tomaten, Paprikaschoten und Knoblauch, ein Gericht der französischen Provence. Nehmen wir die preiswerten Gemüse aus unserem Landstrich, so wäre das Knollensellerie, Karotten, Kartoffeln, Zwiebel, Kohlrabi, Steckrübe, Rettich. Letzterer ist heiß ein prima Gemüse. Würzig abgerundet wird durch Lauch.

Wollen wir das Gemüse rundum anbraten und dann unter dem Deckel weichgaren, haben wir ein Schmorgericht. Ohne Farbe nennt es sich gedünstetes Gemüse, wobei das Wort gedünstet an etwas Fades erinnert, das ist bei unserem Gericht keineswegs der Fall.

Zutaten:
1 Sellerieknolle
2 Kartoffeln

2 gelbe Rüben
1 Zwiebel
1 kleine Steckrübe
1 Rettich
1 Kohlrabi
1 EL Butter
Pfeffer, Salz, Muskat.

Topf auf den Herd, Butter hinein und die walnussgroß zerteilten Karotten und die in Scheiben geschnittene Zwiebel gleich hinterher. Vier Esslöffel Wasser, Pfeffer und Salz geben wir bei. Nach fünf Minuten folgt der Rest, außer dem Lauch. Die Gemüse sind gleich groß geschnitten und die Hitze ist gerade so, dass sich auf dem Topfboden ein bisschen was tut. Immer wieder umrühren und schnell den Deckel wieder darauf, damit der Dampf nicht entfleucht. Nach 15 Minuten (oder ein klein wenig länger) dürfte das Gemüse fast fertig sein. Nun den Lauch dazu, Deckel darauf, drei Minuten bei geringster Hitze garen und den Herd abschalten. Ein bisschen warten, den Deckel lupfen und mit Muskat und eventuell noch etwas Salz abschmecken.

21. OKTOBER 2022

RISO CARNAROLI SUPERFINO …

… ist die beste Reissorte der Lomellina mit dem zentralen Ort Vigevano, der einen der schönsten Plätze der Welt bereithält. Dieses Reisanbaugebiet südwestlich von Mailand liefert den Stoff, mit dem Küchencracks bevorzugt ihr Risotto zaubern. In Italien war das nicht immer so, für „Riso“ begnügte man sich oft mit billiger ausländischer Ware. Längst nicht mehr werden durch intensive Anbaumethoden in der Poebene, durch Überdüngung mit Phosphaten und unmäßige Anwendung von Herbiziden die Gewässer vergiftet, die allesamt in den wahrlich gestressten Po münden. Einige Bauern besinnen sich inzwischen wieder auf Qualität und Tradition, denn für gute Reissorten werden bessere Preise gezahlt und in den Feldern kann man sich größeren Aufwand leisten. So können durch Fluten der Reisfelder viele Unkrautarten vernichtet werden, umgekehrt wird auch mit kurzzeitigem Austrocken Ähnliches erreicht.

Im Frühjahr werden die Setzlinge auf gewässerte Felder gesteckt, sie wachsen kniehoch heran. Im Sommer der Poebene – die Gegend ist im August tunlichst zu meiden – wiegen die Felder in flirrend feuchter Hitze an der 40-Grad-Marke und sind von Ferne unseren Getreidefeldern sehr ähnlich. Nur beim direkten Hinschauen entdeckt man, dass die Pflanzen mehrere Zentimeter im Wasser stehen. Erschrecken Sie nicht, wenn im Reis ein Platschen und wildes Blubbern die bleierne Ruhe stört. Irritierte Frösche bringen sich in Sicherheit. Gegen Abend, wenn die Tiere einen lauten Chorgesang anstimmen, ist man da eher vorbereitet. Die unzähligen Frösche sind ein sicheres Indiz für schonenden Anbau, nachdem der berühmte „Risotto alle Rane" (Risotto mit Fröschen) in den Gasthäusern der Gegend zur Rarität geworden.

Die Klassifikation „Superfino" steht für kleinstes Korn und „Riso Speciale" ist sehr schonend geschält. „Riso Integrale" ist biomäßig und noch mit allen Häutchen versehen, genau richtig für deutsche Sandalenträger und skorbutverängstigte Vitaminfanatiker. Mittlerweile empfinde ich Vollkornreis als geradezu umweltschädlich, denn bis er weich ist, kann eine Dreiviertelstunde ins Land gehen, eine enorme Energieverschwendung.

Rezept für zwei Personen, die für drei essen:

1 Tasse	Reis
2	Schalotten, feingeschnitten
100 g	Butter (mindestens)
ca. 1 Liter	Fleischbrühe

Den Reis mit etwas Butter und den Schalotten in einen heißen Topf geben und alles scharf anrösten. Sobald die Schalotten oder der Reis braun zu werden beginnen, wird mit der Brühe abgelöscht und der Topf bis drei Zentimeter über dem Reis aufgefüllt. Klassisch wäre eine Fleischbrühe, Gemüsebrühe geht auch, Tintenfischrisotto wird mit Fischbrühe gekocht. Den Topf mit einem Deckel schließen und bei kleinem Feuer köcheln. Nach zehn Minuten umrühren und immer wieder etwas Brühe beigeben. Es können dabei keine festen Regeln aufgestellt werden, man muss sich auf sein Gefühl verlassen. Es sollte immer soviel

Flüssigkeit beigegeben werden, dass sich ein dünner Brei im Topf befindet, und es muss weiter umgerührt werden, damit nichts anbrennt. In kurzen Zeitabständen ein Reiskörnchen herausnehmen und auf Festigkeit überprüfen.

Ist der Reis weich, aber innen noch mit festem Kern, ist es soweit. Der Brei muss nun recht stabil sein, ist er noch etwas flüssig, auf größtem Feuer mit heftigem Rühren eindicken. Dann die Butter in großen Flocken mit dem Kochlöffel einarbeiten, gleichzeitig dabei vom Feuer gehen und sofort anrichten. Die Menge der Butter ist zwar für den Geschmack von großer Bedeutung, aus gesundheitlichen Gründen kann weniger Butter verwendet werden. Sollten Kaloriensorgen auf den nächsten Tag zu verschieben sein, so ergreife ich diese Chance und haue ordentlich ran: mehr Butter, mehr Genuss! Risotto sollte leicht fließend („all'onda", wie eine Welle) serviert werden. Ein Suppenteller ist die beste Wahl. Geriebenen Parmesan reicht man extra dazu oder rührt ihn kurz vor dem Anrichten gleich darunter. Man sollte mit einkalkulieren, dass der Parmesan das Risotto noch etwas andickt; ist es zu zäh, muss ein bisschen Weißwein daran. Der Rest der Flasche wird zum Essen getrunken.

22. OKTOBER 2022

KLUGHEIT DER WELT

Mit fünfzehn Jahren verpflichtete mich mein Vater, das Buch „Handorakel oder die Kunst der Weltklugheit" von Baltasar Gracián (fast) auswendigzulernen. Es hat mir nicht geschadet. In den Buchhandlungen türmen sich mittlerweile Müllhalden von Ratgebern, um gut durchs Leben zu holpern. Mit diesem einen einzigen Werk kommt man deutlich weiter. Gracián war spanischer Jesuit und bedeutendster philosophischer Denker der iberischen Literatur. Ein Aufklärer, der seine Weltklugheit gegen Dummheit und kirchlichen, geistigen sowie praktischen Mummenschanz einsetzte und naturalmente mit kirchlichem Veröffentlichungsverbot belegt wurde.

Das Buch führt 300 Merksätze auf, die Gedanken sind 400 Jahre alt und man erkennt: Die Menschen ändern ihr Verhalten kaum, sie gehen im Kreis herum und lernen wenig dazu. Ein kleiner Einblick:

1: Alles hat heutzutage seinen Gipfel erreicht, aber die Kunst, sich geltend zu machen, den höchsten.
Mehr gehört jetzt zu einem Weisen, als in den alten Zeiten zu sieben. Mehr ist erfordert, um in diesen Zeiten mit einem einzigen Menschen fertig zu werden, als in vorigen mit einem ganzen Volk.

(Das Büchlein gibt es bei Reclam in einer neuen Übersetzung vom Literaturwissenschaftler Hans Ulrich „Sepp" Gumbrecht.)

29. OKTOBER 2022

BÜCHER, DIE ICH BRAUCHE

Gestern besuchte mich ein Ehepaar, das von innen heraus eine Geisteshaltung zeigte, die ich als mein Lebensziel anvisiere. Vor Jahren habe ich mein Leben und Denken geändert. Seit dem Tod meiner Frau in diesem Sommer umso mehr. „Lebe so reduziert wie möglich und das so angenehm wie möglich." Es ist wie mit der qualitätvollen Malerei, mit Texten und so weiter: alles weglassen, was nicht notwendig ist. Getrude Stein hatte Ernest Hemingway mit seinen Texten häufig in die Mangel genommen, die Devise lautete „streichen, streichen, streichen!" So kam es zum knappen Textfluss.

Nun aber zur Idee eines Gastes, er sprach von seiner „Kriegsbibliothek", also zehn Büchern, die er flüchtend nicht zurücklassen würde.

Bei mir würde dieses Paket so aussehen: Nummer 1 wäre Baltasar Gracián, dicht gefolgt von Marie von Ebner-Eschenbach. Die Aphorismen der Dichterin sind legendär. Ich tippe mal auf insgesamt über 500 Geistesblitze, die sie zu Papier brachte. Auf der ersten Seite meiner Ausgabe des Inselverlags geht es bereits zur Sache: „Ein Urteil lässt sich widerlegen, aber niemals ein Vorurteil." Und noch ein Satz auf dieser Seite, mehr als hundert Jahre alt und doch so aktuell: „Die jetzigen Menschen sind zum Tadeln geboren. Vom ganzen Achilles sehen sie nur die Ferse." Und auch die gehören dazu: 3. Marc Aurels „Selbstbetrachtungen", 4. Augustinus' „Bekenntnisse", 5. Goethes „Faust", 6. Michel de Montaignes „Essays", 7. Hafis „Dīwān", 8. Egon Friedells „Kulturgeschichte der Neuzeit", 9. Ernst Gombrichs „Eine kurze Weltgeschichte für junge Leser", 10. Friedrich

Torbergs „Tante Jolesch". So könnte ich gerade weitermachen mit „Utopia" von Thomas Morus oder Erasmus von Rotterdams „Lob der Torheit".

30. OKTOBER 2022

SELLERIE ROYAL

Es passiert nicht allzu oft, dass ein Rezept entwickelt wird, das in die Geschichte eingehen könnte. Selbst war ich nicht daran beteiligt. Ich glaube nicht, dass ich ein schlechter Koch bin, ideal ist es aber, wenn Mitarbeiter die Küche bevölkern, die in manchem besser sind als ich. Dann gibt es richtigen Schub nach oben.

Ganz vegan ist diese Speise nicht, denn sie wird mit Bubenspitzle serviert. Die Rede ist von den torpedoartigen schwäbischen Gnocchi, da ist Ei im Spiel. Ansonsten: Selleriescheiben, Frühlingszwiebeln, junger Spitzkohl, Roscoff-Zwiebeln und eine kräftige Fleischsauce darüber. Sie ist – Obacht! – ohne jedes Fleisch gemacht und so intensiv, dass man es kaum glauben kann. Die Sauce ist Betriebsgeheimnis vom Entremetier Markus. Ich weiß auch nicht, wie sie komponiert wurde, nur dass Sojasauce, Röstwiebeln und jene Gewürze im Spiel sind, die für einen guten Braten verwendet werden.

1. NOVEMBER 2022

LA NOSTRA FILOSOFIA

Am Sonntag spielten wir vor prall gefülltem Saal bei den Literaturtagen Nagold, der Gitarrist Enzo und die Querflöte Vinc. Auf der Autofahrt palaverten wir beide. Einen Satz dieses italienischen Philosophen habe ich mir gemerkt: „Man braucht nicht weniger Kohlehydrate, um gut zu leben, sondern weniger Arschlöcher!" Wirkliche Wahrheiten sind selten langatmig.

Dann dies noch: Vielleicht könnten die Aktionäre mal mit der halben Rendite zufrieden sein. Das wäre dann gelebtes, gutes Christentum, auf das sich hierzulande sogar zwei Parteien berufen.

9. NOVEMBER 2022

BESTÄNDIGER WECHSEL

Hier ein kleiner Auszug, was vergangene Woche so auf der Speisenkarte stand: Schwäbischer Trollingerbraten vom Boeuf Hohenlohe mit Spätzle, Blanc-manger vom Vendée-

Hahn mit Champignons, Kalbsnieren vom Hohenloher Kalb, Beuscherl vom Kalb mit Beuscherl-Knödel … Grob gerechnet haben wir in jeder Woche vier bis fünf neue Gerichte auf dem Menu. Das ist unserer Stammkundschaft geschuldet. Es gibt Restaurants, da hat man schnell die Karte fürs ganze Jahr auswendiggelernt. Nicht so bei uns.

9. NOVEMBER 2022

EVA, DIE BLUMENKÖNIGIN

Die Chefin, meine Frau Elisabeth, kämpfte lange mit der Krebserkrankung, und so übernahm Eva ihre Aufgaben im Restaurant. Dazu zählen die Blumenarrangements. Eine Tochter zu haben, die sich mit dem Herzen um die Gäste und das Ambiente kümmert, ist ein wunderbares Geschenk für mich.

12. NOVEMBER 2022

ELISABETH R.I.P.

Es gibt ein Schwarz-Weiß-Foto, das zeigt meinen Schwiegervater Eugen mit seinen Ochsen auf dem Feld, mit denen er gesprochen hat und die ihm aufs Wort folgten. Wie viele heute sonntags ihren Hund ausführen, ging er mit seinen beiden Ochsen über Wiese und Wald spazieren. Er arbeitete als typischer schwäbischer Kleinbauer mit einigen Äckerle, den Ochsen und fünf Kühen. Das reichte zum Leben kaum, weshalb er für die Gemeinde nebenher im Wald schaffte.

Meine Frau, obwohl außerordentlich intelligent, durfte nur die Grundschule besuchen. Selbst für Hausaufgaben blieb kaum Zeit, denn sie musste beim Ernten helfen, beim Pflügen, als Sechsjährige die Ochsen führen, Kartoffeln ernten, im Stall die Kühe füttern. In der Schule wurde sie gehänselt, weil sie nach Stall roch oder dreckige Schuhe hatte. Der Schulweg führte einige Kilometer durch Wiesen, Pfützen und Matsch.

In der Pubertät setzte sie ihren sturen Kopf durch und ging von daheim weg. Sie hatte nichts außer einem kleinen Koffer und so bot die Gastronomie Essen, Unterkunft und Ausbildung. Es blieb nicht aus, dass wir uns irgendwann über den Weg liefen. 1974 eröffneten wir gemeinsam den *Postillion* in Schwäbisch Gmünd. Vier Jahre später hatten wir den Michelinstern. Elisabeth lernte unentwegt und kannte sich bald in allen Lebensbereichen gut aus. Sie las von Montaigne bis Aldous Huxley, von Rühmkorf bis Jonathan Franzen. Ihr Wissen um Architektur, um Farbenlehre, feine Stoffe, um alles Kulturelle und Stilvolle war enorm.

Ihr Urteilsvermögen und ihre Geradlinigkeit waren für mich oft anstrengend. Doch sie hielt mich Wirrkopf in der Spur und letztlich habe ich viel von ihr gelernt. Ihr Leben war ein stetiger Kampf, gemeinsam waren wir stark. Es war eine große Liebe und ich bin sehr dankbar, dass vieles durch meine Tochter weiterlebt.

24. NOVEMBER 2022

IN PARIS

Meine Frau Elisabeth war gerade mal 23 Jahre alt, als wir mit dem ersten verdienten Geld nach Paris pilgerten. Wir wollten wissen, wo kulinarisch der Hammer hängt, und klapperten die Dreisterne-Restaurants ab, bis das Geld alle war. Das dauerte drei Tage.

Zuerst suchten wir das *Maxim's* in der Rue Royale auf. Es war der totale Schock, wir fühlten uns als die kompletten Landpomeranzen, dafür konnten die Ober des weltberühmten Etablissements nichts. Wir wurden in den Nebenraum rechts des Eingangs verwiesen, zur Straße hin. Das Hauptrestaurant hielt tiefer im Inneren mit einer Hauskapelle die Hautevolee bei Laune. Wir saßen in üppigstem Original-Jugendstil und alles, auch das Personal, erinnerte an die goldenen Zwanzigerjahre.

Die Vorspeise wurde aufgetragen, zwei riesige Jakobsmuscheln, ungefähr mit sechs Zentimetern Durchmesser. Dermaßen ausgewachsene Cocquilles werden heutzutage als Rarität gehandelt, wenn es sie überhaupt noch gibt. Die Dinger werden nämlich schneller gegessen, als sie wachsen können. Die Cocquilles Saint Jacques waren mit einer knallgelben Safransauce überzogen. Es schmeckte galaktisch gut. Der Service in unserem Abteil, das der Oberkellner sicherlich nie betreten hat, war äußerst freundlich und hilfsbereit.

Wieso ich das erwähne? Ich las gestern, dass der Serviergehilfe im alten Paris als Omnibus bezeichnet wurde, politisch vollkommen unkorrekt entsprach das dem deutschen „Schleppneger“. Unter diesem Schandnamen arbeiteten Jungkellner und brachten die Speisen zu Tisch, besser gesagt vor den Tisch, wo der Guéridon wartete. An diesem Beistelltisch wurden aus Silbergefäßen auf die Teller serviert und das war nun wieder die Arbeit des „Chef de Rang", der auch die Teller einsetzte.

Jahrzehntelang hatte das *Maxim's* drei Sterne, dann war die pompöse Uhr abgelaufen. Der Modeschöpfer Pierre Cardin kaufte den Betrieb, bis heute ist es eine Art von Museum, eine Zeitreise, das Essen und der Service sind sehr gut und garantieren ein Erlebnis.

26. NOVEMBER 2022

SOLIDE HALBBILDUNG IST ERSTREBENSWERT

Mein Buch „Ein Bauch spaziert durch Venedig" ist seit einiger Zeit erfolgreich im Buchhandel. Es ist der dritte Band mit meinen Städte-Kulturbeschreibungen und alle sind auf der Bestellerliste gelandet. Mich interessierte das Leben dieser Orte, Paris, Wien und nun Venedig. Besonders war ich neugierig auf die historisch-kulturellen Hintergründe. Für jede dieser Städte nahm ich eine Art Privatstudium auf mich, wühlte mich auch in Sekundärliteratur hinein und reiste immer wieder hin. Man kann nur etwas aus dem Ärmel schütteln, wenn vorher etwas hineingetan wurde. Mir geht es darum, Bildung weiterzugeben, aber nicht Hardcore-Bildungsbürger zu beeindrucken. Es fehlt ja nicht an Spezialisten, die von einer Sache alles wissen und von allem anderen nichts. Mir geht es um eine solide Halbbildung, dass man von vielem ein bisschen Ahnung hat, unterschiedlichste Interessensgebiete abweidet, nicht um unbedingt mitreden zu können, aber wenigstens verständig zuhören zu können.

Was hat man dem Abiturienten angetan, der auf meine Frage, wo die Stadt Wien liege, nichts wusste? Dafür hatte sich sein Unterricht ein Vierteljahr lang in die tektonischen Plattenverschiebungen der Kontinente verbohrt.

29. NOVEMBER 2022

SOCIAL MEDIA MACHEN GAGA

Meine Tochter Eva hat auf Instagram ein Foto veröffentlicht, darauf sind zwei unserer Kellnerinnen (aus Nepal) zu sehen, der Sommelier und ich. Der Grund war Personalsuche und dass in unserem Betrieb jegliche Ethnien willkommen sind. Ein Algorithmus beurteilte das Foto als rassistisch. Zweimal dunkle Haut, zweimal helle Haut = Rassismus. Was für eine idiotische Verwirrung. Wir werden allesamt komplett gaga sein. Macht nix, Algorithmen werden dann übernehmen.

1. DEZEMBER 2022

GANS? WIR HABEN BESSERES

Vor vierzehn Tagen bekamen wir Enten aus dem Hohenlohischen, nun werden jede Woche zwölf geliefert. Bisher sind uns die Franzosen in der Geflügelzucht weit voraus. Andererseits, die Pekingente: Weiße chinesische Ente wird 1472 zum ersten Mal erwähnt, schreibt Loyl Stromberg in „Poultry of the World". Die Rassen der Pekingente sind sehr unterschiedlich, oft handelt es sich um billig hochgezüchtete Viecher. Es gibt Ställe in den USA mit über 100.000 Tieren und weltweit wackeln Enten im zweistelligen Millionenbereich auf engstem Raum.

Unsere Enten sind ein amerikanischer Zuchterfolg der Jahrhundertwende. In den „Amerikanischen Standard der Perfektion" wurden diese Tiere 1874 aufgenommen. Die Super-Pekingente M 76 ist ein spezieller Zuchterfolg. Sie schmeckt unglaublich gut, ist zart und saftig, das Fett unter der Haut schmilzt sehr leicht weg. Gute Entenzüchter sind voll des Lobes.

Aber egal welche Rasse, Ente würde ich niemals essen, wenn ich nicht wüsste, wie und wo sie aufgewachsen ist. Das trifft auf jedes Geflügel zu, ganz besonders auf die Weihnachtsgans. Dies romantisierte Vieh wird kritiklos gefuttert. Enttäuschungen des vergangenen Jahres werden verdrängt, die Keulen sind vielleicht okay, die Brust ist meist trocken.

2. DEZEMBER 2022

ES WEIHNACHTET SEHR

Kitsch hat auch seine Berechtigung, wenngleich wegen des Weihnachtsgefunkels in der Fußgängerzone die Blindenhunde bellen. Bei uns auf der Wielandshöhe pflegen wir den gediegenen Minimalismus. Auf den Tischen stehen unsere dicken Tannenkränze, sie werden von Hand im Schwarzwald gebunden, in der Mitte eine fette Kerze.

Wir verfolgen Qualität auch bei sogenannten Nebensächlichkeiten.

7. DEZEMBER 2022

HEILMITTEL FÜR MEINE SEELE

Am freien Tag mal auf dem Sofa liegenzubleiben ist meine große Sehnsucht. Doch Pause gibt es nicht, auch weil ich mit dem nächsten Buchprojekt „Mein Schwaben. Nachrichten über ein bemerkenswertes Volk" schwer hinterherhinke.

Sonntags müssen musikalische Lesungen absolviert werden. Es ist ein Geschenk, mit dem wunderbaren Gitarristen Lorenzo Petrocca auftreten zu dürfen, mehr noch: ein Heilmittel für meine verwundete Seele, die immer noch und wahrscheinlich noch lange mit dem Tod meiner Elisabeth hadert. 54 Jahre lang wie Pech und Schwefel ein Restaurant an der Spitze zu halten, mit allen Höhen und Tiefen, das geht nur mit großer Liebe.

20. DEZEMBER 2022

DIE INNEREN WERTE DES KALBS

Wir haben ein Kalb bekommen, es wird von der Schnauze bis zum Schwanz in Köstliches verwandelt. Auf der Speisenkarte steht: Herz-Leber-Lunge in einer Weißweinsauce mit einem Serviettenknödel. Es gibt nichts Besseres gegen kalte Füße.

26. DEZEMBER 2022

WAS ES ALLES ÜBER SCHWABEN GIBT!

Kein Schnee, alles nass, ich bleibe in meiner Schreibstube und beschäftige mich mit Recherchen. Ich beackere das alte Herzogtum Schwaben, das vom Rhein bis zum Lech reichte. Auf unserer Seite des Lech enden die Städtenamen mit „ingen", wie Memmingen, Gundelfingen, Waiblingen. Auf der anderen Seite des Lech, an dem die Kulturstadt Augsburg liegt, enden die Städtenamen mit „ing", also Pasing, Dasing, Dingolfing …

Mir stellt sich zuerst einmal die Frage, wo wir Schwaben herkommen. Es fing mit einem wahrlichen Donnerschlag an. Wurde im Schwabenland unter anderem der aufrechte Gang erfunden? Das glaubt mir auf Anhieb niemand. Den Beweis liefert der Vormensch „Danuvius Guggenmosi". Man fand ihn in einer Lehmgrube in Pforzen bei Memmingen.

Die famose Professorin Madelaine Böhme von der Uni Tübingen hat sich zu ihm, in die Vergangenheit vor

14 Millionen Jahren, zurückgegraben. Ich muss mich nun etwas am Riemen reißen, damit mich nicht eine Art von Nationalstolz anfällt. Also sage ich nur in gedämpftem Ton, ohne jeden Triumph, dass mir gerade eine 25-jährige Frau ins Bild rückt, die Frau ohne Unterleib. Man hat vor dem Krieg nur ihren Kopf gefunden und Wissenschaftler stellten fest, er ist 300.000 Jahre alt. Diese Vorgängerrin der Neandertaler wurde in Steinheim an der Murr aus einer Sandgrube gebuddelt. Ihr Name: „Homo Steinheimensis", also der Mensch aus Steinheim, das in der Nähe von Ludwigsburg zu finden ist. Im dortigen Urmenschmuseum kann man sich über die Lady genauer informieren.

Weiter führt mich meine Neugierde zu den Höhlen des Lonetals nördlich von Ulm, und in die des Achtals bei Blaubeuren. Dort entdeckte man die ersten Musikinstrumente der Menschheit und so ziemlich das älteste Kunstwerk der Welt, den „Löwenmensch". Viele weitere bemerkenswerte Stücke wurden ausgegraben, Bären aus Mammutelfenbein modelliert, ferner das berühmte Pferdle und Elfenbeinmammuts oder alle Arten von Schmuck. Der Zeitabschnitt der ersten Kunst nennt sich Aurignacien (40.000 v.u.Z.) und wird Französisch ausgesprochen. Die Rede ist aber immer noch vom Schwabenland. Der erste Massenmord geht auch auf das Konto meiner Heimat und nennt sich „Massaker von Talheim" (7.000 v.u.Z.), ein Ort ganz nah bei Heilbronn.

Der Name Schwaben kommt von den Sueben. In den vergangenen Jahren kam es zu enormen Ergebnissen der Genforschung. Es zeigt sich, dass es nichts Blöderes gibt als Rassismus. In uns stecken in überwiegendem Maße Gene aus Anatolien und letztlich stammen wir alle aus Afrika. Die Frau aus Steinheim war noch dunkelhäutig. Da bei uns weniger Sonne als in Afrika auf die Haut trifft, wurden wir langsam (in Hundertausendjahresschritten) hellhäutig, um mehr Sonne aufnehmen zu können.

In der Zeit der Völkerwanderung drängten unzählige Germanenstämme in Richtung Rom, lange vor den Hunnen. Es hatte sich offensichtlich herumgesprochen, dass die Römer bereits den Schnellimbiss und die Fußbodenheizung kannten. Unterwegs fielen die Germanen übereinander her, mit Gewalt und Zärtlichkeit. Solcherlei „Kriegerles" und Zuwendungen sind heute noch an unseren Genen abzulesen. Wer sich diesbezüglich umfassend aufmunitionieren möchte, der lese das hochinteressante und verständliche Buch des Genforschers Johannes Krause: „Die Reise unserer Gene" (Ullstein).

Mit derlei – nicht nur schwäbischer – Urgeschichte vertreibe ich mir also die rare Freizeit. Viel zu gucken gibt es hier:

URGESCHICHTLICHES MUSEUM (URMU), *Blaubeuren.* Es ist das zentrale Museum für die Fundregion der UNESCO-Welterbestätten „Höhlen und Eiszeitkunst der Schwäbischen Alb"
ARCHÄOPARK VOGELHERD MIT
VOGELHERDHÖHLE, *Niederstotzingen*
MUSEUM DER UNIVERSITÄT TÜBINGEN.
ALTE KULTUREN
MUSEUM ULM, ARCHÄOLOGISCHE SAMMLUNG
KELTENMUSEUM, *Grabenstetten*
KELTENMUSEUM, *Hochdorf/Enz*
Das umfangreichste Museum zu dieser Thematik ist das LANDESMUSEUM IN STUTTGART.

27. DEZEMBER 2022

DIE INSEL DER GLÜCKSELIGKEIT

Beruflich kann man für sich, wie auch im privaten Leben, zwei Wege wählen: die Sicherheit oder die Freiheit. Das ist zugegeben ein recht plakativer Lebensentwurf. Vielleicht sollte ich versuchen, mittendurchzustechen? Auf alle Fälle beobachte ich, dass sich die Passagiere des Weltnarrenschiffs mehrheitlich und schafartig in die vermeintliche Sicherheit von Faschisten und brutalen Diktatoren drängen. Da ist die Bundesrepublik immer noch eine Insel der Glückseligkeit, in der sehr viele Meinungen gegenseitig ertragen werden.

29. DEZEMBER 2022

GEHT DOCH

Gas, Benzin, Strom – eine üble Entwicklung für den Geldbeutel. Grundsätzlich gibt es aber nichts zu meckern. Ich sah ein Plakat: „Trotz neuer Regierung keine Erhöhung der Bierpreise".

30. DEZEMBER 2022

GEDANKEN UMS GELD

John Ruskin (1819-1900) war ein Intellektueller, ein ausgezeichneter Maler und vor allem Zeichner. Er pflegte eine Freundschaft mit William Turner, arbeitete auch als Schriftsteller und Sozialreformer. Er lehrte eine Wirtschaftsethik, die den Menschen im Zentrum sah und nicht die Industrie; die das Handwerk als Mittelpunkt menschlichen Schaffens von schöpferischem Wert lobte. Jahrelang beschäftigte er sich mit Venedig und zeichnete fast jeden Stein, da er glaubte, dass Venedig bald untergehen würde. „John Ruskin, Stones of Venice" gibt auch es in deutscher Sprache.

Diesen Mann bewundere ich und danke ihm für folgenden Sequenz:

„Es gibt kaum etwas auf dieser Welt, das nicht irgendjemand ein wenig schlechter machen und etwas billiger verkaufen könnte, und die Menschen, die sich nur am Preis orientieren, werden die gerechte Beute solcher Machenschaften. Es ist unklug, zuviel zu bezahlen, aber es ist noch schlechter, zu wenig zu bezahlen. Wenn Sie zuviel bezahlen, verlieren Sie etwas Geld, das ist alles. Wenn Sie dagegen zu wenig bezahlen, verlieren Sie manchmal alles, da der gekaufte Gegenstand die ihm zugedachte Aufgabe nicht erfüllen kann. Das Gesetz der Wirtschaft verbietet es, für wenig Geld viel Wert zu erhalten. Nehmen Sie das niedrigste Angebot an, müssen Sie für das Risiko, das Sie eingehen, etwas hinzurechnen. Und wenn Sie das tun, dann haben Sie auch genug Geld, um für etwas Besseres zu bezahlen."

31. DEZEMBER 2022

SILVESTER

Evas Blumenschmuck zum Jahreswechsel: Anemonen. Und ich, VK, wünsche allen für 2023: Immer schön neben der Spur und doch ans Ziel kommen!

Tisch 7
VK. 23

2023

1. JANUAR 2023

EIN REZEPT FÜR EIN GUTES JAHR

Mir hat ein Nachrichtensprecher erzählt, die beiden ersten Meldungen einer Sendung müssten Katastrophen schildern, auch wenn diese am anderen Ende der Welt stattfanden. Kommt im Radio zuerst ein positives Ereignis, wechselt der verkniffene Schwabe gleich den Sender. Ja, es gibt bei uns Leute, die sich etwas Freude generieren können, indem sie ausrufen: „Ich habe heute leiden dürfen." Doch wer das Glück im Kopf nicht herbeibefiehlt, wird keines haben, dessen Glas wird immer halbleer anstatt halbvoll sein.

Von der „Hof"-Buchhandlung Steinkopf in der Hermannstraße erreichte mich ein Gruß von Goethes Mutter Catharina Elisabeth. Sie kochte gut und für das vor uns liegende Jahr empfahl sie folgerndes Rezept:

„Man nehme 12 Monate, putze sie sauber von Neid, Bitterkeit, Geiz, Pedanterie und zerlege sie in 30 oder 31 Teile, so daß der Vorrat für ein Jahr reicht. Jeder Tag wird einzeln angerichtet aus 1 Teil Arbeit und 2 Teilen Frohsinn und Humor. Man füge 3 gehäufte Eßlöffel Optimismus hinzu, 1 Teelöffel Toleranz, 1 Körnchen Ironie und 1 Prise Takt. Dann wird die Masse mit sehr viel Liebe übergossen. Das fertige Gericht schmücke man mit Sträußchen kleiner Aufmerksamkeiten und serviere es täglich mit Heiterkeit."

2. JANUAR 2023

UNSER HAUSWEINGEIST

Herrn Lutz geht es nicht darum zu loben, was gerade im Trend ist oder was der Etikettentrinker gerne bejubelt. Er kümmert sich nur um die besten Winzer, die nicht unbedingt an jeder Ecke besungen werden. Er ist der Herrscher über unseren Weinkeller, der Sommelier. Mit meiner Tochter teilt er sich zudem die Verantwortung für den Gastraum.

Ich bin ein ganz passabler Weinkenner, das wird man zwangsläufig, wenn man sein ganzes Leben mit Essen und Trinken zu tun hat. Herr Lutz ist ein Profi des Verkostens und Kredenzens. Gegen ihn bin ich ein Weinzwerg, allerdings mit einer riesigen Leber. Herrn Lutz sieht man stets im Dreiteiler. Da ich weit unter seinem Niveau gekleidet bin, reißt er den Laden raus, nicht nur mit seiner Kompetenz, sondern auch mit seiner Lebensart. Die Leute denken daher, er sei der Chef und ich der Hausmeister. Merke: In der zweiten Reihe lebt es sich entspannter.

5. JANUAR 2023

PANZERFAHRER POTEMKIN

Als ich bei der Bundeswehr war, saß ich in einem Raketenjagdpanzer, ein tolles Gerät. Unsere Kompanie hatte zwölf sehr moderne, stabile Panzer, die 90 Stundenkilometer schnell liefen. Als sich der Inspekteur zum Manöverbesuch in Münsingen anmeldete, wurden zehn kaputte Panzer in Reihe geschleppt und als Potemkinsches Dorf drapiert. Ganze zwei der Exemplare funktionierten, sie konnten fahren und schießen. Das war 1972 und bis heute hat sich nichts gebessert. Frau Verteidigungsministerin Lambrecht hat einen über Jahrzehnte dahingeschleppten, maroden Scheißladen übernommen und muss die unzähligen Fehler der Vorgänger ausbaden. Das Wehrbeschaffungsamt ist seit Ewigkeiten ein Sanierungsfall.

In den 60er-Jahren ging die Mauschelei mit Franz Josef Strauß los (siehe den spannenden Tatsachenroman von Bernt Engelmann: „Hotel Bilderberg“).

Für fast alle Verteidigungsminister galt: Wer schlau war, robbte sich möglichst schnell wieder ins Zivile. Die Liste: Volker Rühe, Rudolf Scharping, Peter Struck, Franz Josef Jung, Karl-Theodor zu Guttenberg (musste robben), Thomas de Maizière, Ursula von der Leyen, Annegret Kramp-Karrenbauer.

6. JANUAR 2023

JUDENTUM

Zu diesem Thema habe ich viele Bücher, heute kam wieder eines dazu:

„Depping, G(eorg) B(ernhard). Die Juden im Mittelalter.“ Ein von der Akademie der Inschriften und schönen Wissenschaften zu Paris ausgezeichneter historischer Versuch über ihre bürgerlichen, literarischen und Handels-Verhältnisse. Aus dem Französischen. Stuttgart, 1834.

Aus der Vorrede zitiert: „Die Geschichte der Juden in Europa, besonders während des Mittelalters, ist sehr reich an Belehrung für uns. Man sieht daraus, wie der Fanatismus die Gefühle der Sanftmut und Nächstenliebe, welche von Natur in das Herz des Menschen gepflanzt sind, gänzlich zu vertilgen vermag und welchem Unglück sich Verbannte aussetzen, welche in Zeiten der Barbarei mitten unter fremden Völkern ihre nationalen Sitten und eine Religion beibehalten wollen, die denjenigen anstößig ist, bei welchen sie Aufnahme gefunden haben…“

PS: Es sei verraten, warum ich fast nur Bücher aus dem 18. und 19. Jahrhundert lese. Man kann dabei gutes Deutsch erlernen und kulturell ist diese Zeit äußerst ergiebig. Ich lese auch verschiede Tageszeitungen, ohne aktuelle Nachrichten geht es nicht. Die Sprache allerdings vertwittert, instagramisiert sich, wird immer mehr zu einem Messenger-Gestammel und unser wunderbarer Wortschatz geht den Bach hinunter. Na ja, es gibt schlimmeres Unglück auf der Welt.

14. JANUAR 2023

GASTGEBERIN, WIRT, PSYCHOLOGE

Irgendwelche Wissenschaftler haben ausgerechnet, dass es, um ein Studium effektiv zuendezuführen, ungefähr 3.000 Arbeitsstunden benötigt. Das ist ein pauschaler Wert, aber diesen Zeitbatzen hat eine junge Köchin schnell beieinander. Inwieweit man sich weiteres Wissen, Können und Routine erarbeitet, hängt von Fleiß und Begabung ab. Um sich Routine und Erfahrung einzuverleiben, wird man sicher die doppelte Zeit benötigen. Dann wären wir ungefähr bei sechs Jahren. Auch Gastwirtin oder -wirt ist ein Beruf, den man lernen muss. Er benötigt das Verstehen von Gästen, erfordert psychologische Einfühlung – und das geht nur durch Erleben und Zeit.

14. JANUAR 2023

DÜNKEL UND MEISTER

Ganz wichtig ist ja mittlerweile, wenn irgendein Statement verbreitet wird, dass dieses aus dem Mund eines Promovierten, besser noch Habilitierten kommt. Kürzlich entschlüsselten Leute eine Art Schrift oder Zeichen in den Höhlen von Lascaux in Frankreich. Süffisant meldeten die

Bergamotte

Medien, dass ein Möbelrestaurator, ein blutiger Laie, diese Zeichen entziffert habe. Dieser „blutige" Laie hat sich mit dem Thema über Jahre beschäftigt. Nur weil dies außerhalb einer Alma Mater geschah, wird er zum Hobbyarchäologen erniedrigt.

Übrigens: Der beste deutsche Koch seit Alfred Walterspiel ist Eckart Witzigmann. Er hat keinen Meisterbrief. Irgendjemand erkundigte sich bei ihm, ob er nicht die Meisterprüfung nachmachen wolle. Daraufhin Witzigmann, sinngemäß: „Dös könnt ma machen, nur wer will mi prüf'n?" Ich selbst habe die Meisterprüfung gemacht, den Wisch aber schon vor 30 Jahren weggeschmissen.

20. JANUAR 2023

ZWEI SPEISEN ...

... derzeit auf der Karte sind Gratinierter Stangenlauch, Fromage Blanc und Kräutervinaigrette sowie Königsberger Klops, klassisch mit Kapernsauce und Winterspinat. Er ist eines meiner Lieblingsgerichte. Auch wenn sich die Menschheit zugrunderichtet, der wird überleben:

Ick sitze da un' esse Klops
uff eemal klopp's
Ick kieke, staune, wundre mir,
uff eemal jeht se uff die Tür.
Nanu, denk ick, ick denk nanu
jetz isse uff, erscht war se zu!
Ick jehe raus und blicke
und wer steht draußen? Icke!

27. JANUAR 2023

SONNE ZUM LÖFFELN

Irgendwie muss endlich Sonne in den Kopf. Wir versuchen dies mit einem Dessert, das sich Syllabub nennt. Weißwein, Melange von Zitrusfrüchten mit Bergamotte parfümiert. Das Rezept stammt aus dem England des 17. Jahrhunderts. Den Schaum haben wir allerdings schwer verschlankt. Ursprünglich wird er mit Schlagsahne gemacht, wir nehmen wenig gesüßtes, geschlagenes Eiweiß.

2. FEBRUAR 2023

EINMALIGES ERLEBNIS

Das hatte ich vorher noch nie in meinem Leben: Pauschalurlaub. Man muss nichts denken, alles funktioniert von selbst. Mein Fazit: Gar nicht schlecht, er darf nur nicht länger dauern als acht Tage. Durch die Überversorgung kommt der Hirnkasten gar nicht in Schwung. Wenn das länger gehen sollte, könnte es in der Demenz enden. Ich will nicht lästern, mir hat das mal ganz gutgetan.

15. FEBRUAR 2023

VORRAT AUF EINFACHE ART

Durcherhitzte Gerichte wie Linsen, Gulasch oder Suppe geben wir immer in Gläser mit Blech-Drehdeckel. Diese werden heiß ausgespült, dann kommt das kochende Gericht hinein. Ein paar Minuten später sollte die Spülmaschine angeworfen sein. Dort hinein geben wir die heißen Gläser und vollenden den Vorgang bei 90 Grad; Profi-Maschinen erreichen diese Hitze.

Wir haben nun Vollkonserve, die Gläser müssen nach dem Abkühlen in den Kühlschrank und sind dort mindestens eine Woche haltbar.

PS: Viele sagen, sie hätten noch nie so gute Linsen gegessen wie bei uns. Das mag daran liegen, dass sie alles andere als vegetarisch sind. Jede Menge Kalbsfond wurde dafür eingekocht.

PPS: Wenn man nur heiß einfüllt und in den Kühlschrank stellt, hält alles trotzdem für mindestens drei Tage ohne jeden Qualitätsverlust.

16. FEBRUAR 2023

ZUM ZUNGESCHNALZEN

Kaufen Sie eine gepökelte Kalbszunge und kochen Sie diese eine gute Stunde lang. Die Garprobe erfolgt mit einem dünnen Spieß. Zunge kurz unters kalte Wasser halten, nun lässt sich die ledrige Haut leicht abziehen, ohne dass man sich die Finger verbrennt. Zunge in dünne Scheiben schneiden und lauwarm mit einem Dressing (dazu fein gehobelte Radieschen und Kräuter) nach Belieben anmachen. Solch ein Kalbszungensalat ist allemal eleganter und gesünder (weil mager) als Wurstsalat.

21. FEBRUAR 2023

BEI SICH SEIN

In der *Wielandshöhe* bin ich anzutreffen, meinem Refugium. Darüber hinaus gelegentlich in einer guten Wirtschaft. Viel mehr Öffentlichkeit leiste ich mir nicht mehr. Vielleicht mal Konzert, Museumsbesuch oder Theater. Goethe sprach über das Alter von „einem stufenweisen Zurücktreten aus der Erscheinung". Je älter ich werde, umso mehr verwischen sich Erfahrung, Empfindung und Schicksal. In der Jugend ist das In-sich-gehen nicht einfach, im Alter bleibt einem gar nichts anderes übrig.

26. FEBRUAR 2023

ODE AN DIE FREIHEIT

Oft muss ich an die Ukraine denken und dass ich mir, wie sicher viele meiner Artgenossen, gar nicht richtig vorstellen kann, was es bedeutet, wenn eine Mutter mit Kindern zu uns flüchtet und ihr Mann im Krieg womöglich sein Leben gibt. Ob da unter den Flüchtenden mal ein Sozialprofitler sein könnte, wie der porschefahrende FDP-Chef mäkelt, ist letztlich ein Sandkorn im Riesengetriebe und ohne Knirschen bewegt sich die Welt sowieso nicht.

Wir können hier demonstrieren, so oft wir wollen. In Russland genügt der kleinste Pieps und man kann sich für Jahre in Sibirien die Pfoten abfrieren. Demonstrieren zu können ist eine Form von Luxus, den man sich in Russland seit den Zaren kaum leisten konnte. Wer sich auflehnt wie Alexei Anatoljewitsch Nawalny, ist wirklich ein Held.

Wer eine Diktatur haben möchte, beispielsweise die Reichsbürger, muss völlig verrückt sein. Doch nichts geht über den eigenen Versuch. Der Deutsche reist doch so gerne. Warum wird nicht ein Reality-Check-Urlaub in China, Russland oder Nordkorea angeboten? Mancher Teutone gewänne einen besseren Einblick und wieder Boden unter den Füßen.

28. FEBRUAR 2023

AUF DEM WIRTEMBERG

Fährt man von Stuttgart Richtung Osten, sieht man auf dem kegeligen Buckel das Mausoleum der Königin Katharina Pawlowna Romanowa, Großfürstin von Russland, Tochter des russischen Zaren Paul und seiner Ehefrau Marija Fjodorowna (geb. Sophie Dorothee, Herzogin von Württemberg, 1759-1828). Katharina heiratete am 24. Januar 1816 in Sankt Petersburg ihren Cousin, den württembergischen Kronprinzen Wilhelm (1781–1864). Die Ehe folgte im Grunde einem politischen Diktat, welches auf dem

Wiener Kongress 1815 lanciert wurde. Es ging darum, die nationalen Verbindungen von Russland, dem habsburgischen Österreich und Preußen zu sanieren.

Die Grabkapelle schaut aufs Neckartal, den Daimler und das VfB-Stadion und dieser Buckel, das ist der Wirtemberg. Dort stand die gewaltige Burg der Württemberger.

Dreimal zerstört, dreimal aufgebaut. Die letzten Burgreste wurden entfernt und das Grabmal für die wunderbare Katharina von Württemberg (1788-1819) wurde geopfert. Der Ort ist eine Besonderheit und nicht nur einmal habe ich, vom Remstal kommend, dorthin einen Abstecher gemacht. Es gibt einige Gründe und Gerüchte, warum Katharina bereits mit 30 Jahren verstarb. Ihr Ehemann, inzwischen König Wilhelm I. von Württemberg, konnte nicht von seinem G'schmusi, der Baronin von Kreudelstein lassen. Stimmt die Diagnose, dass Katharina aus Kummer verschied? Die hübsche und gescheite Frau erfreute sich durch ihr soziales Engagement großer Beliebtheit bei der Bevölkerung. Sie lebt mit dem Katharinenhospital in unsere Zeit hinein.

1. MÄRZ 2023

BUNT? ODER FARBIG?

Malerei hat mich schon in meiner Kindheit interessiert. Und nun, nach vielen Jahren, sehe ich eine Verbindung zum Kochen. Vielleicht nicht zum Alltagskochen, das oft nur dem Überleben dient, sondern dem Professionellen als weitem Feld der Ideen, der Komposition, dem Umgang mit den Geschenken der Natur.

In der Malerei darf es bunter sein als auf dem Teller, aber gute Kunst ist nie bunt, sondern allenfalls ein Fest der Farben, das auf Regeln beruht. Wer sich vom virtuosen Umgang mit Farben überzeugen möchte, der schaue sich mal die Gemälde von Adolph Hölzel an, der unweit der *Wielandshöhe* viele Jahre ein Domizil hatte und Schülerinnen und Schülern empfing. Wer sich noch mehr interessiert, der sollte das Hölzelhaus in Degerloch besichtigen (Förderverein Hölzel-Haus e.V.). Ich halte ihn für einen ganz großen Maler, der zu Beginn meisterlich gegenständlich malte, dann immer mehr die Form auflöste und die Farben als tragendes Element zeigte.

Leider war er seiner Zeit zu weit voraus. Seine letzten Worte 1934 wundern deshalb nicht: „Ich möchte, dass durch meinen Tod kein Mensch belästigt werde. Ich weiß ja doch, wie wenige Menschen sich für mein künstlerisches Wollen und dadurch für mich interessiert haben." Ein pessimistischer Abgang, der eigentlich nicht begründet war. Seine Schülerinnen und Schüler, man spricht auch vom Hölzel-Kreis: Willi Baumeister, Ida Kerkovius, Oskar Schlemmer, um nur die Bekanntesten zu nennen.

7. MÄRZ 2023

DIE FLOHHATZ UND SCHIMPFWORTE

Der Dichter Johann Fischart wurde 1547 in Straßburg geboren, besuchte die Lateinschule in Worms, studierte in Tübingen und baute seinen Doktor der Rechte in Basel anno 1574. 1581 bis 1583 war er Advokat beim Reichskammergericht in Speyer. 1583 wurde er Amtmann in Forbach und dort 1590 begraben. Arno Schmidt und Günter Grass schätzten ihn sehr.

Hier nun ein kurzer Ausriss aus seinem humoristischen Gedicht „Die Flohhatz". Es ist in der Art einer Parabel geschrieben. Eigentlich macht er sich über seine Mitmenschen lustig, überträgt dabei alles aufs Tierreich und verunglimpft sozusagen durch die Hintertüre. Sein Schreibstil ist zielgenau und oft verletzend, im Grunde nichts anderes als ehrlich. Wer mehr davon will und sein Schimpfwort-Dictionaire aufrüsten möchte, der lese den Franziskanermönch François Rabelais in „Gargantua und Pantagruel".

Nun Fischart:

Der Feldmauskönig und all sein Hauf;
Bei ihm sei leckre Kost vollauf,
Die sei gesotten und gebraten;
Hab Fleisch und Brot und Käs' zum Fladen.
Daß sie auch sähe, was erzählt,
Hat sie die Feldmaus so gequält,
Daß die mitkäm' nach der Stadtmaus Haus,
zu leben dort in Saus und Braus.

20. MÄRZ 2023

GEDANKEN ZUR FREIHEIT

Heute bekam ich eine Zuschrift, darin kam das Wort Freizeit vor. Freizeit ist ein in der Öffentlichkeit mäandernder

Begriff (Work-Life-Balance). Ich sinniere: Will man wirkliche Freizeit, müsste man im Grunde frei sein. Gewiss leben wir in einem freien Land und jeder kann sagen, was er will. Einen freien Kopf auf den Schultern zu tragen, das gibt es weniger häufig. Manche erleben die Freiheit auf dem Motorrad, beim Bergsteigen oder Segeln, beim Skifahren oder Tauchen. Dort ist allerdings nirgends Freiheit zu finden, denn auch diese Tätigkeiten unterliegen Zwängen. Was der Mensch dringend benötigt, ist die Illusion. Womöglich sind wir ohne sie gar nicht lebensfähig. Wirkliche Freiheit wird im Kopf erzeugt. Dort ist das Hauptquartier der Träume. Mit Bescheidenheit kommt man wahrscheinlich der Freiheit ziemlich nahe. Zu sagen, ich bin frei, trifft nie die Realität. Zu sagen, ich fühle mich frei, schon eher.

23. MÄRZ 2023

KEINEN KULINARISCHEN FUNDAMENTALISMUS, BITTE

Würdigen wir nun das Vegetarische. Das Wort kann ich nicht leiden, durch viele murksende Enthusiasten und Amateure ist es mir vergallt. Wir in der *Wielandshöhe* sprechen lieber von Gemüseküche. Sie ist ein unglaublich variantenreiches Terrain. Großes Vorbild ist das Restaurant *L'Arpège* von Alain Passard in Paris. Ein Vegikoch, der dort gegessen hat, wackelt mit gesenktem Haupt von dannen.

Auf der anderen Seite geht es auf der *Wielandshöhe* mit Begeisterung ans Fleischliche – „From nose to tail“. Zwischen diesen beiden Welten gilt es ausgewogen zu pendeln. Wer sich ausschließlich für das eine oder andere entscheidet, soll das gerne machen. Schlimm ist jedes Missionierungsdiktat, das seit Christi Geburt die Menschheit beutelt.

PS: Schlimm finde ich die Erniedrigung des Rostbratens, der heutzutage als „Bollensteak“, ähnlich einem Brikett, auf den Teller kommt. Der Tradition folgend, wäre er sehr dünn geklopft. Dadurch ist er schneller fertig und nennt sich deshalb in Frankreich „Steak à la minute“. Je dünner man ihn klopft, desto flächiger wird er, umso mehr Röstfläche hat er. Mittlerweile bin ich bei Gaststättenbesuchen schon froh, wenn die Röstzwiebeln nicht aus der Tüte kommen oder durch die Zentralfritteuse ruiniert wurden.

25. MÄRZ 2023

MIT FARBEN SPIELEN

Ich bin ein Fan der Firma Kremer Pigmente und habe in den vergangenen Jahren dort immer wieder etwas gekauft. Kürzlich frühmorgens wache ich auf und mir schießt eine fixe Idee in den Kopf: Ich muss sofort los und mir dieses Aichstetten mit der Farbmühle bei Memmingen mal genauer angucken. Durch ein Fenster sehe ich große Sandsteinmühlräder, drücke mir an der Glasscheibe die Nase platt und bekomme augenblicklich Triebstaubäckchen. Welch eine wunderbare Welt! Dann betrete ich den Laden, es ist wie Weihnachten. In dieser Mühle beschäftigt man sich mit Farben aus Lust, aus handwerklichem Antrieb und mit wissenschaftlichem Tiefgang (www.kremer-pigmente.com). Meine Farbstudien treibe ich weiter, sie sind optimale Erholung. An meinem Arm tickt, funkt und nervt eine Apple-Watch. An ihr kann ich ablesen, dass mein Puls beim Malen unmittelbar weniger wird. Ich denke mal, mit dem Blutdruck ist es ebenso. Das muss ich aber genauer überprüfen, bevor ich etwas Falsches verzapfe.

1. APRIL 2023

VOM OSTERLAMMBRATEN

Mehrere Male war ich bei französischen Winzern oder Weinhändlern zum Sonntagessen eingeladen. Jedesmal gab es Gigot d'agneau. Die Lammkeule ist in Frankreich der klassische Sonntagsbraten und gehört zu den kulinarischen Eckpfeilern. Der Grund dürfte sein, dass sie wenig Arbeit macht und trotzdem etwas Festliches transportiert.

Die Keule sollte, mit Olivenöl und Pfeffer eingerieben, vier Tage im Kühlschrank reifen (Salz würde Schinken daraus machen). Viele Metzger verfügen mittlerweile über einen Fleischreifeschrank. Wäre der Fleischer bereit, die Keule dort (oder im Kühlhaus) abzuhängen, wäre das ideal. In Frankreich wird sie immer rosa gereicht (180° / 1 Stunde). Durchgebraten ist sie etwas trockener, doch im Aroma sehr deutlich. Dafür würde ich die Garzeit auf zwei Stunden veranschlagen.

6. APRIL 2023

SOZIALE WIRTSCHAFT

Mit Sorge sehe ich, wie in der Industrie die Arbeitszeit immer mehr abnimmt, die Freizeit sich dagegen ausweitet.

Die Arbeit ist mittlerweile so verdichtet, intensiviert, eng getaktet, dass die Maloche nur aushält, wer dauernd an den Urlaub denkt. Auf der *Wielandshöhe* können Mitarbeiter zu jeder Zeit ein Tässchen Espresso trinken, mal absitzen oder eine Zigarette rauchen. Manchmal wird so gescherzt und geschwatzt, dass es mit der Effektivität nicht ganz optimal ist. Das gehört zu einem humanen Arbeitsplatz. Eine Köchin oder ein Koch, die vor ihren Aufgaben oder dem Chef Angst haben, total gehetzt und gereizt sind – wie sollen solche Leute mit dem Herzen arbeiten können?

7. APRIL 2023

PHILOSOPHIE UND SPORT

Heute kam die Philosophiezeitschrift *Der Blaue Reiter* ins Haus. Seit Jahren ist sie abonniert, wenngleich mir oft Geduld und Zeit fehlen, mich in so manche Hirnakrobatik hineinzufräsen. Wenn man jedoch in dem Heft auch nur die Hälfte liest, so bleibt bei mir mehr hängen als beim Vertiefen in einen Fünfhundertseitenroman. Im Begleitbrief des Heftes steht folgendes: Alles, was Albert Camus nach eigenem Bekunden über Moral und menschliche Verpflichtungen wusste, verdankte er dem Sport. So war ihm die Erfahrung, dass beim Fußball der Ball nie so auf einen zurollt oder -fliegt, wie man es erwartet, eine Lektion fürs Leben. Ich werde also meine Abwehrhaltung gegen Sport beerdigen, er ist ein wichtiges soziales Instrument für die Menschen. Erst richtig zufrieden wäre ich, wenn den Institutionen FIFA und IOC die Geldgier und das Raubtierhafte ausgetrieben wären.

9. APRIL 2023

EDUARD MÖRIKE ZUR JAHRESZEIT

Frühling lässt sein blaues Band
Wieder flattern durch die Lüfte,
Süße, wohlbekannte Düfte
Streifen ahnungsvoll das Land;
Veilchen träumen schon,
Wollen balde kommen;
Horch, von fern ein leiser Harfenton!
Frühling, ja du bist's!
Frühling, ja du bist's!
Dich hab ich vernommen!

12. APRIL 2023

HELDEN DER ARBEIT

Ist das Handwerk wieder im Kommen? Nichts ist schöner, als am Feierabend sein Tagwerk zu sehen. Während man bei „Kopfberufen" die Eignung schwerer erkennt, tritt sie im Handwerk schnell zutage (Des Maurers Wand stürzt ein, der Tisch ist krumm gehobelt, das verkohlte Schnitzel ...). Meine These: Für gutes Handwerk benötigt man mehr Begabung als für akademische Berufe. Da muss alles zusammenkommen, Geschicklichkeit, Motorik, Hirn, Kraft, Schnelligkeit, Entscheidungsfreude, Mut zum Risiko, körperliches Durchhalten und logisches Denken.

Wichtig wäre allemal, dass ein Mensch seiner Begabung folgt und nicht dem Ehrgeiz der Eltern, nur damit diese sagen können: „Onser Töchtlerle studiert fei!" Würden der Staat und die Schulen die Berufswahl besser lenken und begleiten, hätten wir mehr gute Akademiker und bessere Handwerker und die Republik würde nicht im Mittelmaß versinken.

14. APRIL 2023

AUF D'R SAU NAUS!

Vor einigen Tagen gab ich gemeinsam mit dem Fußballprofi und mittlerweile veganen Gastronomen Timo Hildebrandt der *Stuttgarter Zeitung* ein Interview.

Irgendwann platzte ich damit heraus, dass der Fleischproduzent Clemens Tönnies ins Gefängnis gehöre. Dem Metzgerberuf halte ich seit Jahren die Stange, Wurstmachen ist eine Leidenschaft von mir. Für meine Aussagen gab es von den Lesern volles Lob, mit einer Ausnahme. Der Protestler hatte offensichtlich nicht kapiert, dass die EU mit ihren Lobbyisten der Nahrungsmittelindustrie das echte Metzgerhandwerk nahezu ausgerottet hat. Die EU-Schlachthöfe waren geboren. Tausende kleine Land-Schlachtereien mussten geschlossen werden, Betriebe, die zumeist zwischen 6 und 20 Schweine in der Woche schlachteten.

Ich bin an der Rinderbachergasse aufgewachsen. Die Gasse ist ungefähr 600 Meter lang und es gab dort drei Bäcker, drei Metzger und ein Milch-und-Käse-Geschäft. Mein Vater war in Schwäbisch Gmünd auch Chef des Schlachthofs, im gesamten Kreisgebiet der Stadt wurden wöchentlich 200 Schweine geschlachtet, hinzu kamen die Dorf- und Landmetzgereien. Mein Vater war als Veterinärdirektor für die 60 Metzgereien der Stadt und der eingemeindeten Orte verantwortlich. In der Gasse meiner Heimat gibt es jetzt noch einen Bäcker, die Metzgereien sind alle verschwunden.

Die EU erledigte alles äußerst regelkonform, sie erließ wahnsinnige Hygienegesetze, die selbst einer Dorfmetzgerei eine Millioneninvestition aufbürdeten. Die niederländisch-belgische Firma Vion in Crailsheim ist einer der erfolgreichsten deutschen Mischbetriebe, in dem heute pro Woche 21.000 Schweine und 2.300 Rinder geschlachtet und zerlegt werden. 2020 schlachtete die Unternehmensgruppe von Clemens Tönnies 20,8 Millionen Schweine, davon 16,3 Millionen in Deutschland. Das sind bei 260 Arbeitstagen im Jahr täglich 62.000 geschlachtete Schweine. Ein schwäbischer Fluch der Verzweiflung geht so: „Do könn'scht auf d'r Sau nausreida."

22. APRIL 2023

SPARGEL IN HARMONIE

Die beste Freundin des Spargels dürfte die Sauce Hollandaise sein. Zu Zeiten, als der gebildete Adel noch etwas zu melden hatte, wurde Spargel mit der Hand gegessen. Spargel galt als Phallussymbol und nur Frauen, welche der Männer überdrüssig waren, griffen zum Messer, um das Symbol wütend zu zerhacken. Uns geht es heute aber mehr um die kalorienreduzierte Sauce Hollandaise.

Zutaten für 2 Personen:
1 kg Spargel, etwas Salz, 1/2 TL Zucker

Einen großen Topf Wasser mit Salz und Zucker zum Kochen bringen und den gut geschälten Spargel weichkochen. Zwölf Minuten dürften, je nach Dicke der Stangen, genügen. Ich schneide mit einer Schere zwischendurch ein Endstückchen ab und probiere. Spargel enthält Zucker und auch Mineralien. Der Salzgehalt des Wassers sollte etwa dem einer Suppe entsprechen. Stimmt die Mineraldichte des Kochwassers mit selbiger des Spargels überein, so tritt kaum etwas aus dem Spargel aus. Wäre das Wasser zu salzig, würde Salz in den Spargel eindringen. Natur strebt immer nach Ausgleich und Harmonie.

Dieses Rezept widmet sich ganz dem feinen Geschmack des Spargels. Veränderungen mit Gewürzen und Kräutern sind erlaubt, aber Spargel mit Parmesan überbacken schmeckt nicht nach Spargel, sondern nach Käse.

Die Sauce Hollandaise:

50 g Butter
2 Eigelb
3 EL Weißwein
Einige Spritzer Worchestersauce (Herbadox wäre noch besser)
Etwas Pfeffer

Für die Sauce die Butter solange erhitzen, bis sich die weißen Milchschlieren auf dem Topfboden bräunen. Bei dieser Prozedur muss man unbedingt am Herd bleiben. Es bietet sich an, dass man ein zweites Töpfchen paratstehen hat. Bräunt die Butter, diese sofort umgießen, die Brösel auch vom Topfboden kratzen. Denn der Topfboden heizt nach. Wurde die Butter schwarz, bitte wegwerfen, sie ist sehr leberschädigend. Die Eigelbe mit der Flüssigkeit (Ei, Wein, Worchestersauce) nur mäßig aufschlagen. Früher blieb alles dünn und mit der Butter wurde angedickt, wie man das von der Mayonnaise kennt. Wir machen es modern, leicht und gesund. Es geht weiter wie bei der berühmten Weinschaumsauce, der Sabayone, einer Chaudeausauce oder wie meine Frankfurter Mutter immer sagte: „Schoddosoß". Im Wasserbad lange schlagen, bis alles steif ist wie Schlagsahne. Vom Wasserbad nehmen und weiterschlagen, bis sich der Metallkessel einigermaßen abgekühlt hat. Nun träufeln wir die braune Butter mit den Bröseln in den Weinschaum. Wir haben nun mehr Buttergeschmack als ein halbes Päckchen zerlassene Butter, das uns schwer an die Hüften gehen würde. Nochmal: In früheren Zeiten wurde eine Sauce Hollandaise mit dem Zehnfachen an Butter zusammengerührt. Richtig gut wird die Hollandaise, wenn man eine sogenannte Reduktion herstellt. Ein Achtel Wein kommt in ein Töpfchen, eine gehackte Schalotte, ein Zweig Estragon und einige zerdrückte Pfefferkörner werden darin aufgekocht. Wir benötigen letztlich drei Esslöffel Flüssigkeit davon und geben die Eigelbe hinein. Die Sauce Hollandaise mit Pfeffer, Salz und englischer Würzsauce abschmecken und zum Spargel servieren. Meine Lieblingsbeilage: dünne Pfannkuchen.

27. APRIL 2023

RUNDER TELLER, ECKIGER TELLER

Ein runder Teller lässt sich leicht manövrieren. Das ist beim Essen manchmal wichtig. Die Spargel liegen auf einem eckigen, länglichen Teller, wunderschön. Dieser Teller wurde extra für Spargel entworfen. Es gibt aber zweierlei Spargelfreaks. Die einen essen gleich den Kopf, Motto: „Das Beste zuerst." Die anderen arbeiten sich von hinten an die Spargelköpfe, den Höhepunkt, heran. Ich halte es so: Zuerst das Beste, wer weiß, wann ich vom Stuhl falle oder mich sonst etwas vom Weiteressen abhält. Runder Teller, und die Spargelköpfe zeigen nach drei Uhr. Ganz schlecht, ich drehe den runden Teller auf neun Uhr. Nun alles prima, schnipp, schnapp und die Köpfe rollen. Nun ist der eckige Teller dran, er ist schwer zu drehen, zerrt am Tischtuch, schmeißt fast das Weinglas um, nix als Probleme…

8. MAI 2023

HUNGER UND ZU FAUL ZUM KOCHEN

Den freien Tag gehe ich gemächlich an und widme mich meinen Liebhabereien. Die sind zahlreich. Der großartige Künstler Jan Peter Tripp nannte mich kürzlich den „Leonardo der Vielseitigkeit". Mich hat das gefreut, wenngleich ich zugeben muss, dass Neugierde auf das Leben und vielfältige Interessen dazu führen, dass ich Vieles beginne und Weniges zuendeführe. Das hängt sicher auch mit meinem Beruf zusammen. Man kann als Koch nicht wochenlang an etwas pusseln, ein Essen muss fertig sein, solange wir, meine Gäste und ich, noch bei guter Laune sind.

Also: Sonntag und keine Lust zu kochen. Wasser erhitzen, Würzl-Instantbrühe hinein, Muskat, etwas Salz. Kurz aufkochen. Raus in den Küchengarten, dann Schnittlauch zerkleinern. Man hätte ihn auch feiner schneiden können, aber ich muss es nur mir rechtmachen und nicht den Gästen. Grobe Brotwürfel und Schnittlauch ins Gebrodel und nach 30 Sekunden hocke ich mit dem Suppenteller vor dem

Fernseher. Es ist ein bequemes Überleben.

PS: Achtung, die Supp‘ ist exakt so schlecht (oder gut) wie das Brot.

PPS: Potzblitz, gerade fällt mir ein, dass es sich um ein veganes Gericht handelt.

11. MAI 2023

DAS LEBEN: EIN KAMPF

Wir kennen sie alle, die Fotos von Fußballern, wie sie sich mit geballter Faust und Schreckensvisage die Seele aus dem Leib brüllen, wenn sie gesiegt haben. Man sieht, wir Menschen sind seltsame Wesen, die seit tausenden von Jahren die DNA in sich tragen, man solle sich gegenseitig den Schädel einschlagen. Wir haben uns mit dem sportlichen Vernichtungskrieg weiteren Stress verschafft.

Im meinem Klosterinternat, ohne das ich als Volltrottel geendet hätte, boten die Patres im Turnunterricht häufig Boxen an. Es war eine gute Charakterschule. Denn es ging nicht unbedingt ums Gewinnen, sondern darum, wie man das Verlieren mit Würde durchsteht. Eine Niederlage hinnehmen zu können will gelernt sein und freudiger Sport, körperlicher Ausgleich sollten im Vordergrund stehen.

12. MAI 2023

SICH SELBST GENÜGEN GENÜGT

„Eines nachdenklichen Mannes Erholung“, so nennt sich eines der ältesten Bücher übers Fliegenfischen. *The compleat angler or an contemplative man’s recreation* ist von 1653. Mindestens die gleiche Erholung, ohne dass ich mein Habitat verlassen muss, bietet das Malen. Malen kann jeder, allerdings nicht wie Dürer, und damit sollte man sich abfinden, sich an seinem Werk erfreuen, ohne dass man sich womöglich getrauen muss, es anderen zu zeigen. Unsere Anstrengungen sollten uns zuliebe sein und nicht dem Buhlen und der Anerkennung der Mitmenschen gelten. Viel Zeit des Lebens rackert man sich ab, um anderen zu gefallen. Man braucht lange, bis man sich von diesem Irrsinn lösen kann.

16. MAI 2023

DER LIEGENDE MUSIKANT

Sonntag, Jazzclub Birdland, 20.30 Uhr in Neuburg an der Donau. Mit meinem Komplizen Lorenzo Petrocca an der

Gitarre spiele und lese ich dort. Im Programm steht, ich würde Flöte spielen. Wie es halt bei einem Koch eingestempelt ist, muss man ständig was Neues ausprobieren. Nun spiele ich Mandoline, weil ich mir dabei besser zuhören kann (ich bin gerne alleine) und weil man Mandoline im Sitzen spielt. Leider konnte ich bislang kein Instrument finden, mit dem man im Liegen musizieren kann.

19. MAI 2023

FRANCESCO PETRARCA ÜBER BÜCHER

Petrarca hat nun das Wort: „Viele Menschen betrachten die Vergnügungen der Welt als ihr höchstes Gut. Sie begreifen nicht, dass man dem entsagen kann. Ich habe Freunde, deren Gesellschaft mir höchst angenehm ist. Sie sind aus allen Ländern, aus allen Jahrhunderten. Sie haben sich im Kriege hervorgetan, in Staatsgeschäften und in den Wissenschaften. Es ist leicht, mit ihnen fertig zu werden, sie stehen mir immer zu Diensten. Ich lasse sie kommen und schicke sie wieder weg, so oft ich will. Sie sind nicht verdrießlich und antworten mir auf alle Fragen. Andere enthüllen mir die Geheimnisse der Natur. Andere lehren mich, wohl zu leben und und ruhig zu sterben. Andere verjagen mir durch ihre Munterkeit meinen Kummer und belustigen mich durch ihren Witz. Andere machen meine Seele fähig, alles zu erdulden und nichts zu wünschen, und lehren mich, mich selbst zu ertragen. Kurz, sie öffnen mir den Weg zu den Wissenschaften und Künsten. Zur Vergeltung für so viel Dienste verlangen sie nichts als ein wohlverschlossenes Zimmer in einer Ecke meines kleinen Hauses, wo sie vor dem Wurm geschützt sind. Endlich nehme ich sie auch mit mir in die Felder, deren Stille ihnen besser gefällt als der Tumult der Städte.“

Dies ist der Inhalt einer Handschrift, die mir heute ein Antiquar ins Haus lieferte. Die Gedanken hätten von mir sein können, nur hätte ich den Text nicht so schön zu formulieren vermocht.

*Francesco Petrarca, * 20. Juli 1304 in Arezzo; † 19. Juli 1374 in Arquà, italienischer Dichter und Geschichtsschreiber. Zündfunke des Renaissance-Humanismus und gemeinsam mit Dante Alighieri und Giovanni Boccaccio hervorragender Akteur der frühen italienischen Literatur.*

27. MAI 2023

ÜBERLEBENSKUNST

Wenigstens in der Jugend muss man sich Herausforderungen stellen, wenn dabei auch übertrieben wird. So begeisterte ich mich fürs Bergsteigen und schaffte sogar den 5. Schwierigkeitsgrad, wenn ein Profi vorausstieg. Ich fuhr Motorradrennen in Spa-Francorchamps, düste durch die Nürburgring-Nordschleife, kurvte in Oschersleben. Ich überlebte, weil ich mit minderen Leistungen zufrieden war, auch mal als Letzter oder gar Überrundeter ins Ziel gelangte.

28. MAI 2023

GEISTER AUS DER FLASCHE

Nun erleuchtet der Hl. Geist unseren verkaterten Hirnkasten. Wer in die Welt des Weines einsteigen will, lerne untenstehendes Fach-Vokabular. Mit diesen Begriffen können Sie jeder Weinprobe zu Glanz verhelfen.

Diese Poetik ist dem aktuellen Fachblatt *Vinum* entnommen:

betörende Nase von Steinobst
intensiv fruchtig-florale Nebbiolonase
bezauberndes Parfüm nach roten Früchten
fein unterlegt von getrockneten Blüten
balsamische Aromen
verführerisch-langes Finale
Ausbund an Finesse
Engmaschig-jugendliche Gerbstoffe
präziser Abgang
gut durch Holz abgepolstert
feinkörnige Tannine
feinziselierte Gerbstoffe
frisches Fruchtfinale
einnehmende Noten von kleinen Waldfrüchten
der Auftakt fast schüchtern
Ansatz feingliedrig und homogen
der Ansatz kompakt
Frische und Saftigkeit dominieren das Finale
einschmeichelnde Frucht und Veilchenaromen
anhaltendes Fruchtfinale
Tannine geschliffen
Gaumen kompakt, Tannine robust

schöner Schmelz
finessenreiches Finish
elegante Bauweise
schöner Verlauf in ein Kirsch-Beeren-Aroma
schöner Schliff
überzeugt durch elegante Bauweise
Animierende Aromen
gefällig in den Dimensionen der Fruchtigkeit
Frucht dezent und zitrisch
Süßholz ist der erste Eindruck
richtig viel Wein im Glas
viel weißer Pfeffer im Gaumen
die Textur ist spannend
erstmal burschikos
viel gelenkte, kühle Saftigkeit
im Gaumen ganz eigenwillig
ganz viel Yuzu
Zug und Finesse
am Gaumen ganz eigenwillig
am Gaumen dann Exotikwunder
Mineralität und ausgedrückte Sensibilität für Landschaft
und Herkunft
Apfelsaftbrause
sehr aromatisch, Muskatblüte, Quitte und Waldmeister
knackig, erfrischend und nussig
viel Ananas in der Nase
raue jugendliche Art
die Frucht ist minimalistisch und der Steinapfel präsent
Strahlkraft und stimmige Struktur
fröhliche Fruchtigkeit
ungewöhnlich reife Exotik
aber ganz große Eigenwilligkeit
braucht zur Findung seiner Mitte noch Zeit
cremig sanfte Nase
Tarte Tatin in feiner Form
im Ansatz überraschend
Gerbstoffe wie aus Stein gemeißelt
fein unterlegt von getrockneten Blüten
Trockenblumen Steinobstnase
aromatisch karg und trotzdem wuchtig

viel Druck und Saft
weiß vor lauter Kraft kaum wohin
kraftvoll generös
fest gebaut
richtig viel Grip sorgt für exzellenten Trinkfluss
leichtfüßig
betonte Kalksteinmineralik
mit einem Frischekick
Im Abgang ein wenig Salbei
herbale Komposition
ellenlanger Ausklang
Mariage zu gebratenem Rind
Wein in der Findungsphase
das Finale salzpackend
salziger Biss am Zungenrand
dezenter Kraftprotz
spielt im Mund und ist in Bewegung
souveräner Mix aus Kaminfeuer
der Auftakt geschliffen
in der Nase Note von Unterholz
verspielte Kalksteinminerale
ploppt rauchig
von einem Ledermantel umfasste Brombeere

30. MAI 2023

WURST IST EIN UMGESTÜLPTES TIER

Den Elan meiner Eingeweide halte ich für den besten Wegweiser, Gutes von Schlechtem zu unterscheiden, doch auch dieses Organ benötigte viel Zeit zu lernen. Trotzdem lese ich notorisch das Kleingedruckte auf Lebensmittelverpackungen. Italienische Salami liebe ich sehr. Seit Langem konnte ich keine mehr auftreiben, die nicht von Antioxidationsmitteln, Säuerungsmitteln oder sonstiger Chemie erniedrigt wurde. Wurst sollte nur ein umgestülptes Tier sein. Darm außen, Tier innen - ein paar Gewürze dran und fertig.

3. JUNI 2023

MEIN VATER, EIN SCHWÄBISCHER GROSSWILD-JÄGER

Ein wenig in sehr alten Erinnerungen gewühlt, da hat es diese Familiengeschichte plötzlich hochgespült:

Ein englischer Freund: „the wörst wörst
is bloodwörst!“
Nach einer Idee vom verehrten
Nikolaus Heidelbach.

Es war der erste VW-Golf, ein wirklicher Kleinwagen, eine viereckige Kiste und das Jagdfahrzeug meines Vaters. Grünmetallic war der letzte Schrei, eigentlich war es eher eine Art Türkis, was der Papa Amigrün nannte. Der Wagen war noch schmaler als die Serienmodelle. Links und rechts fehlten die Zierleisten, Türgriffe waren auch nicht mehr vorhanden und die Türen etwas eingedellt. Die Karre wirkte wie ein Stück Kuchen, das man in eine zu enge Schachtel gepresst hatte. Papa fuhrwerkte mit einem kleinen Schraubenzieher in den Resten des Schlosses herum, um uns die Tür zu öffnen. Wie es zu der aerodynamischen Verschlankung gekommen war, davon später.

Dann saßen wir drin, am Steuer der Zweizentnermann, daneben Eva, meine Tochter, ich verdrückte mich nach hinten zwischen die Gummistiefel und Utensilien des Tierarztes, die allesamt nach Kuhstall stanken. Anschnallen war verpönt und etwas für Weicheier. Papa war bester Laune, um nicht zu sagen: in Angriffsstimmung. Es ging auf die Jagd, und es fehlte nur noch das zur Attacke röhrende Jagdhorn.

Keine fünfzehn Minuten, da waren wir schon im Zielgebiet. Der Schwäbisch Gmünder Stadtwald Taubental war bloß ein paar Steinwürfe vom Bahnhof entfernt. Das war nicht gerade der ideale Platz für waidmännische Kontemplation, denn die Schonungen waren bei schönem Wetter voll von Liebespaaren und Spannern. Papa war städtischer Beamter, Chef des Schlachthofs, CDU-Mitglied und deshalb „für'n Appel und 'n Ei" an das Jagdrecht dieser städtischen Liegenschaft gekommen. Unbekümmert kurvte der Tierarzt zwischen den Tannen durch. Links und rechts schrappten die Baumrinden an der Karre. So wurde klar, warum unser Gefährt beidseitig eingedellt war. Paps war kreuzfidel und erklärte, ein guter Jäger gehe so wenig wie möglich zu Fuß. Seine Rede ging in Bellen über. Ums Haar hätte er den Hochsitz gerammt, so dicht setzte er das Auto an seine grob gezimmerte Abschussrampe.

Der Großjägermeister schnappt sich aus dem Kofferraum seine Bockbüchsflinte, ein edles Teil österreichischen Fabrikats, Marke Ferlacher, und mit feinen Gravuren versehen. Damit fuchtelt er herum und bedeutet uns, marsch die Leiter hochzuflitzen. Er selbst benötigt etwas länger, ist er doch ein beleibter Gourmet mit der Obsession, anstatt eines Desserts lieber noch zwei Rostbraten nachzuschieben. So lebhaft und tatendurstig er Auto fährt, so bedächtig wirkt er, wenn seine Schuhe festen Boden berühren. Ich sehe sein kleines Tirolerhütchen die Leiter hochwackeln, es kommt immer näher und es wird offenbar, warum er die Kopfbedeckung seinen Speckdeckel nennt. Er bläst wie ein Wal, ist aber endlich oben und hockt sich neben uns. Eva staunt ihn an wie ein unverhofft ausgegrabenes Mammut. Er keucht immer noch und ich merke, der Boss zwingt sich zur Bedächtigkeit. Er greift unter die Jacke, wo er gewöhnlich seine Smith & Wesson (eine 38er-Magnum ist für Wilderer nicht das Gesündeste) stecken hat, und holt einen edlen Flachmann heraus. Ein tiefer Schluck und er wird spürbar ruhiger. Seine Backen werden noch feuriger und ich frage mich, ob so ein glühender Ofen von den Rehen nicht meilenweit auszumachen ist. Vom Obstler wird mir nichts angeboten, was ich auch nicht zu hoffen gewagt habe. Dazu fehle mir noch die sittliche Reife, wie der Alte jeweils räsoniert.

Mit leisem Klick wird das Gewehr entsichert und auf dem Querbalken des Ansitzes in Richtung erhoffter Opfer gehalten. Wir hören ein Rascheln und halten den Atem an. Die Spannung steigert sich ins Fiebrige. Da! Zweige schlagen und Papa murmelt: „Arschlöcher, gottverdammte Pilzsammler, irgendwann knall ich diese Missgeburten ab." Den Exekutionswunsch quetscht er nur noch leise zwischen den Zähnen hervor. Inzwischen kaut er auf einer getrockneten Bauernbratwurst herum, gibt mir auch ein Stück ab. Er murmelt etwas von „Die Amis haben ihren Kaugummi, wir unser Geräuchertes. Dreimal darfst raten, was besser ist. Idioten!" Damit waren, glaube ich, die Amis gemeint. Ich will etwas antworten und kriege dafür ein knappes „Schnauze" an den Kopf geschmissen. „Vertreibst die ganzen Viecher."

Wir hocken eine Ewigkeit. Ich wundere mich über meine Tochter Eva, sie ist erst fünf und verharrt still wie ein Holzstock. Sie spürt, dass es hier um Geister und Dämonen geht. Sie schmiegt sich an mich, friert wohl ein bisschen. Alle halten den Atem an: Ein Reh tritt aus der Schonung, keine 50 Meter entfernt. Papas Auge hängt am Zielfernrohr, die Schonung vor uns füllt sich. Ein ganzes Rudel. Ich kann mir vorstellen, was in meinem Vater vorgeht, sicher denkt er jetzt an die Feuerkraft eines Maschinengewehrs. So aber muss er sich entscheiden, wählen zwischen einem großen Bock oder einem schmalen Rehkitz, die Ricken (Rehmütter) kommen ohnehin nicht infrage. Kitze haben zwar nicht soviel „Material" wie der schwere Bock, geben aber einen unvergleichlich besseren Braten ab.

Der Schuss wummert durch das ganze Tal, das Rudel spritzt auseinander. Eine Sekunde später liegt die Schneise ruhig und mir ist, als wäre nicht nur ich gelähmt, sondern die ganze Natur. Wie der Sekundenzeiger einer batterieschwachen Uhr zuckt ein Bein des kleinen Rehs hin und her. Lautlos, nichts rührt sich sonst, die Vögel sind verstummt, der Wind hat innegehalten, die Natur steht starr. Der Nimrod neben mir stemmt sich hoch und ist wieder in seiner Welt. Wir klettern vom Hochsitz und ich denke mir: „Ich hab' schon unzählige Rehrücken gebraten, Pasteten gefüllt und Rehkeulen geschmort, aber schießen könnte ich die Tiere nicht. Gäbe es keine Jäger, müsste ich mich mit dem Wild begnügen, das Selbstmord begangen hat."

Papa ist ein ungewöhnlicher Jäger, er hat keinen Lodenkittel an, sondern ein normales Hemd, über dem sich eine enge Wollweste spannt. Aus dem Schenkeltäschchen zieht er seinen Nicker. So nennt sich das Messer, das der Jäger benutzt, um das Tier aufzubrechen. Vater ist altgedienter Veterinär, gibt sich aber nur mit Tieren ab, die man essen kann und ist kein Typ der zimperlichen Sorte. Wir sind am Ort der Hinrichtung. Vater dreht das Tier mit dem Bauch nach oben. Es liegt still und ergeben auf dem Rücken, zuckt nicht mehr und macht den Eindruck, als hätte es sich hier freiwillig hingelegt und für uns geopfert.

Vater fährt mit dem Messer zwischen Haut und Gedärm. Er zieht den Nicker vom Stummelschwanz bis unters Kinn des Tiers. „Willst du das Vieh ausnehmen, bist schließlich Koch?" Ich kann nur stammeln, „Nö, Paps, ich will kein warmes Fleisch anfassen. Das bin ich überhaupt nicht gewöhnt. Ich krieg's nicht hin!" In seinen Augen sehe ich die Gier und auch die Freude, die schon der Neolithiker gehabt haben muss, wenn er mit der Beute beladen die heimischen Höhlen ansteuerte. Gebannt schaue ich auf die riesige Wunde, aus der die grünen, dampfenden Gedärme quellen. Dann fällt mir mit Schreck meine Tochter ein. Mein Gott, wird sie einen seelischen Schaden davontragen? Ich nehme sie in den Arm und bedecke mit flacher Hand ihre Augen. Sie wehrt sich stürmisch, stößt einen ärgerlichen Schrei aus und hüpft zwei Schritte von mir weg auf das Gemetzel zu. Fasziniert sieht sie hin und zeigt grenzenlose Bewunderung für den blutverschmierten Waidmann. Von einem Bein aufs andere hüpfend kräht sie: „Opa, kochst du das nachher?" Opa nickt heftig. Sie dann wieder: „Mit viel Soß'?"

Der Waidmann holt seine Siebensachen aus dem Auto. In einem Plastiksack verschwindet die haarige Beute. „Den Kittel ziehen wir dem Reh erst aus, wenn das Fleisch gereift ist." In eine weiße Plastikwanne kommt das Geschlinge: Herz, Leber und Lunge, die alle aneinanderhängen. Die grünen Gedärme fliegen ins Gebüsch und Opa sagt zur Enkelin: „Weißt, die Füchse wollen auch was haben." Eva quietscht rum, als hätte sie schon lange nichts mehr zu essen bekommen. Opa schleift den Plastiksack mit der Beute. Eva schnappt sich einen Zipfel des Sacks und hängt sich dran. Fürchtet sie, um die Braten zu kommen? Ich trage die Schüssel mit den Innereien. Opa führt Selbstgespräche und redet von gebratener Rehleber in Majoran. „Läberknödl wäret au net schlecht", meint er. Eva fängt wieder zu hüpfen an und kräht: „Leberknödel, Leberknödel, Leberknödel."

Am Abend des Massakers bereitete Opa seinen berühmten Aufbruch, also Herz-Leber-Lunge in Blutsauce. Ich durfte am Schmaus teilhaben, was nicht selbstverständlich war, denn der Aufbruch galt seit Werk und Mensch, Zucht und Sitte, des in Jägerkreisen immer noch präsenten Großjägermeisters und Abschusstheoretikers Hermann Göring als eine Art Zaubertrank: „Die Kraft und Schnelligkeit des Tiers geht in den Essenden über."

Das blutige Gericht hatte Spätfolgen: Mit der Zeit wurde die Tochter von der Zivilisation unterwandert und ist heute Teilzeitvegetarierin.

6. JUNI 2023

RICHTIG SCHMOREN

Und das könnte aus dem gerade erlegten Tier werden: ein RAGOUT VOM SOMMERREH.

Zutaten für 4 Personen:

1 Rehschulter (800 bis 1000 Gramm)
2 EL Butterschmalz (Olivenöl)
2 Zwiebeln
1 Karotte geschält
¼ Sellerieknolle geschält
1 Knoblauchzehe
20 g geräuchte Speckwürfel
2 EL Essig Apfelessig, mein Allzweckessig
1 TL zerdrückte Wacholderbeeren
1/4 l Rotwein
Salz und Pfeffer, etwas Marmelade

Die Rehschulter entbeinen und von den gröbsten Sehnen befreien; Pfeffer und Salz wird dem Gericht erst am Schluss beigegeben, da der Speck meist schon reichlich Salz enthält. Das Fleisch in 3 cm große Stücke schneiden und mit etwas Fett in einer vorgeheizten Pfanne auf großer Flamme mit dem Speck, den feinst geschnittenen Zwiebeln und dem in dünnste Scheiben geschnittenen Gemüse rundum bräunen. Wir sind an dem Punkt, an dem fast alle einen großen Fehler machen, indem anschließend der Topf zu einem Viertel mit Brühe, Wasser oder Wein aufgefüllt wird. Grottenfalsch!

Wir drosseln das Feuer und es wird gemütlich weitergeröstet. Droht etwas anzubrennen geben wir 2 El Wasser dazu (Brühe wäre ideal) und lösen den Bratensatz. Soviel Geduld muss sein. Das treiben wir in dieser Art mindestens eine Viertelstunde. So entstehen Röstaromen und alles bekommt gute Bräunung. Bei Schmorgerichten sollte man die Geduld aufbringen, mindestens eine Viertelstunde mit Rösten und Ablöschen zu verbringen. Fatalerweise wird Ablöschen immer mit Auffüllen verwechselt. Merke: Auffüllen bedeutet das Ende des Schmorens und wir sind in der Nähe von braunem Siedfleisch. Die Brühe wird kräftig, das Fleisch laugt aber aus und wird trocken.

Mit Eckart Witzigmann habe ich mich mal lange unterhalten, er war mit mir einer Meinung, dass mit viel zuviel Flüssigkeit gekocht wird. Klar, man kann ja alles einkochen und reduzieren, aber mit der ausufernden Reduziererei entfleucht unendlich viel Aroma in den Äther und erfreut die Engelein. Was sich aus dem Topf verflüchtigt, der Duft, der ganze Gegenden beglückt, all diese Reize sind naturellement nicht mehr im Topf. Witzigmann meinte, auch die Drei-Sterne-Saucen von heute seien überreduziert, hätten viel Kraft, aber keinen Duft mehr, sondern seien dünnem Teer ähnlich.

Soweit so gut. Wir haben etwa dreifingerhoch Fond im Topf, nun kommt das Wichtigste: Besorgen Sie sich für Ihren Topf einen dicht schließenden Deckel. Für solche Gerichte ist selbstverständlich ein Gusseisentopf mit schwerem Deckel ideal.

Das Fleisch lassen wir nun mit allen anderen Zutaten eine Stunde lang simmern, auf niedrigster Garstufe. Immer wieder kontrollieren und kräftig umrühren, denn die Zwiebeln und das Röstgemüse sollten möglichst zu Mus zerfallen und eine sämige Bindung erzeugen. Wenn nötig, mit etwas Rotwein den „Wasserstand" halten, damit am Topfboden nichts ansetzt.

Mit einer Gabel in ein Fleischstück stechen und prüfen, ob es sich locker wieder löst. Schlussendlich muss probiert werden. Sehnenreiche Stückchen sind die saftigsten, aber sie müssen weich sein. Schiere Stückchen sind schneller fertig, diese eventuell früher entnehmen. Man macht das wie beim Gulasch, nämlich das Ragout „ausstechen" und die weichen Fleischstücke auf einem Teller abgedeckt parken. Sind die zäheren Stücke im Topf weich, fast zerfallen, mischen wir zwei Esslöffel Mehl mit Wasser an und rühren es umsichtig ins Gebrodel, aber bitte nach und nach, bis die gewünschte Sämigkeit erreicht ist. Dann abschmecken mit etwas Essig, Salz und Pfeffer und, sehr vorteilhaft, mit irgendeiner Marmelade das Gericht in Balance zum Essig bringen. Favorisieren tue ich Orangenmarmelade, danach bin ich generell verrückt, doch jede andere – ohne Kerne – tut es auch, es geht mehr um den Zucker als den Geschmack.

Dieses Rezept, mit anderer Würzung und anderer Garzeit, eignet sich auch für Kalbfleisch, Rindfleisch oder Geflügel. Ragouts sind übrigens die Zierde der französischen Hochküche.

10. JUNI 2023

ETWAS WEHMUT

Es war ein Kampf. Wir hatten unsere Qualitätsvorstellungen an Frankreich justiert. In Deutschland musste alles groß und ertragreich produziert werden. Riesige grüne Bohnen mit dementsprechenden Fäden oder mit Holzigkeit, der Fisch von der Nordsee roch sehr stark nach Fisch und nicht nach frisch. Einen erheblichen Anteil der Lebensmittel mussten wir über einen Frankreichimporteur kaufen, da es in Deutschland brauchbare Lebensmittelqualität kaum zu kaufen gab. Eines Tages hatten wir erstmals Artischocken mir Hollandaise auf der Karte. Ein beherzter Teutone stopfte sich das halbe Teil ins Maul und kaute wie eine Kuh. Auch mit den Gästen hatte man seine liebe Not.

Nach Feierabend saßen meine Elisabeth und ich oft noch bei einem Glas Wein und heulten uns gegenseitig aus. Das war 1974/75. Schreckliche Zeiten. Ich verfluchte meinen Beruf über längere Zeit. Heute empfinde ich zu meiner verstorbenen Frau eine sehr große Dankbarkeit. Sie war tapferer als ich, sie gab nicht auf und hinderte mich an der Kapitulation. Jede Woche rief der Sparkassenmann an und fragte, wo die Umsätze blieben. Trotz täglicher 18-Stunden-Schufterei erzielten wir in Schwäbisch Gmünd siebzehn Jahre lang keinen Gewinn. War ein bisschen etwas übrig, so mussten wir das Ererbte, ein riesiges Jugendstilhaus, reparieren. Es blieb trotzdem eine marode Bude, war ein Fass ohne Boden. Wir mussten aus Schwäbisch Gmünd weg, obwohl es dort gut situiertes, kennerisches Publikum gab. Es war aber zu klein.

Gestern entdeckte ich in einer Kiste das Silvestermenü von 1987. Da hatten wir bereits 13 Jahre Erfahrung mit unserem *Postillion* in Schwäbisch Gmünd. Die Karte liest sich, als wäre sie von heute. Richtig gute Küche ist kaum Moden unterworfen, sondern nur modernen Ernährungserkenntnissen und fortschrittlichen Arbeitsmethoden, oder Ideen wie Nachhaltigkeit und Tierwohl. Und das gab es vor 35 Jahren:

Apero
Champagner Jean Claude Vallois 1982

Marinierter Seeteufel mit Brunnenkresse + Kapern

Tomatenconsommé mit Basilikumoliven

Schottischer Wildlachs mit persischem Kaviar

Ravioli vom Wildhasenrücken
Frischer Perigordtrüffel

Halbes Rebhuhn, Champagnerkraut

Duchessekartoffeln

Käse vom Wagen

Passionsfruchtsorbet

Zwergananas Edouard IV.

Anmerkung: In allen Medien andauerndes Gemecker, Gejammer und die berühmte „German Ängst". Wahrlich, ich sage Euch, wir leben in der besten Zeit, die unser Land jemals hatte. Statt Meckern wäre Dankbarkeit angesagt, aber auch Aufmerksamkeit, dass es so bleibt.

16. JUNI 2023

ARTGERECHTE HALTUNG

Er war kein Mensch, sondern eine donnernde Wutbeule, welche die Reitschüler so zusammenschrie, dass alle, im Kreis reitend, vor sich hinheulten. Ich war dabei, nicht wegen der Pferde, sondern wegen eines Mädchens, das nur mit dem Tier seine Gefühle teilte. Ich hoffte davon etwas abzubekommen. Der preußische Rittmeister Kramkau hatte unglaubliche Ahnung von Pferden und der Reiterei, aber keinerlei Begabung für Pädagogik. Seine Dressurziele wurden durch schiere Gewalt diktiert.

Mein Vater war im Krieg als Veterinärarzt für 10.000 Pferde verantwortlich. Man kann sich vorstellen, dass bei dieser Anzahl keine Sentimentalitäten aufkamen. Er gehörte auch noch zur Schule der alten Gewaltprediger. „Drisch auf den Zossen, das verdammte Vieh, solange ein, bis es spurt!"

Pferdeflüstern und einfühlsamer Umgang mit Tieren ist heute ungleich erfolgreicher. Zu meiner Jugend hatte man die Köche genauso gehalten wie die Viecher. „Tritt ihn in den Arsch, bis er's kapiert!" Doch mit solchen Segnungen konnte sich gute Küche auf die Dauer nicht entwickeln. Sie tat es trotzdem, aber nur in den Betrieben, in denen junge Köche angstfrei ihrer Arbeit nachgehen konnten.

Eigentlich ist es ganz logisch: Ein unglücklicher, verängstigter oder frustrierter Koch wird niemals richtig gut arbeiten können! Insofern sind die momentanen Anregungen zu Achtsamkeit, Respekt und Toleranz eine ganz wunderbare Entwicklung. Man merkt es. Überall gedeihen neue Konzepte und kreative Ideen. Es gibt in der Kocherei auch Irrwege, aber ohne diese geht es nicht vorwärts. Ich bin ein klarer Verfechter von „Trial and error!"

3. JULI 2023

ICH LEBE NOCH, UND DAS GANZ WUNDERBAR

Liebe Freundinnen und Freunde der Weisheit und des guten Schmeckens! Es war vierzehn Tage still um mich, und es erreichten mich E-Mails, allesamt in großer Sorge. Gemach, ich bin unterwegs im Burgund, einem Landstrich, den ich oft besucht habe. Es ging meist um Wein und wer sich für Burgunderwein interessiert, kommt nicht drumherum, die Côte d'Or und die Côte de Beaune zu besuchen. Die besten Weine der Welt haben immer den Ortsnamen im Titel und dann noch die Weinlage. Das muss man einfach mal gesehen haben, um sich alles merken zu können.

Die momentane Reise begann im Nordburgund. Chablis ist ein wunderbarer Wein (nicht immer), der Ort ist aber fad. Ich bin leidenschaftlicher Liebhaber romanischer Baukunst, die im Burgund bald in jedem zweiten Dorf zu bestaunen ist. Also weiter zum Kloster Pontigny, dann Semur en Auxois, ein tranquiles Lebensgefühl kann man in der ganzen Stadt beobachten. Meinen Sehnsuchtsort Vézelay konnte ich nicht auslassen.

All diese Orte hatte ich vor zig Jahren bereits mit meiner Frau Elisabeth bereist. Erst unterwegs wurde mir bewusst, dass diese Reise auch ein großes Andenken an sie ist. Was ich heute bin, hat seinen Beginn bei ihr.

Ein großer burgundischer Intellektueller, den zu lesen mein Großvater mir einst aufzwang, ist in Vézelay gestorben und im nahen Clamecy geboren. Sein Name: Romain Rolland, 1866-1944. Literaturnobelpreis 1915. Er arbeitete unermüdlich für den Tierschutz und nannte unsere Roheit den Tieren gegenüber eine der schwersten Sünden des Menschheitsgeschlechts. „Wenn der Mensch soviel Leiden schafft, welches Recht hat er dann sich zu beklagen, wenn er selbst leidet?“ Das schrieb er ungefähr 1912, er konnte nicht ahnen, zu welchem Horror sich die Massentierzucht auswachsen würde. Doch Rolland war nicht nur Tierfreund, er hat sich 1914 vehement gegen den Jubel des Kriegsausbruchs gestemmt.

Er liebte Deutschland und pflegte stets Verehrung für den deutschen Geist. Sein fünfbändiger Roman „Jean Christophe“ schildert das Leben eines deutschen Musikers und bewegt sich in der Nähe von Beethoven. Einen Urlaub sollte man fürs Lesen der mehr als 2.000 Seiten schon einplanen.

Wer sich allerdings nicht für klassische Musik interessiert, dem ist abzuraten. Insgesamt hat Rolland viel geschrieben, ausschließlich Exzellentes, soviel, dass man einen VW-Bus füllen könnte. So habe ich in meiner Bibliothek nur das Wichtigste, vielleicht einen Meter.

Es wird Zeit für mich, im Burgund weiterzuziehen, doch nur noch soviel von Rolland, geschrieben vor dem Zweiten Weltkrieg und an den französischen Bürger gerichtet:

„... oder wenn er sich von der sogenannten völkischen Bewegung einfangen lässt, die gewiss eine Erneuerung erstrebt, aber nicht loskommt von dem Materialismus der eben abklingenden Epoche, indem sie von diesem Materialismus den zoologischen Aberglauben an die ‚Rasse‘ beibehält, an eine edle Rasse (das sind die Ihren) und an eine unedle (das sind die Anderen) und so nur einen sittlichen Hochmut züchtet, ein Pharisäertum der gefährlichsten Art, ein unüberwindliches Hindernis für jede wahre Erneuerung des inneren Lebens ...”

5. JULI 2023

BRASILIEN WEINT MIT MIR

In Beaune esse ich in einem Restaurant einen stinknormalen, handelsüblichen Label-Rouge-Gockel. Seit Henri IV der Bevölkerung den „Poule en Pot" versprach, sind Göckel (schwäbischer Plural) nationale Wahrzeichen und dürfen nicht diskriminiert werden (der Gallische Hahn). Geflügelmäßig hinken wir in Deutschland chancenlos hinterher, auch bei Biogeflügel. Gerade habe ich die Keule eines Eineinhalb-Kilo-Tieres mit Pommes verspeist. „Brust oder Keule", ein berühmter Film über einen neurotischen Restauranttester, kommt mir in den Sinn. Mein Tipp: Wenn man die Wahl hat, egal ob Gockel, Ente oder Gans, immer die Keule.

Wir hatten mal vier Chinesen in der *Wielandshöhe*. Es waren offensichtlich nicht die Ärmsten, sie bestellten vier Enten, die eigentlich für acht Personen portioniert sind. Wir staunten nicht schlecht, jeder der Gäste beanspruchte für sich zwei Keulen. Und die Brüste? „Die sind fürs Personal!"

Ich chauffiere neuerdings einen VW-Bulli mit Kühlschrank und Gasherd. Mein Outdoor-Abenteuer habe ich vor einer Woche angetreten, mich in die Chemietoilette eingefuchst und unter Bangen an alle möglichen Parkplätze angewanzt. Campingplätze wollte ich meiden, ich fürchtete dort einen gewissen Schrebergartenfaschismus. Nun sitze ich doch im Kiosk-Restaurant des Campingplatzes in Beaune und staune. Eigentlich hätte ich es mir denken können. Vereinzelte Hardcorebiker mit Minizelt sind gute Typen und bewundernswert. Der Rest? Viel gutsituierter Mittelstand, denn so eine Campingkarre kostet schnell mal hunderttausend Euro, bis hin zum Doppelten.

In meinem Luxusbulli habe ich den Kühlschrank mit allerbester Epicerie besiedelt und mit entsprechenden Grand Crus ergänzt. Trotzdem bin ich bereits den zweiten Abend unterwegs, erst beim Poulet und heute beim Boeuf Bourgignon, mit flankierenden Vorspeisen und einem Beaune 1er Cru, Clos des Avaux von Babtiste Guyot. Der 2018er ist günstig, was nur funktioniert, weil der ganze Aufenthalt frei von jeder luxuriösen Auspolsterung bleibt, quasi „total brut".

Das ganz Besondere an dem Restaurant ist die schöne Wirtin, eine Brasilianerin, gebürtig aus Rio. Ich bekunde meine gut 50-jährige Liebe zu Bossa und Samba. Sie zeigt mir ihr Handgelenk mit der dezenten kleinen Tätowierung zweier Katzen. Des Weiteren verrät sie, deren Namen würden sich reimen. Die eine höre auf Bossa, die andere auf Samba. Ich erkläre ihr, dass ich mich in meinem fünfzehnten Lebensjahr in Astrud Gilberto verliebt hatte und eine Latin-Lover-Anwandlung für Antonio Carlos Jobim empfand. Die Dame strahlt über das ganze Gesicht, fragt nach meinem Lieblingslied. Ich antworte mit „Sonho Meu" und sie ist ganz aus dem Häuschen. Sie gesteht, dass sie eine große Liebhaberin von Maria Bethania sei, eilt hinter ihren Tresen und setzt ihr Spotify in Gang. „Sonho Meu" von Maria Bethania fährt in unsere Herzen. Ich kriege – peinlich – feuchte Augen und die Brasilianerin muss auch heulen. Es gibt Leute, die sich mit derselben Seelenstimmung kurz zufunken können.

12. JULI 2023

ANTWORTBRIEF AN EINE KENNERIN

Liebe Frau …
vielen Dank für Ihre Zuschrift. Sie sind eine wirkliche Kennerin. Wer fährt schon das Piavetal hinab oder weiß, wo der Tagliamento fließt? Was das Hotel Cipriani in Asolo anbetrifft, gebe ich Ihnen völlig Recht. Es ist reine Nostalgie, daran zu erinnern, was ich in Asolo vor 40 Jahren erlebt habe. Es folgten noch mehrere Aufenthalte, bis Asolo auch von Bustouristen überrannt wurde.

Beim letzten Besuch, der zur Erwähnung in meinem Buch „Ein Bauch spaziert durch Venedig" geführt hat, war in der Villa Cipriani alles prima. Nun weiß ich, warum. In der Ecke, die auf die Terrasse führt, saß und grüßte der Besitzer, Signore Segafredo, dem das Kaffeeimperium gehört. Ein toller Mann. Ich denke mir, wenn er den Rücken drehte, ging der Schlendrian des hochnäsigen Personals gleich weiter. Mittlerweile besuche ich keine Luxushotels mehr. Fast alle gehören irgendwelchen Konzernen und die Hoteldirektoren sind keine, sondern Geschäftsführer, die sich nicht für ihre Gäste interessieren; sie starren auf ihre Monitore und geben die Umsatzzahlen an die Zentrale weiter.

Ich habe mir als Folge von alledem einen VW-Campingbus gekauft. Er soll als fahrbares Büro dienen, hat 220 Volt und es ist alles drin, was man braucht: Küche samt Kühlschrank, Wasser und so weiter. Nun bin ich von meiner Wein- und Kulturreise aus dem Burgund zurück und habe alles prima überlebt.

Falls mal eine Reise ins Burgund ansteht, mir bekannte Hotels sind: Vezelay (La Poste & Du Lion), Aloxe Corton (Villa Louise), Savigny-lès-Beaune (Le Hameau de Barboron).
Herzliche Grüße, Vincent Klink

19. JULI 2023

LOGBUCH DER WEINEXKURSION

Vor vierzehn Tagen bereiste ich alleine das Hinterland des Burgund. Mich faszinierte schon immer, dass in jedem Dorf eine tausend Jahre alte Kirche steht. Die Landschaft ist entvölkert, außer im Weinbau des Auxerrois (Burgund ist sicherlich so groß wie Württemberg) und in der Landwirtschaft sind Arbeitsplätze nur gering vorhanden. Für mich als Ruhesuchenden ist dies reine Erholung, aber für den Landstrich verheerend, die Jugend ist weggezogen.

Von Dijon, das Saônetal hinab Richtung Mittelmeer, an der berühmten Côte d'Or entlang ist dagegen alles am Wuseln. In den Weinbergen wird gearbeitet. Tochter Eva und ich sind glücklich, dass wir von Berufs wegen Wein trinken und die Restaurants durchstöbern können. Gestern im winzigen „Ma Cuisine" geriet ich ins Schwärmen. Es wurde fundamental gekocht. Für Vegetarier wird wenig geboten. Ich fürchte, diese Kundschaft gilt im konservativen Burgund als psychisch angeknaxt. Wir aßen Oeufs Meurette, verlorene Eier in Rotweinsauce. Trotz meiner vielen Besuche hatte ich dies Nationalgericht nie probiert, da ich der Sache nicht recht traute. Eier in Rotwein, muss das sein? Ja, es muss. Die Rotweinsauce wurde von hocharomatischen Rauchspeckwürfeln befeuert, es war umwerfend, die folgende Taube stand dem nicht nach.

Heute Morgen ging es mit unseren E-Scootern durch die Weinberge. Savigny lès Beaune, Pernand-Vergelesse, Aloxe-Corton, Ladoix. Die Scooter sind sehr geländegängig mit Stollenreifen. Mich zog mein Teil steil hoch bis auf den

Corton Charlemagne, den Weinberg Karls des Großen, von dem auch Anthelme Brillat-Savarin eine Parzelle in Besitz hatte. Corton Charlemagne aus der Chardonnaytraube gekeltert ist einer der berühmtesten Weißweine der Welt. Der Westteil des Berges ist mit Kalkgeröll durchsetzt. Wir konnten gut studieren, wo sich der Weißwein wohlfühlt und wo der Rotwein den steinigen Löß-Lehm-Boden mit Ton und Kalk bevorzugt.

21. JULI 2023

WEINBERGPFLÜGEN MIT PFERDEN

Alles zu seiner Zeit und das mit Vernunft. Momentan trinke ich zu Mittag und zu Abend mit Eva jeweils ein großes Burgundergewächs. Das macht Spaß und ist obendrein im Dienst unserer Gäste. Zuhause trinke ich gerne wieder Bier oder einen Remstäler. Meine Art von Freiheit ist: Hab' ich was Gutes, freue ich mich, habe ich es nicht, ist es mir egal. Gestern wurden die Erkundungen der Côte de Nuits fortgesetzt. Wir sind mit dem Auto nach Nuits St. Georges gefahren, haben unsere Scooter ausgeladen und uns auf Feld- und Arbeitswegen durch die Weinberge gearbeitet, wo es motorisiert verboten ist. Vosne-Romanée, Clos de Vougeot, Chambolle-Musigny, Morey-Saint-Denis, Gevrey Chambertin. Auf einem Feldweg bei Nuits, an der Grenze zu Vosne-Romanée, hielten wir uns eine Weile auf, weil wir einem ergreifenden Schauspiel zuschauen konnten. Wir sind im Weinberg auf der Gemarkung Nuits-Saint-Georges, Climat „Les Bas de Combe". Da arbeitet ein Biowinzer, der es ernstmeint. Eva ruft unvermittelt: Stopp! Sie zeigt den sanften Abhang hinunter. „Siehst du zwischen den Rebzeilen die zwei Pferde?" Jetzt entdecke ich sie auch. In der einen Rebzeile zieht das linke Pferd den Pflug einer Frau. Das andere Pferd zieht den Pflug eines Mannes.

Die Tiere kommen näher. Eva fragt artig, ob wir fotografieren dürfen und was das für tolle Tiere seien. Die Dame sagt, es seien Ardennen-Pferde, also belgisches Kaltblut. Ein besonderer Pferdeliebhaber bin ich eigentlich nicht, aber für Kaltblüter habe ich ein Faible. Die beiden stämmigen Tiere haben um die Fesseln kräftige Haarbüschel und ich sehe, die Hufe sind nicht beschlagen. Wahrscheinlich soll das den Boden zusätzlich schonen.

21. JULI 2023

WEITER DURCH DIE WEINBERGE

Wir haben Karten, die jede Parzelle benennen. Wir kommen auf die Gemarkung Vosne-Romanée. Dort sind die teuersten Weine der Welt angesiedelt. Eine Flasche jüngeren (unreifen) Jahrgangs kostet zwischen 400 und 600 Euro. Ein Chambertin von Armand Rousseau (Jahrgang 2000) wird mit 2.300 Euro gehandelt. Die Preisentwicklung hat viel mit asiatischen und us-amerikanischen Spekulanten zu tun.

Manchmal stöhnt Eva, denn das Gebiet der Côte d'Or ist viel komplizierter als sie erwartet hatte. Um für diese Region ein wirklicher Spezialist zu werden, braucht es intensive Jahre. Es gibt aber junge Winzer und Weinbauern mit Tradition, die weniger berühmt, jedoch richtig gut sind. Die muss man finden und sich nicht nur an die großen Lagen und Namen halten. Der Klimawandel begünstigt auch bislang ungenügende Weinlagen. An den oberen Hängen, den wertvollsten Lagen der Côte d'Or, gehen infolge Trockenheit die Erträge merklich zurück. Die Qualität wird noch mehr verdichtet, doch die Erntemenge wird immer geringer, die Weine werden immer rarer und somit noch teurer.

Die Bodenbeschaffenheit ist das Wichtigste. Wir kommen nach Clos de Vougeot. Die Weinlage des ehemaligen Klosters und berühmten Ortes ist mit einer kilometerlangen Mauer befriedet. Die Mönche wussten über Terroir gut Bescheid. Außerhalb der Mauer ist der Boden ganz anders als innen drin. Grob gesagt: Je mehr Steine zwischen der Krume, desto mehr Qualität haben die Weine. Wein will keine üppigen Böden, er liebt karges Geröll. Das eingemauerte Areal Clos de Vougeot summiert sich auf 50 Hektar und in diesem „Climat" werkeln 80 verschiedene Winzer. Die Böden sind nicht gleichmäßig gut, die Winzer auch nicht. Auf dem Etikett steht aber immer „Clos de Vougeot Grand Cru", darauf ist also wenig Verlass. Man muss viel probieren. In Beaune gibt es einige Weinbars, in denen man sich sehr gut Erkenntnisse ertrinken kann.

23. Juli 2023

DAS WORT RAUBSTAAT, UNANGEMESSEN?

Die Superzahl = 2.240.000.

Das ist das Jahresgehalt und der Bonus, den Bahnchef Richard Lutz im vergangenen Jahr erhalten hat, mehr als zwei Millionen Euro. Das ist das fast Siebenfache des Verdienstes von Bundeskanzler Olaf Scholz – und Lutz, daran muss man erinnern, ist bloß ein Angestellter eines staatlichen Unternehmens. Er wird also von uns Steuerzahlern finanziert. Wofür bekommt dieser DB-Chef seine so überaus opulente Vergütung – immerhin gut 6.000 Euro pro Tag? Sind die Züge pünktlich? Macht der DB-Aktienkonzern Gewinn ohne Ende?

27. JULI 2023

VOM HAFER GESTOCHEN

Altmodisch bin ich ganz bestimmt nicht, denn ich bewege mich komplett außerhalb der Moden. Letztlich folge ich dem Modeschöpfer Karl Lagerfeld, den man als Philosophen anerkennen könnte. Er sagte: „Trends sind die letzte Stufe vor der Geschmacklosigkeit."

Kennen Sie den Ausdruck, „dem g'hört der Dippel gebohrt". (Dippel, Dubbel, Depp). Das Wort entlehnt sich aus dem Mittelalter, damals pflegten die Medizinmänner die Schädelplatte zu durchbohren, um den Überdruck der Blödheit abzulassen. So denke ich über Leute, die sich die Halbchemie von Oatly einverleiben, Hafermilch und anderes. Der von naturliebenden Menschen finanziell gefütterte Konzern ist schwer verdächtig, im Amazonasgebiet die Motorsägen anzutreiben. Große Firmenanteile hält die Investmentgesellschaft Blackstone (Menschen, die Donald Trump prima finden). Der wirkliche Eigner des schwedischen „Milchladens" Oatly ist seit langem der Konzern China Resources. Na dann Prost, ich liebe Heumilch aus dem Allgäu.

31. JULI 2023

DER BESTE VEGI-KNÖDEL ALLER ZEITEN

Wenn ich etwas nicht leiden kann, dann das Wort „Vegetarisch". Da wird es schnell rechthaberisch, missionarisch und oft sozial abgrenzend. Andererseits transportiert das Wort eine klare Haltung, vor der ich den Hut ziehe.

Schauen wir uns die Armenküche Italiens an, die „Cucina Povera". Die Küche ist seit Generationen großteils fleischlos und keiner merkt's. So muss es sein: Essensfreude ohne Ideologie. Fundamentalismus ist ein anderes Wort für

freudlos, nichts ist unbekömmlicher.
Vor der Industrialisierung war das Schwabenland bettelarm. Bekannt ist aber, dass Not erfinderisch macht. Keine Landesküche in Deutschland ist so ideenreich wie die schwäbische. Es ging darum, aus einfachsten Mitteln etwas Gutes zu bereiten. Weniger Fleisch bedeutet auch weniger tote Tiere und das Repertoire der pflanzlichen Küche ist riesig. Also ran an die ...

SPINATKNÖDEL

Zutaten für 4 Personen:
600 g frischer Blattspinat (400 g tiefgekühlt)
1 Zwiebel
200 ml Milch
1 EL Butter
400 g alte Brötchen
4 Eier
1 EL Semmelbrösel
Salz, Pfeffer, Muskat

Spinat waschen (oder auftauen) und abtropfen lassen. Zwiebel schälen und fein hacken. In einer Pfanne 1 EL Butter erhitzen, Zwiebel darin anschwitzen, Spinat zugeben und zusammenfallen lassen. Spinat aus der Pfanne nehmen, gut ausdrücken und fein hacken. Den Brötchen wenigstens teilweise die Rinde entfernen, sie dann in feine Scheiben schneiden. In eine Schüssel damit und mit der Milch vermengen. Einweichen lassen und ein bisschen verkneten. Petersilie abspülen, trockenschütteln, feinschneiden und mit dem Spinat ab in die Schüssel. Eier, Semmelbrösel, Pfeffer, Salz und Muskat werden nun mit allem gut vermengt.

Die Masse muss so sein, dass sie sich stabil zu einem Knödel formen lässt. Ist sie zu weich, kommen nach und nach etwas Brösel dazu. Zu beachten ist, dass diese erst nach zehn Minuten richtig andicken!

Knödel in Salzwasser nicht sprudelnd kochen, sondern eher nur ziehen lassen.

Nach etwa 15 Minuten (je nach Größe) herausnehmen, auf dem Teller etwas braune Butter oder Olivenöl darüber und einen Salat dazu.

1. Aug. 2023
UK

3. AUGUST 2023

APFELNOBELPREIS FÜR TARTE TATIN

Immer wieder werde ich gefragt, wie man sich in 40 Jahren dauernd neue Gerichte ausdenken kann. Die Daniel Düsentriebs aller Länder werden bestätigen, dass wirklich Neues fast nie entdeckt wird. Erfinden und Kreieren ist ein empirischer Vorgang und die Ergebnisse fußen meist auf vorangegangenen Erkenntnissen. Oft braucht es eine Initialzündung, bis man einen vagen Gedanken konkretisiert.

Der Maler Émile Bernard, ein Freund und späterer Antipode Paul Gauguins, ist in Deutschland längst nicht so bekannt, wie er es verdient hätte. Im Pariser Musée d'Orsay entdeckte ich ein Apfelbild, auf dem er alles Überflüssige weggelassen hatte. Ihm ging es um symbolische Inhalte, Reduktion und Stilisierung, frei nach der Melodie: Mensch, werde wesentlich! Dies entspricht meiner Maxime des Kochens. Äpfel sind ein allgemein beliebtes Stilllebenmotiv, denn der Apfel zeigt sich in unzähligen Farben und Formen. Äpfel, die chemische Behandlungen wie Spritzen hinter sich haben, gibt's bei mir nicht. Deshalb schäle ich sie selten, dies auch deshalb, weil wie bei Tomaten und vielen anderen Früchten das Aroma hauptsächlich der Schale anhaftet.

Doch selbst naturreine Ware in die Hand zu nehmen und zum Mund zu führen bietet längst nicht alles an Aromen, die der Apfel bereithält. Meine Großeltern, kulinarisch nicht ausgefuchst, jedoch umso mehr mit einem kenntnisreichen Gefühl für Natur gesegnet, aßen nie rohe Äpfel; in der Saison parkte immer ein Kompott im Kühlschrank.

Für den Umgang mit Äpfeln gibt es unzählige Möglichkeiten. Für den absoluten Nobelpreis würde ich alleinig den Apfelkuchen der Geschwister Tatin nominieren. Egal welche Stories darüber im Schwange sind: Als eines der höchst genialen Rezepte ging es in die Geschichte ein, was nicht heißt, dass es viele Patissiers mustergültig nachvollziehen können. Mit Blätterteig den Boden einer Form auszulegen funktioniert deshalb nicht, weil durch das Gewicht des Belags der Teig nicht aufgehen kann. Da bei dieser Tarte die Äpfel jedoch unten sind und der Teig oben ist, stellt sich dem Boden kein Gewicht entgegen und er kann sich luftig und locker nach oben entfalten. Über diesen Apfelkuchen kursieren auch Rezepte mit Mürbeteig, was wir als Sakrileg sofort vergessen sollten.

So kann man heute auf eine hundertjährige Karriere dieses Rezepts zurückschauen. In Frankreich werden diese Kuchen mittlerweile in jedem Supermarkt dem Wägelchen zugeladen. Diese Apfelteigplatten haben mit dem Original fast gar nichts zu tun. Eine echte Tarte Tatin muss frisch und ofenwarm auf den Tisch. Darauf besteht auch die „Confrérie des Lichonneux", die „Bruderschaft der Feinschmecker", die in Lamotte-Beuvron, dem Herkunftsort der Tarte Tatin, das Ansehen von zwei Schwestern hochhält. Der kleine Ort liegt in der Sologne, einem waldreichen Gebiet südlich von Orleans. Das Hotel Tatin gehörte im 19. Jahrhundert einem gewissen Jean Tatin. Nach seinem Tod 1888 wurde es von seinen beiden unverheirateten Töchtern Caroline und Stéphanie weitergeführt. Während Caroline im Restaurant die Gäste umsorgte, werkelte Stéphanie am Herd. Beide ältlichen Maiden schmissen den Laden mit Elan. Viele Jäger trieben sich dort in den Wäldern herum und ihr Waidmannsheil suchten sie nach der Pirsch bei den beiden Damen, die eine sehr gute Küche boten.

Die Nimrode, schwer am Feiern, verwirrten eines Abends die Köchin Stéphanie dermaßen, dass sie vergaß, einen Apfelkuchen vorzubereiten. In der Eile legte sie die gezuckerten Äpfel ohne Teig in die Form und schob sie in den Ofen. Als Stephanie ihr Malheur bemerkte, war es zu spät – die Äpfel waren karamellisiert. Um das Dessert zu retten, breitete sie Blätterteig über die Äpfel, um in ihrer Not eine Art „gedeckten Apfelkuchen" zu backen. Die mit Teig bedecken Äpfel wurden nochmals in den Ofen gesteckt. Als sie das Backblech wieder aus dem Ofen zog, musste sie den Kuchen so aussehen lassen, als wäre nichts geschehen. Sie kippte den Apfelkuchen umgekehrt auf eine Platte, so dass sich der Boden wieder unten befand und die karamellisierten Äpfel oben lagen. Mit Gesten des Bedauerns präsentierte sie ihre Apfeltorte. Die Gäste waren von dem aromatisch duftenden Missgeschick begeistert. Die «Tarte des Demoiselles Tatin» trat ihren Siegeszug an, insbesondere deshalb, weil der Boden wunderbar durchgebacken und von den Äpfeln nicht aufgeweicht worden war.

Der Tarte entwickelte sich also nicht durch Genie, sondern durch einen stinknormalen Küchenunfall. Sie ist die liebste Süßspeise von Tochter Eva.

REZEPT

Für 2 Personen benötigt man:

4 Äpfel,geschält
6 EL Puderzucker (fürs Karamell)
1 EL Butter
1 EL Weißwein

Man nehme eine Pfanne mit ungefähr 20 cm Durchmesser. Der Griff sollte hitzebeständig sein. Eine Platte Blätterteig in runder Form und dem Ausmaß der Pfanne bereithalten. Die Äpfel werden in Achtelspalten geschnitten, das Kerngehäuse wird entfernt. Die Spalten in leichtem Zuckerwasser pochieren, danach absieben und die Spalten etwa antrocknen lassen. Sind die Äpfel recht mürbe (etwa reifer Boskop), entfällt dieser Schritt; ein fester Golden Delicious erträgt das einige Minuten, die Äpfel sollen nicht zermatschen. Den Puderzucker mit einem Esslöffel Weißwein in die Pfanne und ein Esslöffel Butter dazu. Auf dem Herd so lange rühren, bis hellbraunes Karamell wie Magma Blasen wirft. Vorsichtshalber etwas früher vom Herd nehmen, denn die Pfanne glüht nach und der Zucker bekäme zu dunkle Farbe und einige Bitterstoffe ab. Dann die Apfelspalten dachziegelartig auf dem Karamell einsortieren. Jetzt den Teig drauf. Ab in den Ofen, der auf 180 Grad vorgeheizt wurde. Nach 20 Minuten müssten sich Resultate zeigen, der Teig müsste kräftig aufgegangen und nicht zu dunkel sein.

Wenn es beim ersten Mal klappt, hat man Glück gehabt. Aber egal wie, ob nun die Äpfel richtig karamellisiert sind oder nicht, ob man den Kuchen überhaupt hat stürzen können, ob alles in der Form klebenblieb: Es schmeckt immer vorzüglich.

Man kann die Äpfel vorbereiten und als Mise en place im Kühlschrank bereithalten. Die runden Blätterteigplatten lassen sich ohne weiteres einfrieren und sogar gefroren auf die Äpfel legen. Die ganze Backprozedur dauert eben fünf Minuten länger.

In den Originalrezepten werden stets rohe Äpfel verwendet. Ich bin darauf gekommen, dass der austretende Apfelsaft das Karamell verflüssigt und versoßt. Jetzt wären wir soweit: Ich liebe alte Rezepte, wende sie jedoch nie unbedacht an. Trauen Sie nie einem Rezept und schalten, nur weil Sie das gedruckte Wort vor Augen haben, ihren Verstand aus.

Im Vorfeld meiner Apfel-Feldforschungen besuchte ich ein berühmtes Bistro, das sich die Tarte Tatin auf die Fahnen geschrieben hatte. Es war sicher der zwanzigste Versuch in meinem Leben, wenigstens einmal an eine perfekte Tarte zu gelangen. Jedesmal musste ich mich für die Kollegen fremdschämen.

Gute Resultate erzielten Kollegen, die sich an Apfelspalten aus der Dose bedienten. Ja, das gibt es und dieses Verfahren brachte mich auf die Idee, die Apfelspalten zu pochieren.

Der Blätterteig, Gott sei's geklagt, birgt das letzte große Hindernis zum Kuchenglück. Die ganze Arbeit dieses Wunderkuchens kann man sich sparen, sollte man nicht den Schwung haben, den Blätterteig selbst herzustellen. In meiner Küche ist er dermaßen gut, dass wir die Teigabschnitte mit Zucker bestreuen und der Tarte flankierend beilegen. Da weiß man oft gar nicht, was besser ist, der Kuchen oder der rösche, süße Teig.

Mit einer Teigausrollmaschine lassen sich geradezu Wunderwerke ausrollen. Doch es funktioniert auch mit dem Wellholz. Hinweis zur Küchensprache: Einfache Tour = Faltung.

EINZIEH-BUTTERTEIG:

400 g Butter
100 g Mehl Type 550
Beides zu einem glatten Teig kneten, zwischen Butterbrotpapier geben und auf DIN-A4-Größe auswellen.

GRUNDTEIG:

160 g Wasser
10 g Salz
1 EL Apfelessig

100 g Butter
350 g Mehl Type 550

Zutaten des Grundteigs (außer Essig und Mehl) aufkochen und glattrühren, etwas abkühlen lassen, nochmal glattrühren und dabei den Essig zugeben. Das Mehl unterkneten. Diesen Teig auf DIN A3 plattwalzen und mit der oben gefertigten Einziehbutter bedecken. Diese wird am besten zwischen großen Pergamentbögen auf die Größe des anderen Teigs ausgewellt und daraufgelegt.

Nun wird zusammengeklappt auf Größe DIN A4.

Das war die 1. Tour, mit ihr haben wir zwei Schichten. Wir klappen den ausgewellten Teig zusammen und verdoppeln jedes Mal die Schichten. Wiederum auswellen auf DIN A3 und wiederum zusammenklappen. Das war die 2. Tour. Das wiederholen wir gleich und sind jetzt bei der 3. Tour. Erneut die Teigplatte in DIN-A3-Größe auswellen und für eine Stunde in den Kühlschrank legen. Nun geht es weiter, bis wir die 7. Tour hinter uns haben. Rechenkünstler können das überprüfen: Wir sind bei 108 Schichten. Ideal wären 144 Schichten, aber vergessen wir das erst einmal, denn wenn wir jetzt noch einmal zusammenklappen, erhalten wir 216 Schichten, das wären riskant viele und sehr, sehr dünne Teigschichten. Nun walzen wir den Teig wieder auf DIN-A3-Größe aus und schneiden ihn in beliebig große Stücke, je nachdem, wie groß die Kuchenform ist. Diese Stücke einpacken und einfrieren.

PS: Blätterteig gab es schon immer fertig zu kaufen. Ein elendes Zeug. Verwendet wurde meist „Ziehbutter“, das ist nichts anderes als eine üble Margarine, deren Fett gerne am Gaumen klebt. Die gute Nachricht: Seit einiger Zeit wird Blätterteig angeboten, der mit reiner Butter fabriziert wurde. Also Augen auf und die Verpackung ganz genau studieren! Butter drin? Ehrlich gesagt, unser Teig ist nicht viel besser, da wir die präzisen Schichten nur schwer so gut hinkriegen wie Industriemaschinen.

4. AUGUST 2023

SIND PFLANZEN SENSIBEL?

Ein Esoteriker bin ich ganz bestimmt nicht. Trotzdem, ich habe etwas Wundersames erlebt. An allen Tischen der Wielandshöhe stecken die Blumen in frisch gefüllten Vasen und erblühen mit Pracht. An einem Tisch sitzt ein ziemlich unsympathisches Paar. Vielleicht haben sie auch Ehekrach? Nachdem uns diese Gäste verlassen haben, lassen die Blumen die Köpfe hängen. Nur an diesem einen Tisch.

15. AUGUST 2023

ZWIEBELN

Mein Vater rief immer mal wieder meiner Mutter zu: „Irene, deine Zwiebelsupp' heut Mittag hat prima g'schmeckt, aber ich produzier g'rad mehr Gas als die Sowjetunion!" Von „inneren Winden" wurde schon manch einer geplagt. Trotzdem ist für mich die würzige Zwiebel das wichtigste Gemüse überhaupt. Hierzulande werden die affenscharfen, sogenannten Haushaltszwiebeln bevorzugt. Was allerdings die Krönung wäre, das sind die Bullen von der Höri (Bodensee) oder die französischen Roscoff-Zwiebeln (Bretagne) oder meine Lieblinge aus Tropea (Kalabrien), die man frisch geerntet wie einen Apfel essen kann. Selbstverständlich gibt es noch unzählige hervorragende Regionalsorten.

Doch nicht nur auf die Zwiebel alleine kommt es an, das Geheimnis ist die Düngung. Zuviel Kunstdünger, zuviel Stickstoff – und bumm! Ich hoffe, dass es die Schlampigen unter den Zwiebelbauern irgendwann mal zerreißt.

19. AUGUST 2023

ARGENTINISCHES RINDFLEISCH: NEIN, DANKE!

Dr. Wilfried Bommert vom Institut für Welternährung erklärt zu argentinischem Rindfleisch Folgendes: „Heute wird der größte Teil der Rinder in Feedlots mit Korn, Soja und Wachstumshormonen gemästet und dies in kürzester Zeit." Feedlots könnte man auch Gefängniszellen nennen. Die Tiere können sich kaum bewegen und werden mit Soja und sonstigem Kraftfutter vollgestopft. „Das Resultat ist ein deutlicher Geschmacksverlust." Es mag durchaus sein, dass viele Restaurantbesucher und Konsumenten diesen Unterschied ignorieren, auch weil das Image des Fleisches bislang so gut war.

Der Experte gibt zu bedenken, dass vor Beginn der 1990er-Jahre die Rinder zum Teil noch mehr als fünf Jahre auf natürliche Weise auf den Pampas aufgezogen wurden – heute betrage die Zeitspanne für die „Turbomast" gerade einmal ein halbes Jahr.

„Die Rinder kommen mit 12 bis 16 Monaten in die Feedlots, also Boxensysteme, in denen je bis zu 50 Tiere auf engem Raum gehalten werden“, so Bommert weiter. „Jedes kommt mit etwa 300 Kilo Gewicht hier an und soll pro Tag 1,6 Kilo zunehmen. Nach sechs Monaten Mast werden die Tiere mit 600 Kilo Gewicht an die Schlachthöfe geliefert.“ Und weiter: „Durch die Haltung in großen Beständen von teilweise mehreren tausend Tieren besteht die akute Gefahr von Erkrankungen mit E.coli-Bakterien. Durch das erhöhte Anfallen von Mist und Gülle besteht auch eine Gefahr für die Umwelt, im Besonderen für das Trinkwasser.“

Bei dieser Aufzucht drohen Stoffwechselstörungen, Entzündungen und andere Krankheiten, warnt die Verbraucherzentrale. Und auch Bilder der Tierrechtsorganisation *Animal Welfare Foundation* zeigen, wie Rinder in den Feedlots im Dreck und in ihren Exkrementen stehen.

Wir in Deutschland glauben noch, alle diese Tiere weiden traditionell in der Pampa, natürlicher und schöner könnten Tiere mit den wilden Gauchos nicht leben. Doch überwiegend ist das argentinische Superfleisch eine Riesenlüge.

21. AUGUST 2023

PLÄDOYER FÜR DIE SEELE

Man geht in die Eckkneipe, wenn man Durst hat; man geht in ein Gasthaus, weil man Hunger hat; man sucht ein Café auf, um Zeitung zu lesen und ein Croissant zu essen. All diesen Orten gemeinsam ist: Dort treffen Leute aufeinander, reden, streiten, schweigen. Es menschelt. Als es der Gastronomie im Juni 2020 schlechtging, wurde die Mehrwertsteuer von 19 auf 7 Prozent gesenkt. Ende 2023 soll das rückgängig gemacht werden.

Der schlimmste Schlag gegen die Gesundheit der Deutschen dürfte der vergangene Lockdown gewesen sein. Es gab Tote und heute noch gibt es Folgeschäden. Der allergrößte Schaden war jedoch die psychische Belastung dieser Zeit (Schulen, Kitas!), die bis heute heftige Spuren hinterlässt. Die Bevölkerung war eingesperrt und sozial abgekoppelt. Die Folge: Der Schwung, der Optimismus, Arbeitskraft, Widerstandsfähigkeit gegen Krankheiten, all das ist nicht mehr so wie vor Corona. Die Schäden? Schwer zu beziffern. Milliarden?

Was die Mehrwertsteuer angeht, so wäre die *Wielandshöhe* von erneuten 19 Prozent wahrscheinlich nicht sehr betroffen, denn unsere Gäste zahlen für ein Essen auch zwei Euro mehr. Es geht um die Kneipen, Bars, Vereinsgaststätten, Bistros, Cafés, Landgasthöfe bis hin zu Schnellrestaurants. Es geht um all die Orte, wo es menschelt, wo sich Leute begegnen und austauschen können, sich gegenseitig kennenlernen, voneinander lernen, auch meckern und dabei ihren Frust abladen. Für all diesen Seelenhunger und dieses Seelenheil ist die Gastronomie zuständig. Sie muss für Jung und Alt erschwinglich bleiben. Gasthäuser sind lebenswichtig.

24. AUGUST 2023

DRIVEN BY HOT AIR

Immer mal wieder werde ich angehalten, meine Homepage fetziger zu gestalten. Wenn ich mich im Internet umschaue, stelle ich fest, dass viel heiße Luft ausgeblasen wird: fantastische Internetauftritte, kaum Inhalte. Nun las ich über ein sogenanntes Geschäftsevent, hier etwas Originalton: „... hält seine Keynote bereits am Eröffnungstag, ein ‚absoluter highlight-speaker'". Er bezeichnet sich als „Content Creator mit kreativem Output für die Branche". Dann der gemütliche Teil der Veranstaltung, da droht „berauschender Dance-Sound und Hits wie ‚Breaking me' pushen durch den Abend".

In so eine Firma würde ich nicht mal ein Gummibärchen investieren.

26. AUGUST 2023

ENDLICH EIN IGEL UMS HAUS

Seit Jahren wünsche ich mir, dass sich im Garten eine Igelfamilie einquartiert. Habe extra ein Igelhäuschen ins Dickicht gestellt. Vergebens. Doch dieses Jahr entdeckte Eva, die ähnlich einem Igel ziemlich nachtaktiv ist, einen dicken, fetten Kerl hinter der Küchentür. Jeden Abend werden seitdem Schalen mit Katzenfutter und Wasser rausgestellt. Morgens ist vom Angebot nichts mehr übrig. Das ist bis heute so, das Futter ist weg, der Igel allerdings auch. Vor einigen Tagen rumorte es mitten in der Nacht. Eva wachte auf und schaute von ihrem erhöhten Stockwerk auf die Umtriebe hinterm Haus. Mindestens so groß wie eine

Katze ramenterte ein Vieh mit schwarz-weiß gestreiftem Kopf am Brotkasten herum. Es ist kaum zu glauben, wir haben, mitten in Stuttgart, einen Dachs als Gourmetgast.

29. AUGUST 2023

ES SPRICHT DER KARNIVORE

Kommissar Maigret wird gefragt: „Haben Tiere bei Ihnen ein Zuhause?" Er antwortet: „Ja, auf dem Teller."

1. JANUAR 2024

MEIN BLICK IN DIE ZUKUNFT

Da ich nicht gerne zurückschaue, weil ich dort zuviel Mist gebaut habe, lebe ich bevorzugt in der Gegenwart. Das ist trotzdem nicht alles, denn es interessiert mich gewaltig, was heute nicht ist, aber morgen sein könnte.

Mit Hellseherei will ich Sie, liebe Leserinnen und Leser, nicht behelligen. Eines jedoch ist ganz gewiss: Egal, mit welchen Wirrnissen ich bis zum Jahresende '23 dahintorkelte, der Erdenknödel hat sich weitergedreht und dann kommt er, der Tag des 1. Januar 2024. Es wird ein schöner Tag sein, wie die äußeren Umstände uns auch zwiebeln werden. Nicht jeder ist mental soweit, Missliebiges wegzuschieben, denn im Glück zu leben muss erlernt, wenn nicht gar erzwungen werden.

Als Anhänger der Stoa-Philosophie, die sich sehr auf die begrenzten eigenen Möglichkeiten und die Vernunft stützt, könnte ich zusammenfassen:

„Ich sage dann mal leise /
Scheiße, Scheiße, Scheiße."

Denn niemandem ist mit dem Wissen gedient, dass mir das Kreuz wehtut und nachts ein Arm einschläft. Wenn ich morgens, sobald sich das Gerippe wieder vertikal eingeknackst hat, darüber nachdenke, was mich sonst noch plagt, hilft mir das selbst und anderen schon gar nicht weiter. Eine wunderbare, gemütsstabilisierende Heilsalbe ist mir die Verdrängung. Also erfreue ich mich täglich an meinem kleinen Schweinezirkus, blicke vergnügt auf die Weide meiner Passionen.

Und fürs kommende Jahr: Lasst die Sonne herein, guckt, dass das Licht nicht ausgeht!

(geschrieben kurz vor Druck im September 2023)

Kein Nachwort NUR NACHTRUNK

Dank

Ich wähnte mich in dem Glauben, ich hätte nicht mehr Freunde als Lord Nelson Finger an der rechten Hand*.

Irrtümer begleiten mein ganzes Leben. So bin ich nun hochbeglückt, folgende Kamarilla um mich zu haben (denn sonst gäbe es dieses Buch nicht):

NORBERT THOMMA, lebt seit 50 Jahren als kochender Schwabe und Journalist *(taz, Süddeutsche, Tagesspiegel)* in Berlin. Er kämpfte sich fürs Lektorat dieser Tagebücher mit Machete, Kettensäge und Filetiermesser durchs ganze Manuskript und organisierte eine schlagkräftige Bande an professionellen Helfern:

Fürs Redigieren:

SUSANNE KIPPENBERGER, (Jahre 2022, 2023) war Redakteurin beim *Tagesspiegel*. Ihre Reportagen und Porträts aus der ganzen Welt begeistern einen unüberschaubaren Fanclub, ihre Bücher (z.B. „Am Tisch") tun das ebenso.

PETER MEROTH (Jahre 2019, 2020) wanderte von der *Stuttgarter Zeitung* über *SZ-Magazin, Feinschmecker* und *GEO* zum *Stern*, wo er das Auslandsressort geleitet hat.

ANNETTE PROSINGER (Jahre 2018, 2021) war Textchefin der *Welt am Sonntag*; davor arbeitete sie für die *Badische* und die *Basler Zeitung*.

Alle drei sind in Berlin zuhause.

Für die Korrektur:

RICHARD KELBER, Dortmund. Er fischt auch für den Schriftsteller Axel Hacke Satzzeichenwirrnis und Buchstabendreher aus dessen „Brief aus dem Büro". Auf seiner Webseite widmet er sich Fragen der deutschen Rechtschreibung.

FRANZISKA MAYR fügte, damit es überhaupt losgehen konnte, einzelne Tage zu übersichtlichen Dateien zusammen; sie ist Volontärin bei *Kontext: Wochenzeitung* in Stuttgart.

UTE VOGT sorgte jahrelang in den Haifischbecken von Art-Direktoren dafür, dass Preise gewonnen wurden. In ihrem eigenen Stuttgarter Schönheitssalon für Kommunikationsdesign gestaltete sie das edle Habit dieses Buches.

Auf die Besuche all dieser Menschen in der *Wielandshöhe* freut sich mächtig –

Vincent Klink

**Auflösung: 0*

EDITION HÄUPTLING EIGENER HERD
VINCENT KLINK

ISBN 978-3-927350-89-2
25,00 €

Vincent Klink
Alte Weinsteige 71
70597 Stuttgart
E-Mail:hallovk@posteo.de
www.wielandshoehe.de

ILLUSTRATION: Vincent Klink

DRUCK: Offizin Scheufele

BESTELLADRESSEN FÜR DEN BUCHHANDEL:
KNV, UMBREIT UND LIBRI

Liebe Leserinnen und Leser, es könnte sein, dass ich mir in diesem Buch einige Male widerspreche. Nehmen Sie es mir nicht krumm. Ehrlich gesagt, ich widerspreche mir nämlich lieber selbst, als mir von anderen widersprechen zu lassen. Howgh!